JN289122

雷鳴福岡藩

草莽 早川勇伝

弦書房

若き日の早川勇（長崎にて）

三条実美卿（中央）と早川勇（右）、野村和作（左、長州）

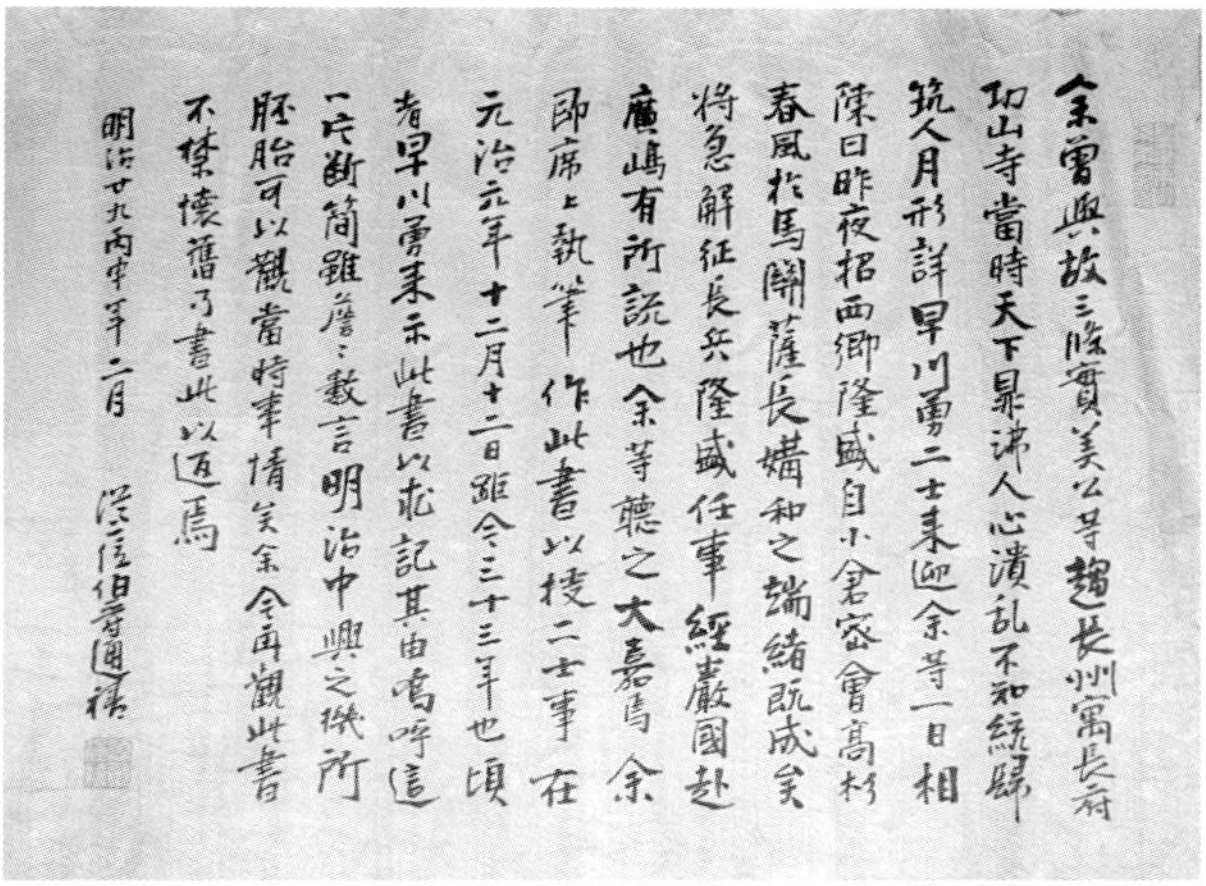
余曾與故三條實美公等趨長州寓長府
功山寺當時天下鼎沸人心潰乱不知統歸
筑人月形詳早川勇二士來迎余等一日相
陳曰昨夜招西郷隆盛自小倉容會高杉
春風於馬關薩長媾和之端緒既成矣
将急解征長兵隆盛任事經藝國赴
廣嶋有所説也余等聴之大嘉焉余
即席上執筆作此書以授二士事在
元治元年十二月十一日距今三十三年也頃
者早川勇來示此書以求記其由嗚呼這
一片斷簡雖廖廖數言明治中興之機所
胚胎可以觀當時事情矣余今再觀此書
不堪懷舊乃書此以返焉
明治廿九丙申年二月
從二位伯爵通禧

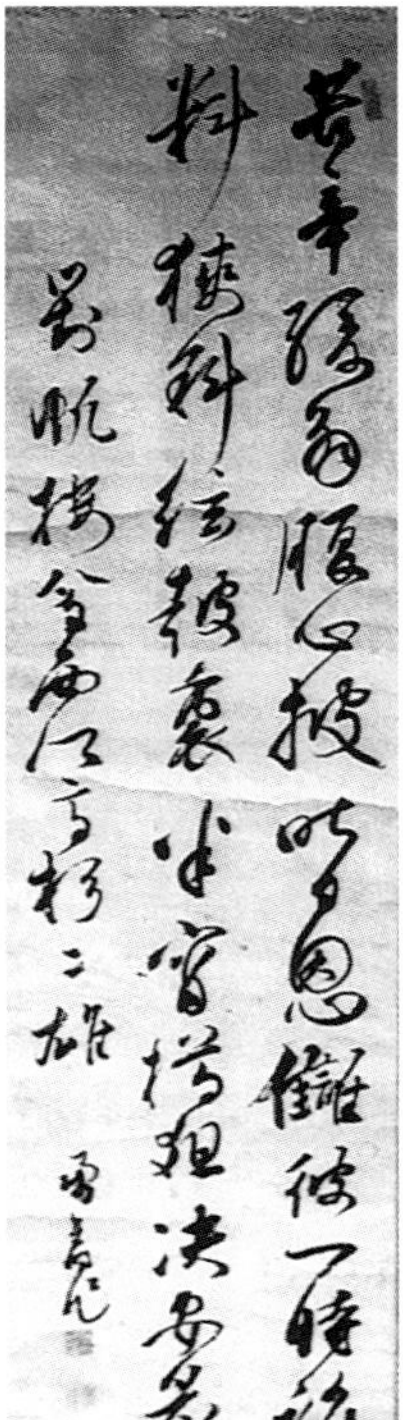
苦辛緩解腹心披　昨日恩讐彼一時
誰料狭斜絃鼓裏　半宵樽俎決安危
對帆樓會西郷高杉二雄　勇舊作

西郷・高杉会談を証する文書

〔上〕西郷、高杉の極秘会談は元治元年（一八六四）十二月十一日、下関の対帆楼で行われた。この会談を斡旋した月形詳と早川勇は翌日、長府功山寺に滞在中の三条実美卿、東久世通禧卿ら五卿に〝薩長講和〟会談について報告した。後年（明治二十九年）、早川の求めに応じて東久世通禧卿がその様子を書き与えた文書。「昨夜西郷隆盛を小倉より招き、秘かに高杉春風（晋作）と馬関に会せしめ、薩長講和の端緒すでに成る」などとある。

〔左〕西郷・高杉会談を斡旋した早川勇の漢詩。

苦辛《くしん》緩解《かんかい》し腹心《ふくしん》披《ひら》く、昨日の恩讐彼の一時、誰か料《はか》らん狭斜《きょうしゃ》絃鼓《げんこ》の裏、半宵樽俎《そんそ》安危を決す（＊樽俎とは談判）

対帆楼会西郷高杉二雄　勇旧作

〔左〕早川勇・獄中の漢詩
奸《かん》謀《ぼう》譎《けっ》計《けい》身を翅《し》図《と》し、巧んで詳《つばら》を刑にし諫臣を戮《りく》す。
冠《かん》履《り》今の如く倒置すれば、君を愛する人は是君に背く人。
録獄中旧作　春波老人
＊詳＝月形洗蔵、春波＝勇の号。
（本文一九三ページ参照）

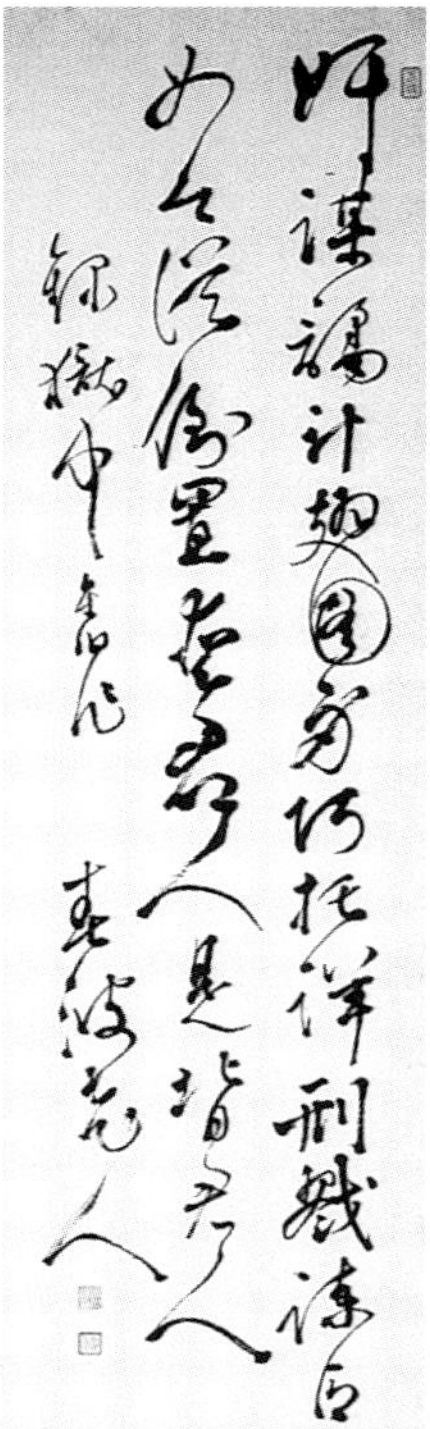

〔下〕早川勇を元老院大書記官とする辞令（明治十七年）。
太政大臣・三条実美の名が見える。

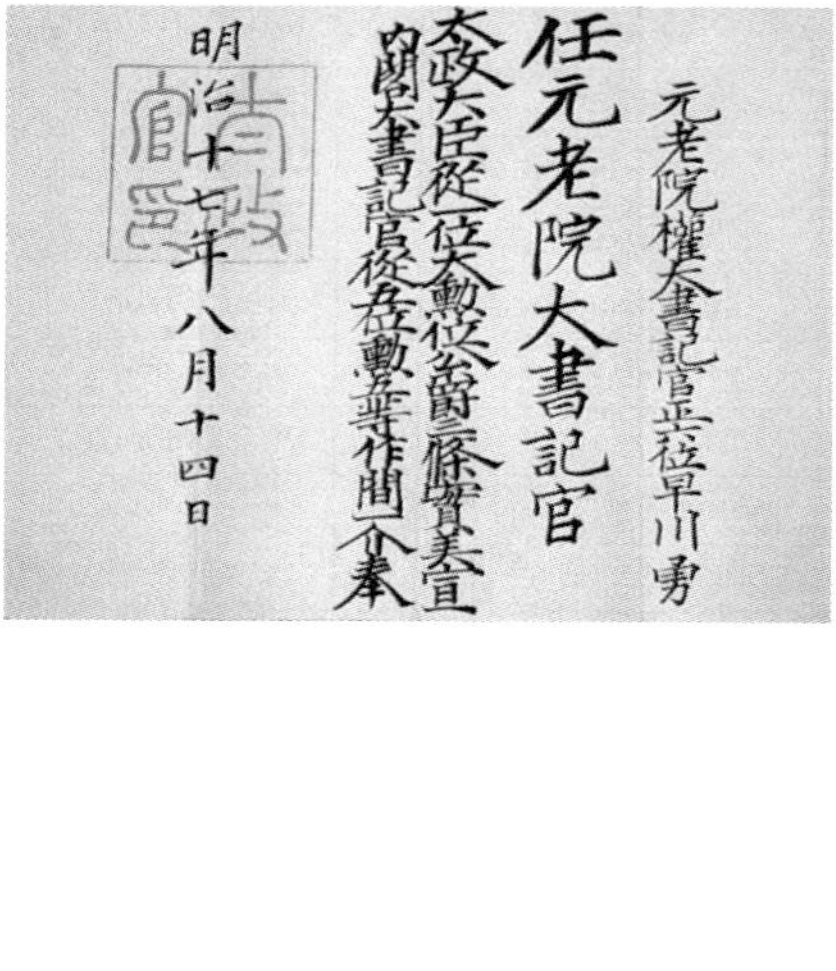

元老院権大書記官正六位早川勇
任元老院大書記官
太政大臣従一位大勲位公爵三條實美宣
内閣大書記官従五位勲五等作間一介奉
明治十七年八月十四日

雷鳴福岡藩——草莽　早川勇伝◉目次

本書を亡き父母と祖霊に捧ぐ

序章　草莽

庄屋の息子

早朝、勤行《ごんぎょう》が始まると、勇《いさみ》少年は草履をつっかけ、長楽寺への坂を登る。杉垣の木戸から右へ四、五十歩上ると、切り通しの崖の右手は神社、左手に寺はある。木魚の音が朝の澄んだ空気の底で、まるで勇の耳を穿つようにポクポクと、頭上から降りかかる。達誉和尚の甲高い読経の声も聞こえる。

和尚は勇が四、五歳のころからかわいがった。あるとき読経中に後ろを振り向くと、本堂の上がり口に勇が立っていた。手招きすると草履をぬいで上がり、和尚の横にちょこんと坐って、阿弥陀像を見上げている。無口だが、眼が会えばニッコリ笑う。それ以後、勇はしばしば境内に来て、和尚が姿を見せると側に寄り、お経に聴き入って過ごした。

　ここは筑前国遠賀《おんが》郡虫生津《むしょうづ》村（現福岡県遠賀郡遠賀町虫生津）。六十戸程の草深い農村で、高みにある神社と寺は楠、槇の大木、名も知れぬ雑木に包まれている。浄土宗長楽寺は天正年間（一五八〇年代）の開山とされる。達誉和尚は十七代、天保のころ寺の過去帳を書き改めた。三冊の和綴じになって今日まで残っている。几帳面な毛筆の楷書で、文字のハネが殊更に強い。見るからに無骨で土の匂いがしそうである。和尚は指が太く、頑固だったかもしれない。

　それでも村で、文字が書けるのはお坊さんと庄屋くらいだった。達誉和尚が勇にお経を称えさせると、勇は「ナミアミダーブツ」と復誦して、白紙に墨を垂らしたように一度で憶えこんでしまう。生まれつき記憶力のいい少年だった。

　本堂は広く、隅々は暗い。夏を過ぎても蚊がこもって、人の気配がすると羽音もなく寄ってくる。木魚をたたく和尚の後ろに座っていると、太い首すじに蚊がとまった。じっと見ていた。木魚は鳴りつづけている。

　ふと気づくと、血を吸った蚊は膨らんで黒い点になった。勇はこらえきれず、立って首を叩いた。掌に赤い血がついた。

　和尚はそれでも木魚をやめない。

　勇は悲しくなり、帰ろうとした。すると振り向いた和尚は
「生きものを殺すな。殺生《せっしょう》はいかん」

　と勇の頭に手をのばし、ゆるく圧した。このとき得体のしれぬ怖れを感じ、勇は生涯忘れなかった。和尚は蚊を殺さず、痒みに耐えて木魚を叩きつづけたのだ。

勇は嶺直平、トヨの三男として天保三年（一八三二年）七月二十三日、この虫生津村に生まれた。父の直平は隣村下底井野村（現遠賀町浅木）の大庄屋有吉家から、嶺貞平の養子として入った。直平の実兄長平は酒造業を営み、十九歳で郡内別府村の庄屋、三十五歳で村方の最高位といわれる大庄屋となり、黒田藩主から苗字帯刀を許されていた。嶺家も庄屋の家系で農業を営んだ。この時代、養子縁組は同格の家の間で行われる習わしだった。

直平の妻トヨは虫生津村の地主縄手治郎右衛門の三女である。

勇は幼いころ多病で、気が弱く、村童と遊ぶことも少なく、達誉和尚に親しんで育った。最初文字を習ったのは八歳のとき、長崎から来た浪人岡武平だったといわれる。利発な勇は父の実家、有吉家の人々に愛され、九歳のときから祖父の有吉喜平が勇の教育係となった。十歳で大学、論語の素読を受けた。

伯父の長平は短歌、俳句をよくし、鞍手郡古門の神官で国学者、伊藤常足《つねたり》の門で学んだ。常足は全国的に高名で、福岡藩からも重用された。わずかながら身辺に学問への窓が開かれていたことは勇にとって幸せであった。

勇が長楽寺の和尚にかわいがられたことは嶺、有吉両家で語り伝えられたことの一つであるが、あくまで口伝《くでん》であり、百六、七十年の間に一族の変遷も激しい。現在、勇に二、三の伝記があるので、関連の資料とあわせて、幼少年のころの時代背景をしばらく探ってみたい。

封建時代は士農工商の四階級に分かれ、身分制は残酷なほどきびしかった。藩行政は武士を中心として郡代を置いて農村を統治、その村行政の責任者となったのが庄屋であった。幕末、幕府の衰えとともに藩政は軍備の充実、異国船対策などで揺れつづけ、シワ寄せは末端の農民に折り重ってきた。庄屋はその矢表に立たねばならない。そうした困難の一方、二百余年の太平の蔭で庄屋、医師、神主などが識字階級として成熟し、武士に伍しうる見識をもちはじめていた。やがて武士社会の諸矛盾がかれらの眼に明確に映るようになる。

勇が生まれた遠賀郡は福岡藩の東部、遠賀川下流の純農村で、文化の恵みの少ない地域であったが、当時の庄屋階級の内側をのぞくと、知識を求めるさまざまの試みを見ることができる。大庄屋有吉家の学問好きもその好例であろう。幕末、全国的に寺子屋が隆盛になり、勇もその恩恵を受けることになる。

勇の少年のころから時代激変の兆しはあった。

次に示す『遠賀郡鬼津《おにづ》村井ノ口家年暦算』は、勇が生まれた虫生津村から四キロ程北の鬼津村で、代々庄屋を務めた井ノ口家の家譜である。徳川時代初期から明治初年まで二百余年、七代にわたる当主が記録したものを、七代彦五郎（一八〇六〜一八七六年）が明治の初め筆写して遺した。これを地元遠賀町木守《きもり》の郷土史家、中原三十四が解読、註釈も加え昭和六十年に出版された。原文は農作、米価、社会的事件のみでなく藩政の動き、時に上方の情報にまで触れており、特段に出色でなくても、当時の庄屋クラスの知的水準を窺うことはできる。

例えば――

天保八年（一八三七年）、勇が五歳のとき大阪で大塩平八郎の乱が起り、次のように記述している。

「二月十九日より大阪に大変発《おこ》る。与力大塩平八郎と申仁《もうすじん》、貧家救《すくい》の儀存《ぞんじ》立ち、鴻ノ池《こうのいけ》等を初め富家に出銀申付候えども、思《おもい》の如くならず。貧家の者は党を結び烽発《ほうはつ》す。平八郎、与力同心を引率し、鉄砲、石火矢等にて富家を目当に打崩す。大火発《おこ》りて町々焼失す。死人何万とも相知れず。江戸に早打下り捕人大勢指登《さしのぼ》しになる。後平八郎を初め、事叶《かな》わず皆煙硝《えんしょう》にて顔を焼き、知れぬ様にして切腹す。同類の内十七才になる若者、手だれにて捕手《とりて》五十人切て死す。珍らしきものなり。

貧家救は大塩ならでは無しと言より、存立《ぞんじ》れし事なれ共、富家思ふ如くならず。後の噂は全く謀《む》叛《ほん》にての事なり」

突発したこの上方の事件はなんとも衝撃的で、草深い九州の農村人を驚かせた。前年、天保の大飢饉で米価は高騰、富商の買い占めなどで貧者は苦しみ、陽明学徒の大塩は幕府の無策を怒って反乱を起した。二百余年の太平の裏側で腐蝕が起こり、社会矛盾を生じているので、大塩は体制の変革を迫ったものである。乱に成功の見込みなどなく、一途に激発したようだ。「死人何万」とか「五十人切」といった数字は事実とかけ離れているが、とりどりの噂の中から貧家救いという事件の核心はつかんでいる。

明治維新の三十一年前、大塩の乱によって太平の世に地殻の変動が起こり、以後異国船の出没につれ亀裂はひろがってゆく。勇は激動の時代に成長することを運命づけられていた。

また三年後の天保十一年（一八四〇年）、八十年ぶりという大水害が遠賀川で起こった。勇は八歳。嶺家は村の高みにあり、冠水の恐れはなかったが、一望村々を浸した出水を見て、水害の恐しさを深く体験した筈である。

遠賀川は英彦《ひこ》山に端を発し、遠賀平野を貫いて北の玄界灘にそそぐ。支流の西川に沿った虫生津村から河口の芦屋まで約九キロだが、標高差は殆んどなく、満潮時には潮が逆流してくる。このため数年毎に水害が発生、住民を苦しめてきた。『年暦算』でも水害の記述は多いが、この天保水害の描写は生々しい。

「六月四日の夜より大雨降出し、五日朝まで大にふり洪水に成り、所々破損多く家押崩し流る。九日より又大雨降出し終夜降る。破損土手切れ、山付、川筋とも数知れず。人家も牛馬も流る。植木町御米蔵流る。同所の新屋酒桶三十本流捨る。家財、衣類入れの櫃《ひつ》、簞司《たんす》大に流る。御国中にて大山、小山の抜け落し数知れず。（略）田圃水に入、水引落し候に跡一面に青み見えず、皆忙然たり。山付は水痛み無けれ共、龍《たつ》引き等の損じは強し。是山潮とも云べし。是程の水、八十年余の大水と云。（略）

川上より川艜《かわひらた》数艘流れ、海へ拂出し行衛《ゆくへ》知れず。其内には人の乗し船もあり、助け呉れよと泣声《なく》哀れなれ共手に及ばず」

「一面に青み見えず」という無残な情景、「人の乗し船、助け呉れよと泣声」という大人たちの話は勇少年も聞いただろう。濁流は舟も酒桶も巻きこみ、矢のように走る。龍《たつ》引きは山くずれのことである。土砂は一瞬に家を埋め、山肌は赤茶けた傷跡をさらす。自然の暴威に対する村人の怯えが伝ってくる言葉である。災害の広がりと事実が簡潔に集約されている。いまと違って新聞もテレビもなく、伝聞に頼るしかなかったが、固有名詞に殆どミスがない。『井ノ口家年暦算』は僻村にも確かな文化が育ちつつあったことを教えてくれる。

月形一門との出合い

天保十五年（一八四四年）の春、十二歳になった勇は隣村中底井野村（現中間市）砂山に、前年五月にできた月形春耕（健）の私塾迎旭堂に通いはじめた。虫生津村の自宅から約二キロ、その東の上底井野村には黒田侯のお茶屋や郡代役所がある。

このころ遠賀郡内の塾・寺子屋は約三十あったという記録があるから、識字熱はかなり高かったといっていい。しかし勇が通った迎旭堂はいわゆる村塾とは一味違っていた。春耕先生は前年福岡から来たばかり、当時第一級の儒家、月形一門の人だった。その声望を聞いて、上底井野村庄屋だった有吉家が招致したといわれる。伊藤常足の孫直江は勇より十八歳年長だが、ここで勇の同門であった。この迎旭堂を起点に勇の人生は大きく開けることになる。

春耕は福岡藩の大儒、月形鷦窠《しょうか》（質《すなお》）の第四子。鷦窠は京都、江戸で程朱の学を修め、柴野栗《りつ》山《ざん》、尾藤《びとう》二洲、菅茶山《かんちゃざん》、さらに頼春水、山陽父子と交遊、その学識は全国的に著名だった。そして長子深蔵（弘）、その子洗蔵（詳《つばら》）はやがて藩内勤王党の中心となる。勇は春耕の門弟になったあと、福岡に出て深蔵の塾に入り、一直線に勤王の道を歩き始める。

ともあれこの迎旭堂で勇は『大学』『中庸』『論語』『孟子』、いわゆる四書を習いはじめた。その傍ら山陽の『日本外史』を愛読したといわれる。『日本外史』は源平の時代から徳川期まで武家の興亡を叙した通史で、楠正成の事蹟など美しい漢文で書かれ、これを読んで武士はすばらしいと強く感動した。

ところが通学を始めて間もなく五月末、梅雨のさ中に勇は赤痢にかかり、生死の境をさ迷った。寝たきりで八月になると、全身が水腫のためむくみ、脱力して身動きもできない。「きつい」と細い声で訴える。母は枕元で「かゆを食べんから」と溜め息をつく。秋が深み、トヨは家族の冬物を用意し始めた。勇が寝床から黙って見ていると、一向に自分のものをつくらない。自分はもう死ぬからだろう、と思い涙ぐんだ。トヨは針仕事の手を休めて勇を見ていたが、黙って涙を拭ってやった。感じやすい子だった。

そのころ赤間宿に日蓮宗の僧が来て、祈禱のご利益が評判になった。トヨはさっそく出向き「南無妙法蓮華経」の掛軸を授って帰った。

「朝昼晩の三回、三百遍ずつ称えなさい。口を開けて大きい声で」

と強く言った。すでに論語を読んでいる勇に母の言は信じ難い気がしたが、言われる通りにした。最初、語尾は口の中で消えていたが、しだいに台所の母にまで聞こえるようになり、三週間たってみると、いままで通じなかった小便が一升余り出て、気持がよくなり、一気に快方に向かった。

年が明けて弘化二年(一八四五年)二月、ようやく歩けるようになり、再び迎旭堂に通い始めた。勇の復学を春耕先生が誰よりも喜んでくれた。

「よかった。病気がなおるよう宗像の藤原村の太郎坊神社に願かけしていたよ」

菜の花が咲き初めた三月中旬、春耕は塾生を連れてお礼参りに行ってくれた。勇は病気で死にかけた自分がいまこうして皆に祝福されて、生命のありがたさを深く感じた。「蚊を殺すな」という和尚の教えをふと思い出していた。

この翌春、母トヨが村人と伊勢参宮に出掛けると、勇は自分の生命を救ってくれた母の身の安全を祈って、旅の間一カ月余、近くの浅木神社に日参した。

この大病のあと勇の学問はぐんぐん進んだ。経史の読解、問答、詩作、習字、どれも抜群の進境で、春耕も舌を巻いた。通学の時間を惜しんで、迎旭堂に近い医師二村正庵家に身を寄せたが、医業が忙しく、時に煎じた薬草の調合までやらされるので、落ち着いて読書ができない。

勇はある夕、春耕と一緒に散歩に出て、東を流れる遠賀川の葦の川原に立ったとき、なぜか涙が流れてとまらなかった。「なぜ泣く？」春耕に問われてもただ頭を振るだけだった。雲を映す水、丈高い葦の間で急に悲しくなったのだ。

春耕は勇の眼に焦りの色を見た。農村に埋没する恐怖といってもいい。書を読み始めたこの多感な少年を草深い田舎に埋もれさせてはならない。いっそ福岡の長兄、深蔵に勇を託そうと、春耕は考えるようになった。

深蔵は若いころ赤間茶屋奉行を務めていたが、退隠して福岡桜谷に移り、門弟をとって儒学を教えた。少年時代、父鵜窠と江戸に出て古賀精里に学び、以来四書と朱子文集を身辺から離したことがない。幕末、外国船がしきりに往来する中で尊王攘夷を明確に説いたので、藩内の若い俊秀が相ついで入門した。

弘化四年（一八四七年）九月、勇は十五歳でこの月形塾に入門した。

月形塾は中級、下級武士の子弟が多い。みんな肩を怒らせている。初対面の席で勇に声をかけるものなどいない。中でも師深蔵の息洗蔵は眉は太く、頬は削げ、一文字の口を無愛想に噛みしめている。その洗蔵が縁側で勇に声をかけてきた。

「勇君、叔父上（春耕のこと）はお達者か」

「ハイッ」

勇は緊張して返事するのがやっとだったが、「くん」と呼ばれて嬉しかった。最近若ものの間で流行の言葉で、おおむね対等の者に親しみをこめて使われていたからである。

「下宿が定まるまで俺の部屋にいろ。お父上の意向だ」

「ありがとうございます」

「時どき撃剣の相手をしてもらうゾ」

言葉は命令調だが、正面から力いっぱい面を打つようにカラッとしている。

ともあれ勇はこの月形塾で武士の子弟とともに日夜、学問に励むこととなった。庄屋の息子が武士の仲間入りするのは容易なことでない。撃剣の心得などないから、まず頭脳、ついでかれらに伍してたじろがぬ気力が要る。洗蔵と起居を共にしながら、夜は絶対に洗蔵より早く寝なかった。朝も日の出とともに起きる。その頑張りに洗蔵も一目置くようになった。

勇は温厚で素直な青年だった。自負心に満ちた武士の子弟の間でも気遅れせず、誰からも愛された。しかし内心は不安でいっぱいだった。サムライの世界にあこがれながら、おれは遠賀の農民の子という思いがわだかまっている。この壁は厚い。越えることはできるだろうか。暗い思いを振り切るようにひたすら勉学に励んだ。

月形塾では若もの以外に師深蔵の友人たちがよく出入りした。深蔵は亀井南冥の著作に親しみ、筑前尊王の流れを説いた。南冥は六十余年前、藩校甘棠《かんとう》館総裁として江上苓州ら高弟を率い、広瀬淡窓、村上仏山らの人材を育てた。深蔵の父鷦窠は南冥の後を受けた人で、その門に出入りした吉留杏村、魚住樂処らは筑前初期勤王派と称される。勇は勤王家たちの森に踏み入ったのである。前後左右に太い幹が直立し、高く聳え、若ものに親しく語りかけてくる。魚住樂処が勇を七隈の菊池寂阿（武時）の碑に伴ったこともある。悲劇の勤王武将の故事に勇は深く感動した。命を惜しまない——それがサムライなのだ。

勇は次第に頭角をあらわしてゆく。すすめられて藩校修猷館に一時入学したが、講義は知行合一といった個人倫理にとどまり、月形一門の勤王論を異学として嫌っていることがわかって退学した。また魚住は中老矢野梅庵（相模）の長男安雄とともに学ばせようとしたが、勇はなぜかこれを断った。身分の差が大きすぎた。矢野は三千二百石。和漢洋の書を読み、詩文に長じ、勤王派の重鎮としてその後勇らを庇護する人物である。

このあと勇は意外にも医学を志し、嘉永三年（一八五〇年）藩医板垣養永（二七〇石）に入門した。武士中心の社会でも医学を学べば自由に生きることができた。特に蘭法医の社会活動がめだった時代である。門地に恵まれぬ若い俊秀にとり魅力ある世界だった。恐らく嶺、有吉家では勇が勤王家となり政治の道に進むことを喜ばず、むしろ医術を学ぶようすすめたのであろう。

ともあれ、勇は医を志すことによって江戸留学の機会をつかむ。そして庄屋の三男坊は広い世界で時代の先端に触れる。

江戸留学

この年十二月十五日、板垣養永は藩主の侍医として江戸へ赴いた。勇はそのお伴をして共に江戸霞が関の藩邸に入った。このとき十八歳。この留学は本人が熱望したことはもちろんであろうが、実現したのは月形塾など周辺の先輩たちの推挙があったからだろう。養永とともに藩邸に住めば食住の心配は要らず、知己は増え、藩主長溥《ながひろ》に接する機会も生じた筈である。

藩邸内の長屋の一角に住んだ。表門は武骨な黒塗り門で、隣りの芸州浅野邸の赤門と並び称されていた。珍しいのは地震の避難小屋で、つぶれても圧死しないよう屋根は板が張られているだけである。

勇は養永の助手をつとめるかたわら、医学館に通い、医書の講義を受けたという。一方、儒学の面では師を求めて盛んに出歩いている。この医師の卵はすでに時代の動きに強い関心を抱いていた。まず幕末の朱子、陽明学者として著名な佐藤一斎の門をたたいた。一斎は当時七十八歳。官立の最高学府昌平校の教授をつとめており、一代の碩学《せきがく》として全国から集った門弟は三千人といわれた。陽明学は大塩平八郎の乱もあって危険思想視されたが、一斎は怯まず、異国船の出没で喧しい時務も論じて、講義は人を惹きつけた。

医学生である勇は一斎に正式に入門したというより、自由に講義を聴き、時に質問をする聴講生だったのであるまいか。一流の学者の謦咳《けいがい》に接することは地方の書生にとって得難い体験なのであった。

このころ藩邸には月形塾で同窓だった森勤作が納戸《なんど》役としていて、勇と一緒に行動している。勇より二歳年長、学問好きで剛直の青年だった。上役にへつらわず、やがて帰国させられるが、二人は気が合い、連れ立って根気よく著名人を訪ね、海防や尊王攘夷の意見を聞いて歩いた。

例えば大橋訥庵《とつあん》。佐藤一斎の門下で過激な攘夷論者で知られていた。江戸神田の生まれ、日本橋の豪商大橋淡雅の養子となり、塾を開き、尊攘思想を教えた。その思想は特に深いものでなく、むしろ単純であったが、幕府の膝元で攘夷を説きつづけ、在野志士の中では大物視された。訥庵は後に老中安藤信正襲撃の計画に加担、坂下門外で変の起こる直前に捕えられ投獄された。出獄後に死去した。

また勤王家藤森弘庵も訪ねた。播摩小野藩の儒者で、江戸に出て塾を開いた。『海防備論』二巻、『芻言《すうげん》』六巻を書き、時事を論じたため安政の大獄では江戸を追放されたが、後に赦された。

勇はこれらの学者の論説を聞き、時代の激流を肌身に感じとった。若く、刺激に敏感だった。勇が上京する直前、高野長英が江戸で自殺した。蘭医シーボルトに学び開港論を称えて永牢、獄舎の失火で脱走し、潜んで多くの著述を残した人物である。外国船が浦賀、長崎に相ついで来航、世は騒然としていた。九州で風聞で聞くのと異り、江戸八百八丁に多彩な人が住んで何が起こるかわからない。この太平の底で巨大なヒビ割れが生じつつある不安を感じ、勇らは猟犬のように好奇心の塊まりとなった。

実は江戸へ発つ前、月形深蔵の長男洗蔵から、海防などの時事につき識者の意見を聞くように頼まれていた。若ものたちは知識と情報に飢えていた。勇は大橋や藤森の意見を洗蔵にまめに手紙で伝えながら、江戸にいる自分がまるで攘夷の激流に乗った小舟のように流される気がして心地よかった。

一年経った。

嘉永四年（一八五一年）十二月、勇は養永に従って帰国した。帰途は甲州、信州、木曽路をとり、京都に出た。この大旅行について多くの詩文を残したといわれる。封建時代、藩境を越えることは容易でない。思考も交遊も出生の地に限られる。だから京都あるいは江戸を見聞したことは貴重な体験であった。特に勇の場合、廿歳にもならぬ多感な時期、江戸で医術、儒学の修業に専念し、自由に街を歩き回り、新知識を吸収できたことは当時珍しい幸運だったといえよう。

福岡に帰った勇は月形塾の先輩、同輩から俄然注目を浴びる存在となった。福岡しか知らない若ものたちにとって、江戸の風はやはり魅力があった。

最初に声をかけてきたのは鷹取養巴だった。鷹取家は藩医として最高の四百七十石を食む名家だった。養巴は勇より五歳年長、白皙長身の坊ちゃん育ちで、若いころ江戸で医術を修業、強い勤王思想を抱き、思慮深い人物だった。勇が大橋訥庵や藤森弘庵の激しい攘夷論を口移しにしゃべると、感激して聞いている。

「まず異国と戦えと言うか。人心の覚醒をねらうのであろう」

ある日、勇に「君に相談がある」ともちかけてきた。

「鷹取医学塾に十人程の学生がいる。君が塾長になってくれ。住みこんで指導していただく」

養巴の魂胆は勇と起居を同じくして心ゆくまで国事を語りたいのだった。勇は即坐に応諾した。

月形洗蔵は養巴と同年。父深蔵が退隠して塾を開いたあと、馬廻り組百石に加えられた。家学ともいえる朱子学に傾倒し、気性の激しい男で、やがて福岡藩勤王党のリーダーとなってゆく。年下の勇をかわいがり、よく議論を吹っかけた。

勇が鷹取塾に移ると、早速乗りこんで三人で議論をたたかわせ、徹夜することも珍しくなかった。日本国をどう守るか、尊王攘夷から海防論まで、二十代の若ものは語り、興奮し、固い友情を育てていった。

早川姓となり村医に

嘉永六年（一八五三年）六月三日、アメリカの提督ペリーが軍艦四隻に兵員五百六十余名を率い、浦賀に入港した。幕府は海岸周辺の山頂に無数の松明《たいまつ》を灯させ、終夜警鐘を乱打した。夜九時、沖の旗艦上から号砲が放たれ、百雷の落ちたような響きはいんいんと山野に谺《こだま》し、二百余年の太平の夢は醒めたのである。

幕府は周章狼狽《ろうばい》為すところを知らず、開港か、鎖国かをめぐって全国で議論が起こり、幕藩体制の崩壊が始まる。

情報はすぐ福岡にも伝ったが、この段階では黒船渡来の衝撃のみ大きく、誰も方策など示せない。藩主長溥《ながひろ》の対応は早く、翌七月十七日には幕府に対し開国の立場から建白書を出している。「打ち払いは大害あり、通商を許可すべきである。とても日本の永久鎖国の儀は相ならざる時節到来と存ずる」という主旨であった。攘夷派の水戸斉昭《なりあき》の「こちらから奇襲して船も人もぶん取ってしまえ」という過激さに比べると、現実的で思慮に満ちている。この段階では開明派長溥のさっそうとした姿である。

ペリー来航をめぐって国論は真っ二つに割れたが、福岡藩内もこれ以後激動を始める。勇、洗蔵らの関心はこれまで外夷に対しどう国を守るか、という海防論であったが、現実に黒船を迎えて一挙に急進攘夷論に発展、勤王思想を深め、倒幕が大きい課題となってゆく。かくて藩内の佐幕派と鋭い対立が起こる。

勇の身辺に一つの変化が起ころうとしている。

新知識を身につけて江戸から帰った勇に、周囲は結婚を考え始めていた。勇の長兄貞荘は嶺家の跡とり、次兄新次郎は隣村下底井野村の芳賀家の養子に、姉近は虫生津村の大庄屋毛利与八郎に嫁入りした。また妹道は後に鞍手郡野面《のぶ》村の松尾家に嫁ぐ。

三男の勇は医者となり、比較的自由な立場である。江戸留学に当たっては嶺家と、直平の実家有吉家は大変に喜び、その経費は両家で負担し合ったかもしれない。有吉家は代々大庄屋をつとめ、酒造業を営んで郡内有数の資産家だった。一方、嶺家は地主で、長兄貞荘は後に鬼津村庄屋となり、飢饉時に米や金銀を拠出して苗字脇差ご免となる。明治九年の年間所得高をみると、貞荘は「六七石九斗三升」とあり、富農に属するといえよう。勇の学資を出す余裕はあった筈である。一族の勇にかける期待は大きかった。

その勇は江戸から帰ったあと、虫生津にいることは滅多にない。福岡の鷹取塾に泊まりこみ、塾生の教師格になっているという。それはいいが、塾には若い藩士がしょっちゅう出入りし、どうやら勇もそれに混って、対馬沖を通る外国船、琉球に来たアメリカ船、さらに浦賀沖の黒船の話に夢中になっているらしい。

「勇に嫁をもたせよう」

父の直平が貞荘に相談した。貞荘に異論はない。

「賛成です。折角の医者どんにムシがつかんうちに」

このけんのんな時代、政治の虫が暴れ出しては、先行きどんなことになるかわからない、と貞荘も心配していた。直平が伝《つて》を頼って裏粕屋郡筵内《むしろうち》村の医師池園良庵家の養子となる話がまとまり、同家の養女ミネ子と結婚した。ミネ子は同村の酒造家安武東五郎の第三女だった。安政元年（一八五四年）のことで、勇は二十二歳、ミネ子は二つ歳上の二十四歳であった。

ところがその翌年秋、この若夫婦は宗像郡吉留村の医師、早川元瑞の家に揃って養子として入ることになった。元瑞は勇の父直平の古い友人であり、嗣子のないことを常に嘆いていた。吉留、武丸両村では早川家に後継ができないと無医村になると、早くから運動をしていて、ぜひ勇をということになったらしい。池園家が譲った訳だがその経緯などよくわからない。当時、歳上の女房をイガイマシ（飯匙増し）といって話題にしたが、勇がそれにこだわった気配はない。夫婦養子の形からみて、勇は姉さん女房のミネ子を愛し手放さなかったものと思われる。

勇は父のすすめには従順に従い、結婚し、けっきょく早川姓になった。村人たちの強い願いで吉留村の村医となり、鷹取塾は引き払った。やがて長女松代が生まれた。

それで勇の腰が落ちつくかというと、そうはいかない。洗蔵、養巴らは勤王党として結束を固め、事あるごとに勇を呼び出す。勇が医業で身動きできないとなると、洗蔵らは福岡から駕籠でやって来て、二日三日と逗留する。昼も夜も議論ばかり、いずれも肩を怒らせた武士なので家人はひっそり遠慮している。当然、勇の他出もふえる。福岡に出ると日帰りはむつかしい。やがて医療に支障も出て、後述するように「これでは困る」と村人から苦情がでるようになった。

若き革命家たち

こうして一人の草莽《そうもう》が歩き始めた。

前途に待ち受けるものは幕末の激動である。明治維新に至る十年間は恐しいほど暗い時代であった。多くの志士が死に、勇も日々、死に直面して生きた。その事蹟をたどっていると、闇の底でさまざまの別れと出合いがあったことが見えてくる。

それにしても、農民の子がなぜ武士に交わり、革命家の道に踏み入ったのか。

後年、勇は洗蔵らの勤王党に属し、長府功山寺にいた五卿の太宰府移転に奔走、さらに薩摩、長州の連携実現を己の使命とした。その間、土佐脱藩の郷士、中岡慎太郎を知り、盟友となる。二人はいずれも庄屋の家に生まれ、勤王思想を抱き、武士に伍して政治活動を行い、その性向までよく似ていたようだ。

その交遊ぶりを見ると草莽同士、武士に対するときと異なり、面子《めんつ》にも格式にも拘泥せず、心を許し合っている。出自を同じくしたものの、理屈ぬきの親密さが感じとれる。

二人は、時代を変革する草莽――自覚せる庶民――として議論をたたかわせ、勇が薩長連携という持論をとくと、慎太郎は手を打って共鳴、西郷吉之助と親しい勇の従僕となり、小倉で西郷と会見、このとき生じた信頼をもとに長州を説得、両雄藩の握手にこぎつける(後述)。

生命の危険の只中で二人は「ムダに死ぬな」と互いに助け合う。そして例えば激流を遡る魚群の中で、たまたま体色を同じくする緋鯉が二匹寄り添うように、美しい友情を育てる。武士とか藩という垣を越えて、世直しという共通の目標に向け手を携えた。義理でなくまず体温を伝え合う。その姿は維新史の知られざるエピソードと言っていい。共に武士と異質のエネルギーを発している。

勇の場合、農家に生まれ、医術を修めたが、医師の身分を捨てて政治に身を投じた。勇は晩年「私は医者になりながら病人を治さず、国の病いを直す方に走ってしまった」と語っている。この言葉には屈折がある。実家の父や兄が心配したとおり、自分の生涯は政治の虫に喰われてしまった。しかし後悔はしていない。何度も殺されそうになった。そのたび俺は殺すまいと自戒し、特に友人を救うことに懸命になった。だからこれは国の重病を直すため自分を捨てた一人の医師の、深い感慨といえよう。

一方、慎太郎の場合、倒幕という革命思想は、明確にその父、中岡小伝次から直接に受け継いだものだった。

中岡家は土佐藩東部で代々、大庄屋をつとめた。中でも小伝次は名望家で、天保十二年(一八四一年)慎太郎が三歳のとき、近隣の庄屋たちに呼びかけて「天保庄屋同盟」という秘密同盟をつくった。宮地佐一郎著『中岡慎太郎』によると、庄屋同盟の盟約の原文は「大名は庄屋の丸薬なり。庄屋は大名の散薬なり」「底土(土地所有権)は禁廷(皇室)さまのもの、上土(耕作権)は太守様(藩主)のもの」というもので、庄屋は将軍や大名と同じ大地に立つとしている。この論法をつきつめると、真の支配者は幕府でも大名でもなく、天皇であり、耕作する農民と天皇は直接結ばれる。さらに武士の特権を認めず、もし農民が武士の無礼討ちにあえば、庄屋は武力をもってしても農民を守るべきである、という革命的な思想である。

明治維新より二十七年前、土佐の草深い田舎で庄屋たちがこんな思想を文章化していることに驚くが、慎太郎はこのような庄屋の家に生まれ、育った。十代の始めから村塾に通い、やがて高知に出て武市《たけち》半平太ら勤王家につき文武の道を修める。二十歳のころ庄屋見習いとして飢饉、地震に遭い農民救済に奔走、さわやかな弁舌で藩の援助をとりつけた。慎太郎は他人のために働き、自分を顧みない天性の行動家だった。

やがて脱藩して勤王活動をし、勇らとともに薩摩、長州の連携を図り、幕府打倒に奔走する。他藩に同志を求め、説得する志士を当時周旋家と言った。今日ふうに言えばコーディネーターであるが、慎太郎はその典型であり、坂本龍馬とともに薩摩、長州連携を実現し、歴史の方向を変えた。このころの周旋は命がけである。薩摩、長州は犬猿の仲であり、他方、幕府は新選組などを使って志士狩りに狂奔している。

慎太郎は京都、長州、薩摩をめまぐるしく往来し、多くの志士が死んでゆく中で「筑紫灘ヲ過ギテ感有リ」と題し、

吾身死ス可クシテ未ダ死セズ
淪落《りんらく》且ツ抱ク生ヲ偸《ぬす》ムノ羞《はじ》

とうたい、友は死に、己のみ生きている恥を詩中に吐露している。これは志士に共通した死を願望する心情と言えよう。慎太郎は草莽として時代の先端を走りつづけた。そのあげく薩長同盟を実現したが、王政復古の大号令を目前にした慶応三年（一八六七年）十一月十五日、京都で坂本龍馬とともに佐幕派のため暗殺された。二十九歳。勇より六歳若い。

勇は五卿の太宰府移転を実現した直後、勤王活動のため福岡藩の乙丑《いっちゅう》の獄に遭い、二年半の宅牢生活を強いられた。この瞬間から薩長同盟の工作は慎太郎と坂本龍馬の手に移り、勇が撒いた種を開花させたと言っていい。勇の先輩月形洗蔵、鷹取養巴ら同志多数は刑殺されたが、勇だけは奇蹟的に生きのび、慶応三年極月、王政復古とともに出獄した。慎太郎暗殺の一カ月半後である。

勇が九百日の牢居で衰えた体力の回復をはかっていた明治元年（一八六八年）三月、新政府（太政

官）から召し出され、徴士《ちょうし》（朝命で各藩から選抜された士）として出仕した。八月奈良に赴任、一年後奈良府大参事となった。百に一つの生存の可能性もないと思っていたのに、自由になったとたん徳川の時代は終わり、農民の子が中央政府で働くこととなった。世の中は一変し、さながら石が浮いて流れ始めたのだ。

草深い遠賀の寒村では、地元に由縁の勇の名が中央で取り沙汰され始めたのを聞き、まるで奇蹟を見るようにびっくり仰天した。その驚きについて『井ノ口家年暦算』は次のように記録している。

「当春より京都御召出しこれ有候宗像中野医師、早川養桂（養敬・勇のこと）老、京都にて判事と云《いう》役号仰せ蒙《こうむ》られ、八月より奈良へ御出張りに相成候。園池殿（公卿・名は公静）御付添として長州より一人、当国より養桂老共々御召連れなり。南都御領地此節御加増にて、十八万石に相成り、御政事役として園池殿御受持にこれ有る由なり。養桂老には京都より一ケ月二百両充《あて》、役料として御渡になり、御国（福岡藩）より二十五石、八人扶持仰付らる。又中野跡、扶持をも下され、家内も追々上京なり。殊の外立身なる事どもなり」

福岡藩は維新直前、勤王党を大粛正、人材を失ったため時代に取り残されてしまった。薩摩、長州を主流とする新政府と話のできるものはなく、藩の重役が上洛しても大坂から追い返される始末で、その中で徴士として太政官に出仕したのは、草莽出身の勇一人。五十二万石の大藩も顔色なしだった。

それにしても、月給二百両というのは当時の農民の常識にない金額である。維新を実現した下級武士や草莽が、新時代の主役としてこんな高給を受けたのは、世変わりを象徴する出来事であった。

勇の入獄中、日夜神仏に祈りつづけた父、直平は明治三年、自分が願主となって勇のために屋敷神を建立した。四反屋敷といわれる敷地のほぼ中央、奥座敷に近く五葉松が聳えている。直平が養子に来たころ小松だったが、すでに高さ十メートルを超え、枝を張ってこの庭の主木になっている。その根元に石祠をつくり、側面に勇の事蹟を刻んだ。大谷石に刻まれた碑文は現在風化がすすみ、半ば剝離して読めない部分が生じている。

「二男大和十八万石大参事早川五位勇　天□地領三千六百両　御国元　御米□□□□」

　農民の文らしく修辞は一語もなく、事実だけ記されている。「地領三千六百両」とあるのは、当初判事として赴任したとき二百両だった月給は、一年後大参事に進んで三百両に昇り、年間でこんな高額となったものだろう。

　この石祠はいまも勇の生誕地、遠賀町虫生津六二七に残って、草莽を偲ぶ縁《よすが》となっている。

　草莽は吉田松陰の「草莽崛起《くつき》ノ人」によって広く流布したが、もとは「野ニ在リ草莽ノ臣ト曰ウ」という孟子からきている。「在野」とは生き方である。維新のころの草莽の姿を逐ってみると、青春そのもの、わかく、土臭く、一筋の自由さを放つ。

　明治維新の起爆剤になったのはこうした青春だった。庄屋の息子である勇を同志として受け入れた福岡藩の先輩、知友たちは、時代を変革するという共通の目標で結ばれ、互いに生命を賭した。暗い激流の中で消えて行ったもの、生き残ったもの、かれらの死と生を思うと目の前に深紅の赫《かがや》きがひろがる。なぜ深紅なのかわからないが、多分、時代があまりにも暗く、かれらがあまりにも若かったからであろう。かれらは歴史に翻弄されながら、たとえ死に繋がろうとも、己の運命の糸を手離さず、ただ美しくとだけ願いつづけた。そしてサムライとして大半は滅びた。

　勇は生き残った。その僥倖としか言いようのない生存に、非武士的な要因を仮定していいのでなかろうか。勇は月形一門の朱子学に染められ、武士と交わったが、群れの中を泳いでも常に独自の存在であり、激流を遡る緋鯉のように生き、草莽の体色を変えることはなかった。何度か白刃で追われ、死地に陥ったが、ついに生涯一人も殺さなかった。その淵源は幼時、虫生津の和尚に蚊を殺して叱られた体験に発している。

武士は死を恐れない。義理のため剣をもって闘う。殺し合いの応酬が幕末の福岡藩でくり返され、そのドロドロを勇はすべて見た。それは義理を重んじる武士道が陥った出口のない闇であった。その渦中で勇はごく自然に、殺さず、という思いを育て、不思議に生き残った。

義理よりも生命を重んじることを貫いたのは、それが草莽の思想であったことを示している。

草莽の勇がこの一篇の主人公であるが、悲劇の時代を共に生きた福岡における若き革命家の群像を同時に描いてみたい。かれらの生きた刻々は青春の爆発である。情熱的で、純粋で、打算がない。二百余年の太平の底でかれらは教養を積み、士魂を磨いた。ただ結果として武士の閉鎖社会が形成されてしまった。義理ひとつとってみても、純度は増しても激動の時代のエネルギーにはなりえなかった。幕末はサムライ文化に対する大きな試練であったといえよう。とくに福岡藩の場合、薩長筑と併称されながら、なぜ維新から脱落し、あげく贋札《がんさつ》事件で廃藩置県の直前に自滅して行ったのか。この物語では武士の挫折という暗いテーマを追究することにもなろう。

勇は幼名政次郎、後に浩蔵、勇を用い、字《あざな》（実名以外の名）は退侯、敬、子直と称した。医師としての通称は養敬。これは医学の先達、鷹取養巴、板垣養永からもらったという。また春波、葆光堂《ほうこうどう》の雅号があり、穏やかで、内に光りを包むような勇の人柄をあらわしている。本稿では生前最も多く用いられた勇で通している。

第一章　荒野へ――攘夷のアラシ

吉留の梁山泊

勇が養子として入った早川家は宗像郡吉留村（現宗像市吉留）にある。屋敷は高みで南面し、陽当たりがよい。黒崎、木屋瀬から来た唐津街道が門前を通り、西北に下ってゆくと赤間宿である。福岡は西へ四十キロもあろう。

勇はここに移っても、月に何回か福岡表へ出て洗蔵、養巴らと会った。しかし、岳父元瑞が退隠して医業がずしり両肩にかかっている。急患がいつあるか知れず、留守にして飛び歩く訳にいかない。前年夏のペリー来航以来、天下は騒然として、福岡藩でも藩論は和親条約をめぐって真っ二つに分かれている。洗蔵、養巴らと会えばその話ばかり、別れて一人になると、自分だけ取り残されたような気分になる。別れたとたんに会いたくなる。

時代の流れが急で、議論していなければ不安でしようがない。友の眼の色、声色から何かを摑もうと懸命である。

洗蔵らはひんぴんと吉留へ来る。時に馬を飛ばして来て、十日余泊まりこんだこともある。泊まると言っても、囲炉裏端で夜明けまで議論してうたた寝、それを繰り返すのである。

早川邸は梁山泊《りょうざんぱく》の観を呈した。同家では泊まり客があると鶏を締め、大鍋で大根、サトイモ、菜類をごった煮する。妻のミネ子は味加減が上手だった。口数は多くない。必要品を揃えると引き下がる。眼に微笑が漂い、それは怒っても消えない不思議な微笑だった。生まれて間もない長女松代を抱いて出ることもある。

勇は患者がくると、議論を中断して席を外す。

洗蔵は議論に飽きると戸外に出る。屋敷の東側は広い空地で、端の野菜畑との間にヤマモモの木が立っている。洗蔵は雑木の丘から樫の枝を剪ってきて木刀をつくった。また二メートル余の青竹を削って槍の代用とした。諸肌ぬいでヤマモモの幹に向かって木刀を揮う。ヤアーッと声を絞り、幹の寸前でピタリ止める。これが百回。ついで竹槍を突き出すこと二百回。全身で汗をかいている。その気迫、真剣、一途さは農村で見ることのできないものだった。サムライはすばらしい。理想をめざす人間像を勇はそこに見た。

患者を帰して井戸水を汲んでやると、洗蔵は釣瓶に口をあてて飲む。

「必殺の剣ですね」

「なに、武士の心得だよ。人殺しは避けたい」

「さすが月形さん、いい心掛けだ。賛成です」

「だが、早川君、武士はイザというとき身を守る技は必要だ」

洗蔵は、こんどは君の番だと木刀を渡した。機会あるごとに勇に撃剣を教えようとする。それは勇に対する洗蔵の友情だった。

「月形家所蔵書簡集」の中に若い洗蔵が自分に課した日課表が残っている。
一、掃除之事
一、経書之事　○四子五葉（孔子、曾子、子思、孟子を五枚）五経五葉（易経、詩経、書経、春秋、礼記を五枚）
一、歴史之事　二十葉
一、手習之事　百字
一、兵学之事　三葉
一、写本之事　三葉
一、木刀揮《ふるい》之事　百返
一、槍つき出之事　二百返
一、鉄砲さだめ之事　三十返
一、和書雑書詩文之事
一、算用之事
朝はまず掃除、孔孟など先賢の書を読み、兵学、武術などすべて目標を定めて習練している。これ以外に毎月親戚、師友など訪ね、寺参りも怠らない。洗蔵は二十四歳で砲術目録、二十五歳で剣道印状、二十九歳で長沼流軍学許可書を伝えられている。

これが徳川時代、中下級武士の子弟が自らに課した鍛錬の姿である。こうして文武両面の教養を身につけた若ものが幕末期、国の危機を痛感して革命に立ち上がった。洗蔵はその同志として、勇に機会あるごとに撃剣を教えこもうとしたのである。

内外多事のうちに安政二年も歳末となった。

その日、吉留に洗蔵、養巴に加え中村権次郎も来た。権次郎は中村三兄弟の長兄で、弟の円太、恒次郎がともに過激な勤王党のため、しばしば抑えに回らざるをえなかったが、権次郎も生来慷慨の士だった。

権次郎が藩庁で耳にした江戸大地震の情報を大声で語り始めた。

「藤田東湖先生は火の出た家から一たん逃れ出たが、母上を助けに戻り、倒れた家の下敷きになられたそうだ。死者は十万人ともいわれている。痛ましい限りだ」

東湖は水戸藩主徳川斉昭《なりあき》に用いられた学者で、尊王攘夷論者として勇名がとどろいていた。開港はやむをえないが、まず人心を覚醒するため戦え、とする立場である。当時、開国か鎖国かで国論は二分、開国の場合もまず進戦とする派などで百家争鳴の状況だった。西郷吉之助は藩主島津斉彬《なりあきら》の指示でたびたび東湖に会い、生涯師として敬愛しつづけた。しかしこの時期、西郷の存在など知るものはいない。勇は江戸留学中に聞いた東湖観を少し語ってみた。

「東湖先生は身分秩序を守ることに大変きびしいと聞いた。尊王について、将軍は王室を尊び、諸侯は将軍を敬し、諸藩士はそれぞれの主君に忠誠をつくすべきであるとし、この秩序を乱したり、身分を越えたふるまいをすることを厳に戒められたという」

洗蔵は静かに聞いていたが、「うむ」と呻って、おもむろに口を開いた。

「東湖先生の噂は聞いている。正論のお方と思うが、開国の判定が難しいところだ。太平に馴れ、遊惰に堕した人心にいかにして志気を奮いたたせるか、それは鎖国攘夷によってではあるまいか」

洗蔵は腕を組んで考え考え語った。鍛錬された腕も頸も太いが、学問を語るときの声は静かで、抑制が利いている。勇の秩序論をうけて、次のようにのべた。

「秩序はきびしく正さねばならぬ。東湖先生の思想は王室を最上位に置き、将軍、大名は忠誠を尽くすべしという点、どの時代にも通じる真理と言うべきかもしれない。われわれは陪臣として主君に仕えねばならぬ。ただ早川君の東湖観で一点だけ首肯できないことがある。諸侯は将軍の下位に立つ臣であろうか。否、諸侯は王室に仕える臣であり、幕府も然り。つまり諸侯と将軍は同格である。

ぼくはこの考えを祖父の鷦窠から聞いた。鷦窠は前藩主斉清《なりきよ》公が幼少の折、〝あなたのご主人は誰と思われますか〟と訊いた。公は〝江戸の将軍である〟と答えられた。そこで〝それは大いなる間違いです。京にある天子さまこそ真のご主人で、江戸の将軍さまは支配頭《がしら》と申すものでございます〟と申し上げたという。

いま幕府は洋夷に対し処置を誤り、国威を堕とさんとしている。このときこそ大義を明らかにして士気を昂揚すべきではないか」

洗蔵の眼は幕府の衰えと現秩序の打破に向いており、いずれ倒幕に繋がる。しかしこの時点で洗蔵にそこまでの自覚はない。この当時、吉田松陰は「毛利家は幕府の大名ではなく、天皇の直臣《じきしん》である」と、鷦窠と似た考えをのべていた。ここから日本国の元首は天皇であり、将軍は政治を委任されただけという思想が広がってゆく。

「鶊窠先生のお考えは誠に明確、深蔵先生、さらに洗蔵どのと三代脈々と勤王の流れを伝えている。筑前における偉観と言うべきであろう」

養巴が穏やかな顔に喜色を浮かべて語り、何度もうなずいた。この若ものたちに共通しているのはなんとも生真面目で、議論好きであり、意見をぶつけて自分の考えを固める姿だった。

大儒・月形鶊窠は家業はお料理方であった。先祖は肥後浪人で黒田家に仕え、菓子つくりの名人だった。しかし若年のころから貝原益軒の書を読み、料理人としては一向にウデが上達しない。藩公からもっと美味な料理をつくるよう修業せよと江戸詰めを命じられた。が、けっきょく料理人としては失格、ついに家業を替え、学者として仕えることとなった。

晩年、七言律詩による畳韻百首を『山園雑興』として上梓《じょうし》、末尾に頼山陽の書簡を付しているが、その中で山陽は鶊窠を「父執《ふしつ》」（父の友で父と同じ志をもつ人）として敬意を払っている。

四子に恵れた。長男深蔵（弘）、次子樵舎（毅）＝細江姓となり早世、三子芳斎（誠）＝長野姓、四子春耕（健）はいずれも博学で詩文にすぐれ、勤王思想に深い人たちだった。

この月形家は鶊窠いらい朱子学によりつつ勤王の道を説いた。深蔵の長子洗蔵は後年「余の家は三世勤王を唱えてきたが、これは朱文公（朱子のこと）の書を読み志を起こしたものである。だから朱子勤王と言うべきである」と友人に誇っている。

洗蔵は朱子学の徒として義理を明確にし、正邪を峻別し、人によって加減しないため、しばしば過激派と見られたが、本人はあくまで学問を第一とし、その実践として勤王家となった。

勇が福岡に出て最初に接したのは、こうした筋目の通った儒学の一門であった。朱子学は江戸文化を形づくった主柱であり、武士社会に浸透したが、勇は月形塾で朱子学に骨の髄まで染められ、義理を究めることを教えられただろう。しかも洗蔵という強烈な個性は、なぜか勇を弟分として愛し、形影のごとく身近で影響を与えた。

こうして勇は月形家の人々にすっぽり抱きとられ、家族のごとく待遇された。これは珍しいケースである。庄屋の息子が学問を志すことによって勤王にめざめ、武士の仲間入りをする。隔意なく異質の社会に融けこんでゆく。思想が身分意識を蹴とばした例であろう。

例えば次のような事実がある。

吉留村の早川邸に洗蔵ら若ものグループが再々集まり、梁山泊の観を呈したが、実は大先生の深蔵、さらにその弟で和漢、軍学の師長野誠も折があれば、福岡城から十里（四〇キロ）離れた吉留に杖をひいて、勇と語るのを好んだという。

深蔵は生涯朱子文集を手許から離したことのない謹直の人で、談論好き、後進をよく指導し、尊王の大義を説いた。そのきびしい言動のため官学派から〝異学の徒〟と譏《そし》られた。要するにコワイ変人として視られた。ところが後述するように死の床に勇を招き、嫡男洗蔵が入獄中のため、勤王の志についての遺言を勇に託している。自分の弟たちや他の門人でなく、特に勇を選んだのは、洗蔵と勇の深い友情を知っていたからであろう。

深蔵の愛顧をうけた勇に恩師に捧げる漢詩がある。杖を曳く師に従い福岡城の東、赤坂山に登った折のもので、気難しい老師が珍しく笑顔を見せ、時にあくびもしそうな穏やかな気息が伝わってくる。（題名の漪嵐は深蔵の号）

漪嵐《きらん》先生ニ陪シ赤坂山ニ登ル
逍遙何処《いずこ》トナク愁顔ヲ破ル
杖履《じょうり》ニ追陪《ついばい》シマタ還ルヲ忘ル
遠近ノ鶏声竹裏ニ深ク
依稀《いき》タリ帆影雲間霽《は》レル
烟ハ碧瓦ヲ連ネ家千戸
樹ハ平沙ヲ擁シ水一湾
佐《あや》シンデ波心ヲ看《み》レバ紅湧クニ似ル
半竿ノ斜日前山ヲ界ス

桜坂を出てぶらぶら歩いた。家々の彼方に博多湾が青くひろがっている。胸中の愁いは去り、家路を忘れてしまう。鶏鳴が竹林の奥に聞こえる。遠い帆影、雲間の青空。街並みに烟は漂い、屋根は光る。樹間に白砂も見える。傾いた夕陽が波間に融け、一点を紅く染めている。

なんとも鮮やかな叙景である。師につき従う弟子の敬虔な心情と、風景を見る穏やかな眼が融け合っている。特に海面に漂う夕陽は緋鯉が群れるよう。絶えず動き、盛り上がる。日田の広瀬淡窓の嗣子林外はこの詩を
「明晰画ノ如シ」

と評している。勇が師友に愛されたのはこうした詩心の故かもしれない。

深蔵の弟、長野誠は温厚篤実、経学、史学、軍学に達し、貝原益軒に私淑、生涯読書、著述に励

んだ。兄深蔵と同じく飲酒、喫煙を慎しみ、門弟は数百人に上り、勇は文武の両面で指導をうけた。末弟、春耕（健）は勇の最初の師であり、勇が吉留に移ったあと隣村武丸村に居を移している。月形塾の珍しい点は、深蔵の弟子たちが同時に誠や春耕の塾にも通い、兄弟の魅力で勤王の道を説いたことであろう。その恩師たちが機会あれば吉留の弟子宅を訪ね、談論を楽しんでいる。この親密さはなかなかに得難いものと言えよう。

このような交わりがつづいている中で安政三年十月、洗蔵は大島の定番《じょうばん》になって島へ渡った。辞令を受けたとき、勇らの前で洗蔵は吠えた。

「なぜおれが大島へ行かねばならぬ？　これは島流しだ。俗論の奴らの陰謀だ」

藩では勤王党が洗蔵を中心に固まり始めたので、玄海の孤島、大島に役職を与えて遠ざけたのである。このため洗蔵は吉留村へ来ることはできず、同志と会えなくなった。勇は何回か大島の洗蔵を訪ね「怒涛激浪心肝《しんかん》ヲ盪《ゆす》ル」と荒海の漢詩をつくっている。二年後に洗蔵はこの定番を辞退した。

勇の岳父元瑞は安政四年（一八五七年）七月没した。このため勇の医業は一段と忙しくなり、福岡へ出る機会は減った。翌八月二女スカが誕生している。

しかし勇のアンテナは常に福岡に向いている。攘夷とか開国という上方の情報に鋭敏に反応する。村人の眼を避けるように福岡に出向き、議論に熱中するとつい泊まりこんでしまう。

攘夷の熱気走る

この前年、アメリカ総領事ハリスが着任して通商条約の締結を迫り、幕府は右往左往、ついに居たたまらなくなって朝廷に勅許を請うことになった。京都は全国の尊王攘夷運動の中心となり、諸国の浪士が集って一部の公卿と結び、急速に幕府と対立する勢力となってゆく。

衰退を曝し、自信を失った幕府に井伊直弼《なおすけ》が大老として乗りこんできたのが安政五年（一八五八年）四月。開国論の井伊は二カ月後、勅許を待たず日米条約を締結してしまった。この専断に朝廷は大いに怒る。井伊は強気で攘夷派、開国派の対立がエスカレートする中で、安政の大獄を断行、水戸斉昭らを処罰、橋本左内、梅田雲浜《うんぴん》、頼三樹三郎、吉田松陰ら多数の志士を斬首、あるいは獄死せしめ、受難の男女は百人を超えた。

尊王攘夷という純粋な思想問題に対し、政治弾圧が加えられたのだ。公卿、藩主から諸国浪人までその規模とひろがりは、日本国始って以来のものであり、衝撃は津々浦々に走った。

なんといっても江戸は遠い。情報は少なく、断片的である。若ものは九州の果てで衝撃波だけ感じて、もだえる。

この時期、二十六歳の勇が攘夷について語った言葉がある。

「何れの国とても攘夷せざる国は世界になし。我を侵す者は皆討つべし。兵は裁判の執行力のみ。故に不法なれば皆執行の戦に出ずべし」

これは威勢がいい。わかり易く、単純である。「攘夷」を「独立」と置きかえればいい。鎖国太平の夢を破られた日本人はまず〝洋夷〟の侵略を警戒した。青年たちは侵略許さじと叫ぶ。独立を守るため鎖国し、開戦も辞せず、とする三段論法である。

この時点において勇は素朴な民族主義者であった。日本人の純粋と誇りがすべてだった。海外情報は皆無に近く、世界の大勢には通じない。「皆討つべし」と肩を怒らせても敵を知らない。恐さ知らずの攘夷論は今日だれが考えても、幼稚極まる書生論でしかない。気負いと無知をさらけ出している。

ところが幕末の攘夷論は、民族的感情に直結していたから大衆の心をとらえる。井伊大老は大所高所から開国を断行したが、あまりにも民衆から遊離していた。しかも権力を振るったため攘夷派の猛反発を受け、弾圧すればするほど、抵抗の形で倒幕が一大エネルギーに膨らんでゆく。

勇の攘夷論は若ものの正義感、あるいは民族感情を代弁していたのである。考え自体、非常識と言わざるをえないが、時代の熱気のようなものがこもっており、その熱気が地下を走って、やがて桜田門外で一大事件を惹き起こす。

その熱気に点火したのは井伊大老じしんの安政の大獄である。京都、江戸を中心に勤王の人々を次々に逮捕、厳刑に処した。その空気の中で清水寺の勤王僧月照は西郷吉之助の手で密かに京を脱出、九州へ逃れ、太宰府などに潜伏していた。安政五年十月のことで、これを聞いた勇は鷹取養巴とともに二回月照に会った。幕吏の追及が厳しいため、平野国臣《くにおみ》が月照を護って薩摩に潜行したが、受け入れられず、錦江湾で月照と西郷は入水、西郷だけ辛うじて助かった。

このとき勇は密に月照の世話をするため約二十日間福岡に滞在、平野国臣との交遊が生じ、吉留を留守にした。藩にも家族にも内密の行動で、現代風に言えば反政府地下活動である。このため村民の不満は高まり、「病人が苦しんでいる」「先生はいつ帰るのか。代診では困る」と苦情が続出した。家族から、早く帰ってと矢の催促を受ける仕末。

さらに翌安政六年夏、北部九州にころり病が流行した。これはコレラの異称で、三日ころりともいう。死亡率が高く、勇は吉留でクギづけになった。この年、勇が福岡に出たのはわずか五回であった。

医業を蔑《ないがしろ》にはできない。しかし内外情勢は急を告げつつある。

福岡の洗蔵らにとってすでに勇は不可欠の同志であり、ひんぴんと誘いをかけてくる。病人を救うか、国を救うか。それに早川家への義理もある。若い勇は悩みつづけた。

この勇の辛い時期、陰に陽に勇の立場を理解し、村民を宥めたのは武丸村の庄屋伊豆恵吉、徳重村の石松三蔵らであった。勇の志士活動の理解者は地元で次第に増えていった。そして早川家では医業継続のため勇の後継者、つまり養子をさがし始めた。

隣接の鞍手郡宮田町本城で十三代続いた医家西尾家は早川家の親戚筋に当たる。当主良蔵の二男鉄蔵こと順節が選ばれ、この後早川家に入る。お蔭で早川家の医業は絶えず、村民の不満も収り、勇は幕末、自由に志士活動を行うことができた。(西尾家はいま十六代達也氏が小倉北区鳥町で皮膚科を開業されている)

万延元年(一八六〇年)三月三日、前夜来の雪はやまず、江戸は見渡す限り銀世界。その朝九時ごろ、江戸城桜田門外で変事が起こった。登城中の井伊大老が水戸、薩摩浪士十七名の手で首を取られた。大廈《たいか》の傾いた幕府の屋台骨が一瞬に崩れ落ちたのである。

浪士らの斬奸状《ざんかんじょう》によると「洋夷の虚喝を恐れ、勅台を得ずして擅《ほしいまま》に条約を結ぶ罪」など五大罪を上げている。この斬奸状はアッというまに全国に広まった。

月形塾でも、すでに退隠して弟子に時務を講じていた深蔵が入手している。桜田門外の変は、勤王の浪士が権力による政治弾圧に反抗、実力行使した思想的事件であり、その影響は限りもなく大きかった。旧体制に風穴を穿つことで勤王党は鼓舞された。

大老の死はしばらく伏せられたが、街には読売(いまの号外)、狂文、狂歌などの落書がたくさん出た。どれも時事に敏感で、権威を恐れない庶民の心情が躍っている。

井伊掃部頭《いいかもんのかみ》　逆さに読めば　頭部を掃ふて伊井

◇

およそ世の中ないもの尽し、今年のないもの水戸(見と)もない、上巳《し》の大雪めったにない、桜田騒動とほうもない、そこでどうやら首がない、…桜が咲いても見る人ない、茶屋も芝居も行き手がない、…薩摩の助太刀人知らない、諸屋敷門の出入がない、夜中往来さっぱりない、これでは世の中静まらない…

◇

本望を遂げて嬉しや今朝の雪　十七人

当時、江戸にいてこの変事を義挙として雀躍《こおど》りした福岡脱藩藩士がいる。中村円太。勇の親友中村権次郎の次弟。円太は後に下関、福岡で勇と深いかかわりをもつが、このころ江戸で尊攘浪士として自由奔放に生きている。

円太はこの日の感動を『自笑録』という半自叙伝の中で書き残しているので、意訳してみよう。

(『自笑録』は円太が辛酉《しんゆう》の獄で小呂島《おろ》へ流されたあと、自宅謹慎中に筆硯を許されないため、和紙にこより文字を貼りつけ、さらに上を和紙でおおった文章。凝り固った革命への熱情が約一万一千字の草書体で綴ら

れている。円太というすさまじい個性の象徴として眼をみはらせるものである）

「三月三日、友に誘われ奇雪を隅田川に賞し、散歩して晩に及び、宿舎に帰り初めて桜田の義挙を聞いた。終夜喜び、寝るどころでなかった。同宿の友人は、十七士はまさに赤穂義士だと言い、さっそく斬奸状を入手して来て、読み上げた。その一字一句、正気凛々《りんりん》として言外にあふれ、その場のものはみんな泣いた。

この日、昼間は寒気厳しく快晴、夕刻路面は雪泥となったが、屋根の雪は残っていた。事件後数日たっても城門は閉じたまま、水戸、彦根両藩邸とも厳戒して衛士が立ち、ものものしい風景だった」

若ものの興奮が目に見える文だ。円太はギョロ目を細め、髭面をくしゃくしゃにしている。円太のおもしろいところは、その後の行動である。

円太は事件を天与の好機会と見た。水戸の斉昭公に会い、攘夷への奮起を促そうと思うと、即座に立ち上がった。それがいかに突飛であるか考えない。まず袴を脱ぎ、売却して路銀をつくった。春とはいえ寒い。行李から父の古衣を出して着用、草鞋《わらじ》を穿《は》いて水戸へ向かった。

途中、江戸川を東へ越え総州行徳に住む藤森弘庵を訪ねた。弘庵は過激な海防論を称え、前年の安政の大獄で江戸を追放され、いまの船橋に近いこの農村に隠棲していた。最初、追放中の身で政談は遠慮すると言っていたが、円太が桜田の変事を語り、水戸行を告げると、膝を打って喜んだ。革命の同志があらわれ、鬱屈の気が晴れたのだ。ただ弘庵は、いまの水戸藩は佐幕、勤王派の対立で混乱しており、死地に飛びこむようなものだから行くな、と強く止め、さらに足許の福岡に帰り藩主を動かすべきだとさとした。円太は一宿して江戸へ引返した。

品川に帰り兵学者、野庸斎を訪ね、斬奸状を読み上げると七十歳の孤独な老庸斎は感激、孫のような円太（当時二十五歳）と手を取り合って共に泣いた。円太はついで朱子学者大橋訥庵に入門、その義理論を傾聴している。早川勇と似た路線を走っている。

円太の行動はいかにも躁である。時事に敏感で、桜田の変事が起こると大先生を相手に議論を吹っかけて回る。変転する政情の中でどの道をとり、何をなすべきか、先覚に自分をぶつけ、そのとき発する火花で決めてゆくのである。円太は物怖じせず、だれとでも会う。孤独な大先生たちは喜んだり、泣いたりする。純粋な感激屋の円太は、議論し、興奮し、急進派の階段を駆け上ってゆく。

円太は勇より三歳若い。父兵助は藩の祐筆など勤めた。円太は五歳で父の読む孝経を暗誦し、一字も間違えなかったという英才で、父の死後、藩校修猷館の訓導補となった。王陽明の知行合一説を信奉したが、一年前の安政六年（一八五九年）四月突如脱藩する。その直前学生らに「男児が国事に奔走するには山野に臥し、五、六日食事をしないこともある。おれはその心志を鍛錬する」と語っていたという。以後、「国事のため」という狂気を抱いて走りつづけている。

脱藩後の行動は『自笑録』に詳しく述べられている。

京都から江戸に出、安積艮斎《あさかごんさい》はじめ数人の儒者をめまぐるしく訪問。すでに安政の大獄が進行している。江戸城で井伊大老を刺す計画を立てたが、仲間がなく諦める。鬱屈したある日、友人二、三人で開港横浜の異人視察に出かけた。全員、刀は腰から外した。視察の途中、異人を見て腸《はらわた》が煮え返っても怒らぬよう、互いに戒め合ったものである。

白砂の海岸に松林がつづく。その一カ所にわか普請が立ち並び、人が群れ、異様に賑っている。蒸汽船十余隻が沖に浮かんでいる。檣が林立し、万国旗がはためく。

小舟を雇い沖に出る。異人たちはボートを漕ぎ、ヨサコイの艶歌を唱い、奇声を上げて手招きする。愚弄するのか、親善を求めるのか。

岸に上がると「異域に入るが如く」白人黒人が往来、板葺きの小店がずらりと並び、まるで一都会である。店はけばけばしく飾り立てているが、つまらぬ雑品ばかり。漆器を買った白人が椅子の上に立ち、靴先で銭を数えている。飲食して銭を払わぬものもいる。何たる傲り、何たる無礼。

歎かわしいのはそんな禽獣を相手に商品を売るだけでなく、一郭に「よし原」という女の街をつくり、多くの妓女を置き、やつらに輪淫を許していることである。円太らの目前で巨大漢が赤い襦袢の女を抱き上げ、軽々と松の根方に運んでゆく。女は白い腕を異人の首にまわしている。

何たる恥知らず。日本という金の器を汚すものでないか。もし忠孝の美風が破れ、利欲、驕慢、淫風、邪教がはびこれば禽獣の世となるであろう。

「あゝ、予は頑愚なれどもここに思い至ると心骨裂くるが如く、懊々の情を押さえ切れないのである」と革命青年は嘆き悲しんでいる。

横浜村に突如出現した異人の街はまさに異様である。眼光鋭い円太らが肩を怒らせ、蝸牛のように飛び出した眼で異人たちを睨みつけながら、砂を蹴散らして行く。丸腰でよかった。もし刀があれば、陽気な異人らはたちまち血祭りにあげられただろう。

攘夷青年の心情はこの『自笑録』に尽きていると言っていい。

長い鎖国のため世界の大勢は見えない。感情だけが狂暴に荒れ狂っている。日本国が異人に汚されるという恐れは、士農工商のだれにもわかりやすく、直接に、電気のようにピリピリと感電して走る。それが巨大なエネルギーとなり、ハケ口を求めて桜田の変を起こし、やがて幕府という旧体制を吹っ飛ばすに至る。

横浜で初めて外国人を見た円太が、「心骨裂くるが如く」憤慨している姿に、気取りも誇張もなく、純粋だった。本気で怒り、その怒りに己を賭けている。幕末、正体はまだ見えないまま黒雲渦巻く時代に、危機感に駆られた青年たちは、こうして走り回った。

馬を洗う洗蔵と円太

ペリー来航、ついで桜田門外の変は全国に衝撃を与えたが、もちろん福岡藩も例外でない。佐幕派の優勢な重役たちは激しく動揺、藩内への波及、特に勤王党の動きに神経過敏になってゆく。かれらにとって幕藩体制を脅やかし、現状を変更するものは火付け、強盗と異ならないのである。

藩主長溥は薩摩島津家から養子に来た人で、開明的な蘭癖《らんぺき》大名として定評があった。東中洲に精煉所をつくり、鉄砲製造、鉱物の分析、医薬品、写真術、時計、ガラスの研究を行い、有為の若ものを軽輩でも長崎に留学させた。安政四年（一八五七年）軍制改革を図って、保守的な重役から強い反発を受けた。相つぐ改革で藩財政は窮迫していたのだ。

そこに桜田の変事が勃発、長溥は十一月に予定していた参勤を繰り上げ、「幕府には二百余年の情宜がある。この危機を坐視すべきでない」と急拠、東上しようとした。

実は長溥は井伊大老の強権政治には批判的で、二年前の参勤を中止、情勢を見ていたものである。変事とともに自ら乗り出し、安政の大獄で悪化した朝廷と幕府との関係を、調停しようとしたものらしい。雄藩の大名としては開国通商論の最右翼であり、異国の干渉を避けるため国内の平和を第一とする政治信条を抱いていた。

しかも長溥は徳川家、一橋家、さらに親幕的な二条家、近衛家などとの三重、四重の縁戚関係で身動きできず、公武合体を願う立場だった。開明家でありながら、日本の支配層の一員として金縛りの状態にあったのである。

一方、勤王党は桜田の変事いらい勢いづき、まず藩主長溥に対し参勤の中止を強く働きかけた。その先頭に立ったのが月形洗蔵である。

洗蔵は変事の二カ月後、万延元年（一八六〇年）五月六日、長溥へ建白書を提出、藩政改革の急務を次のように訴えた。

桜田における義挙の浪人たちの書状に当藩への期待が述べられているそうですが、天朝へご忠義の英名は広く全国に伝播したものと思われます。天下の形勢は一変しました。内乱の萌しが日増しに切迫している現在、参勤は中止すべきです。もし留守の間に桜田の騒動、もしくは大塩平八郎の乱のような事態が起れば何とされる？　江戸で幕府の姦人共がどのような仕打ちをするかもしれず、もし参勤される場合は数千の軍勢を率いて威勢を示すべきです。藩内の剛直の忠士たちは、勤王の方向が示されさえすれば、必ずや奮発して財用、武備、調練、軍艦、海防など思召しの通りになることでしょう。

これはまさに直言である。洗蔵はこの機に勤王党の主張をぶっつけ、藩論をリードしようとしている。長溥が藩政の改革を目論み、守旧派の抵抗に遭って悩んでいることを十分に知って、支援の姿勢を明確にし、長溥の内懐に直球を投じた感がある。公武合体派の藩主に対して危険スレスレの剛球だった。

養子の長溥にすれば、右からも左からも支持は欲しい。持論の開国通商論を実現するためにも、藩内の政治基盤を強化せねばならない。しかしここで矛盾が生じる。勤王党が呼称する「攘夷」は世界の大勢を知らぬ暴論でしかない。長溥は「尊王」の気持はもっており、公武一和の線で妥協はできるが、「倒幕」となれば長溥の立場から許せるものでない。

こうして長溥、佐幕派、勤王党の三者は互いに対立し、牽引し、綱引きしながら複雑に歩み始める。

洗蔵と同じく「いま参勤すべきでない」と藩主に建言した男がもう一人いる。

脱藩中の中村円太は五月十九日、桜田の変事で揺れる江戸からひそかに福岡に帰って来た。「幼弱の将軍も幕閣も頼むに足らず、全国列藩の力で外国勢力を撃退することが至当の急務」（『自笑録』）として、まず福岡藩を動かそうと決意したものである。

帰藩して恩師の長野誠に建白書の内容について相談した。円太の兄権次郎は「お前は次男で建白書を出す資格がない。お前の素志を君公に達するようおれが計らうから委せよ」と説得した。

建白書は長野の指導で「参勤は思いとどまり、薩州およびその他の雄藩と連合し、尊攘の大義を唱え、全国一致協力して外夷に当たるべし」という表現をとった。雄藩連合の思想の芽がここにある。

藩の重役たちも参勤の延期を考えていた。白昼、江戸城近くで大老が首をとられるという事件は前代未聞であり、政情不穏なこの時期に、江戸へ行くことは危険とする慎重論である。

こうした藩内の声を無視する訳にいかず、長溥は参勤を一たん延期した。しかし幕府は早急に参府せよと催促する。

京都、江戸で渦巻く尊攘の風は、福岡藩でもギクシャクと軋みを生じながら、次第に勢いを強めてゆく。

円太は帰藩して、鬱勃として雄心をもてあましているが、藩内勤王党に対しさまざまに接触を図っている。

七月、洗蔵は馬を駆って那珂川を溯り、堤防を下って馬を水浴させていた。南西に背振山が青く靄を被っている。青空に入道雲が立ち上っている。洗蔵は太陽をカッとハネ返す純白の積乱雲が好きだった。河原には葦が生い繁って陽の匂いがこもっているが、清流に足を浸していると、冷く生き返るようだった。そこへ乾いた土を蹴って蹄の音が近づいた。土ぼこりの中から現われたのは円太だった。

馬の体を洗いながら、二人の武士は高声で話し合った。水鳥がバタバタと飛び立つ。円太のだみ声を人が聞けば喧嘩を売っていると思うかもしれない。

「時は過ぎる。桜田の変から早や四カ月、あれほど参勤は不可と建白しているのに、藩庁はまだ目覚めず、眠ったままではないか。しかもまたぞろ幕府は参勤を迫っていると聞いた」

「さよう。老中安藤対馬守殿から書状が届いて、家老たちが連日、早期の参勤を協議しているという」

「幕府がなんだ！　わが藩の重役は腰ぬけぞろい。このままでは勤王の志は立たない。拙者が斬る。姦臣を斬れば藩士たちも目が醒めるだろう」

「円太君、待て。君の言は一見壮であるが、とるべき道でない。参勤を阻止する方法は他にある」

洗蔵は強く押しとどめた。叱声は剣のように鋭く、ケイケイとした眼光は円太の面上に釘づけされた。

「もし君が死を決しているなら、長溥公の父祖の地、薩州に行け。薩摩は勤王の志厚しと聞く。かの地の有志の方々に頼り、わが藩情を告げ、われわれ同志の志を述べて、参勤阻止に援けを求めよ」

円太は生得の感情家だった。満身に油のような感情を湛えて、走り始めると止まらない。しかし決して理智の弱い人でない。ぐいと引き止められると、ハッと気づく。洗蔵の射抜くような眼が、野の果ての積乱雲を見上げ、薩摩へ行けとヒントを与えた。そこは福岡藩とは有縁、手操れば握手できる近さにある。その方向に駆けさえすればいいのだ。

洗蔵の意図は建白書がダメなら、次の手として薩摩へ密使を派遣、外部と連携しつつ参勤を阻止しようというのである。洗蔵は直情の熱血漢だが、朱子学で理論武装している。理性が絶えず前方を照らし、直進する。円太にはその一本道がすぐ理解できた。

「わかった。真の上策です」

純情な少年のように円太の眼は輝いた。

洗蔵のこの考えは鷹取養巴とともに練ったものだった。円太は帰郷してすぐこの二人と会い、「勤王の志篤く、藩中において赤心家の魁《さきがけ》とも言うべきである」と強く共鳴している。円太は激情家であったが、師や先輩に自分の非を指摘されると、素直に我を捨てて従う。桜田の変の直後、藤森弘庵に水戸行を訴えたとき、その短慮を訓されて翻意、足元を固めようと福岡に帰って来た。常に何をなすべきかを自らに問い、小さな意地に拘泥しない。

洗蔵らは薩摩に江上苓州（亀井南冥の高弟）の孫、江上栄之進をやる心算にしていた。そこに円太が割りこんでくることになった。ところが病床にいた浅香市策がこれを聞き、「部屋住みの江上、中村ではダメだ。おれが行く」

と言う。浅香は馬廻組百石の当主だった。結局この三人が行くことになる。洗蔵は同志とともに旅費、旅装までつくって、隠密のうちに三人を送り出した。

浅香は駕籠に臥し、あるいは馬上で半ば眠りながら、一週間かけて薩摩にたどり着いた。しかし一行は薩摩側の都合で藩主にも家老にも会えず、嘆願書を渡しただけで、空しく福岡に引き揚げた。このころ西郷吉之助は遠島され、不在だった。後に洗蔵に対し「三士をお助けできなかったが、愛国の情切なるを見て、筑前に人ありと深く感じた」と語ったという。

こうして参勤の是非は福岡藩を揺るがす問題となったが、洗蔵はこの段階で藩主長溥に謁見、参勤中止を繰り返し訴えた。洗蔵の論は

「天朝は天下の君である。幕府は諸侯とともにその臣である」

として、現下の情勢では藩にあって諸改革に専念すべきである、と説いた。幕府を諸侯と同列とするのは祖父鶴窠の思想である。また吉田松陰が「講孟余話」で述べた天皇中心主義とも通底している。これに対し長溥は

「根底帝勅ニ在リ」

と答えた。公武合体をめざす長溥が少し重心を朝廷に移したかの観があり、洗蔵は大いに満足した。しかし長溥は勤王党に同意したのでなく、支配者の冷酷を忘れた訳ではなかった。

結局、長溥は再度参勤を延期する。しかし参勤を諦めず、この間三回藩士に親書を出して説得を

続け、十一月江戸へ発った。

出発の直前、洗蔵ら勤王党に対し藩政を誹謗し、薩摩密行を企画したとして処分を発表した。洗蔵は取調べのため中老毛利内記にお預け、続いて父深蔵、弟覚、叔父健も閉門謹慎を命ぜられた。これを庚申《こうしん》の党事という。

長溥は翌文久元年（一八六一年）四月に帰国、五月七日に前記関係者ら三十数人を正式に幽閉、流罪などに処分した。その結果、洗蔵は御笠郡古賀村（現筑紫野市）の中老立花吉右衛門の採地で幽閉、また薩摩密行の円太は小呂《おろ》島、江上栄之進は姫島、浅香市策は玄海島に流された。

これが辛酉《しんゆう》の獄である。幕府批判を許さぬ長溥の考えは終生変わらない。

吉留村にいた勇は庚申の党事を聞くとすぐ福岡に赴き、同志と連絡をとり、月形一門の災難につき善後策を協議している。続く辛酉の獄によって勤王党は大きい打撃を受けた。勇はこれら同志の救出に動く。

安政の大獄いらい、勇の身辺も慌しさを増している。すでに二十九歳、九月に三女倫が生まれた。人一倍、子煩悩で倫を抱いて患者を看ることもある。一方、藩外にも名を知られ、豊後の加来健之助、石州の柿田立斉、備中の阪谷朗廬らが訪れ、中には一カ月余も早川家に逗留して時事を談じるものもあった。

恩師の遺言

文久二年（一八六二年）四月五日、勇に悲しい出来事が起こった。恩師月形深蔵が逝去したのである。

辛酉の獄で長男洗蔵は辺地で牢居、深蔵じしんも閉門、謹慎中だった。閉門は重罪で、門に青竹を斜交《はすかい》に組み、人の出入を禁じる。処罰を受けて以来、生計は苦しいため畑を耕し、松葉を拾い、朝晩の煮焚きをしている。妻は病み、幼い孫は畑まで来てまとわりつく。しかし憂国の念はいよいよ深く、ついに憂鬱病《ノイローゼ》に陥った。

体は衰え、骨と皮ばかりとなり、死期を予測したある日、多数の門弟の中から特に勇を呼んで、遺言を託した。

勇が部屋に入ると人払いし、鶴のように痩せた体を起こして、一通の奉書を手に読み始めた。この正月十五日、老中安藤信正を坂下門で襲撃した水戸浪士の斬奸状である。かすれ声だが、背筋を立て、一語一語全身から絞り出すように読み進める。眼は狂気を放っている。

その内容は井伊、安藤とつづく幕府の暴政を突き、ついで皇女和宮の降嫁、孝明天皇の廃帝を陰謀し、夷人に海域測量を許したことなど、尊王攘夷の立場から罪状を列挙している。

病床にいてどこから入手したのかわからないが、奉書紙数枚にわたる長文を、時間をかけて喘ぎあえぎ読み終えたあと、勇の手をとらんばかりにしてこう語った。

「長男格（洗蔵）はいま罪囚の身で膝下にいない。汝は後日格と会うとき、この義士たちのように一身を擲《なげう》ち、力を尽くして王室を安んぜよ、と私の意を伝えていただきたい。確と頼む」

勇は聞きながら鬼気迫るものがあった。これは親が子にのこす世の常の遺言ではない。一言一句、尊攘の激語であり、大義のため私情を切り捨ててしまっている。否、義を伝えることが子への愛情なのである。深蔵先生が生涯読みついだ朱子学がここに結晶して、私情を滅した形で洗蔵に伝えられようとしている。託されたのは勇である。それは勇に「汝もわが児とともに尊王の道を歩め」という師の心なのであった。勇は深く感動した。

「深蔵先生は私に生きるべき道をはっきり示して下さった。この道以外にわが人生はない」

勇はいま死のうとしている師の言を何よりも貴重と思い、感動して身じろぎもできなかった。そして牢獄の洗蔵を兄のように身近に感じていた。

洗蔵は牢獄で父の訃報を聞いた。古賀村に牢居してすでに一年、外部と音信はできず、狭い部屋の柵の内で読書だけは許されていた。ある朝、酢飯が出た。食べようとすると、具の肴が腐敗してどうしても口に入らない。家主の家族に問い質してみたが、自分たちの分に異常はなく、味に変わりなかったと言う。洗蔵は何か兇事の前兆でないかと心落ち着かなかった。その直後に父の悲報が届いた。

洗蔵の悲嘆はすさまじかった。髪も髭ものび放題、立ち上がり、仰向いて号泣、子供のように足ずりして全身を捩っている。泣き声は狼の遠吠えに似て長く尾を曳いた。それは終日つづき、ついに牢番ももらい泣きしたという。

洗蔵は獄中でつくった「正気《せいき》ノ歌ニ倣《なら》ウ」の中で、このときの自分の姿を

去年家君終ワル　悲号シ日ヲタニ継《つ》グ

と歌っている。洗蔵の心中は自分のために父まで謹慎、その服罪中に死なせてしまった。病気の看護もかなわず、葬儀を営むこともできない。こんな不孝を子として詫びようはなく、狂い泣くしかなかったのであろう。

洗蔵の「正気ノ歌」は、南宋の忠臣文天祥《ぶんてんしょう》が異族モンゴル王の登用の誘いを拒否、死を選んだ心情を歌った「正気歌」に倣ったものである。序文では獄中で筆硯を許されないため「数句ヲ得ルゴトニ衛人ニコレヲ書カシム」と述べている。詩句は壮烈な志気に満ちている。幕末の危機感の中で藩公に参勤すべきでないと進言、青蠅《あおばえ》（藩役人）どもに憎まれ獄につながれてすでに七カ月を経た。冒頭で「神州ハ宇内《うだい》ニ冠タリ正気常ニ浩然……」と起し、「太平二百春、文武マタ振ワズ」と嘆き、桜田の変については「列士忠勇ヲ奮《ふる》イ斬戮《ざんりく》ス桜田ノ濱」と快を叫んでいる。全一〇一句の帰結として「戦ヲ決シ劍戟《けんげき》ヲ奮イ驕夷タチマチ胆落、東洋ニ虜舶ヲ絶タン」と攘夷青年の決意を示す。短い五言で短刀で刻むように感情と思想を開陳する。その激しさと透徹した詩句は幕末における青年の美学を表わすと言うべきだろう。

洗蔵にとって正気とは君と臣、親と子の縦の関係が一直線であることであった。獄中という異常の中にあって、君を慕い、親の死去を悲しむ姿は一読胸を打つ。その正気があればこそ、攘夷という時代の精神を比類なく明確に歌い上げることができた。ここには一片の自己愛もない。江戸文化は儒教を核として武士道を完成させたが、洗蔵の「正気ノ歌」はその一つの結晶と言えよう。

勇はしばしば福岡に出て森勤作、加藤弥平太らとともに洗蔵、円太ら同志の釈放を画策したが、なかなか進まない。ついに藩庁に対し、緊急に藩政を改革し富国強兵を図るべきことを文章で献策した。これに対し藩では勇が士分でもないのに国政を論じ、民心を惑わすものとして文久二年(一八六二年)十一月に譴責。吉留村で謹慎を命じ、他人との応接を禁止した。百日後の翌年三月赦免された。

同じころ反幕活動のため桝木屋《ますごや》の獄にいた平野国臣も出獄した。そして七月末、学習院出仕のため東上の途中、吉留村の早川邸の前を通った。早朝、下女が玄関を開けたとき、敷石の上に紙片があり、小石が乗せてあった。勇はまだ就寝中だった。下女から受け取ってみると、一首の和歌が記してある。

心ある人なればこそもろともに都にいさといはまほしけれ　　平野国臣

勇は飛び起きて街道に出た。まだ陽は昇らず、深い霧だった。山沿いの道を東へ走ったが姿をとらえることはできなかった。恐らく夜明け前、邸前に立ち、寝静まっているため遠慮して紙片のみ残したものだろう。猿田峠、木屋瀬から黒崎へ唐津街道を行く平野の孤影を勇は思い描いた。会って語りたい同志だった。「もろともに都に」と誘いかける平野の詩心が、熱湯のように伝ってきた。平野は幕末第一の歌人で野村望東尼《もとに》と歌の交換をしており、勇も何度か会ったことがある。

この年の秋、平野は生野《いくの》に挙兵して捕まり、一年後京都六角の獄で斬られる。平野は勇より四歳年長である。

このころ京都は殺気満々としていた。攘夷を叫ぶ諸国浪士が入りこみ、都大路を横行、ひんぴんと暗殺事件が起きた。末輩の浪人らは市民にまで乱暴を働き、無政府状態に近い。等持院の足利尊《たか》氏《うじ》の木像が引きずり降ろされ、梟首《きょうしゅ》されたのもこの時期である。幕府側は新選組を送りこみ、取り締まろうとした。その渦中に将軍家茂が上京、攘夷が倒幕に直結する険しい空気の中で、「五月十日を以て攘夷期限とする」という朝廷の命令をのんでしまった。つまり一たん結んだ外国との和親条約を破棄する、いわゆる破約攘夷を約束した。

幕府の外交は大きくよろめいた。このため政治対立はいよいよ尖鋭化し、混乱は京都のみならず全国に波及、まず下関におけるアメリカ船砲撃となって火を噴いた。

下関で米船砲撃を観る

五月初め福岡から筑紫衛が吉留の早川邸にやって来た。衛は千石とりの門閥に生まれながら、下級武士の多い勤王党に属し、気鋭の論客だった。兵学を修め、海防術を研究している。勇より三歳若い。根は学問好きの坊ちゃん気質で、邪気はないが、常に肩を怒らせて歩く。妙に勇を慕っている。

「下関に行こう。五月十日、長州は必ずやりますぞ」

「何を？」

「なんだじゃない。外国船を撃ち沈めるのです。攘夷の魁《さきがけ》戦が始まるのですぞ。確とこの眼で見届けたいものじゃ」

衛は直観力が鋭かった。上方から流れてくる細々とした情報から、時代の方向を推理する。いま京都で長州が中心になって攘夷親征の旗を高く掲げた。しかし、薩摩の島津久光はじめ公武合体派の諸侯は、反撃の機会を狙っている。とすると孤立した長州は時の勢いで、攘夷の実践に突っ走るだろう。

五月十日、必ずや下関で何かが起こる。衛はそれを見に行こうと言うのである。

勇も血の気の多い方だった。折り柄、梅雨のさ中。二人は五月八日、スゲ笠に簑をつけ農夫の姿で吉留を出発した。ミネ子は二歳の倫を抱いて、不安な顔で見送った。なぜ下関へ行くのか、いまの時世に何の不満があるのかさっぱりわからない。まるで物狂いしたように外を飛び歩く夫を見ていると、つい恨み言もいいたくなる。ミネ子は平凡で穏やかな暮らしさえあればよかった。医者の主人《あるじ》を中心に三人の娘を育て、平和な家庭をつくりたい。夫はやさしい人なのに、時折こうして背を向け家を出てゆく。まるで妻の私に落度でもあるかのように。

勇らは黒崎に一泊、翌日は小倉海岸で築造中の砲台を見学した。幕府の指令で各藩は海防の強化に追われている。

大里から下関に渡り、夕刻、旅館に入った。雨はやまず、風が強まった。

五時ごろ、旅装も解き終わらないうち、雷鳴に似た轟音が続いて起った。二人は外に飛び出した。雨のため見通しはきかない。往来の人々も皆立ち止まり、東の方を指差している。

これは外国船迫るの合図で長府城山、亀山、彦島など各台場から放たれた号砲だった。周防灘から海峡に入ろうとした米商船ペンブロークは、折り柄の逆潮のため、対岸の門司田の浦沖に停泊しようとしていた。

勇たちは壇の浦の方へ走った。黒い船影が雨中に見え、海上は一面の白波が立っている。海岸に旗や幟《のぼり》がはためき、武装した兵士が右往左往している。やがて日は没した。

結局、砲声が連続して轟いたのは午前二時すぎ。沖の庚申丸から発射されるたび、火箭が走り、瞬間に艦影を浮かび上がらせる。闇の中で砲声はいんいんとこだました。砲撃に驚いたペンブロークは、抜錨して向きを変え、豊後水道の方へ遁走した。

「やった、やった」

衛が夜明けの海岸で踊った。街の人々とともに徹夜したのだ。勇も興奮して走り回り、岩上に立って波しぶきを全身に浴びた。夜来の雨はやんだが、海面は波立ち、沖は茫と烟っている。すでにペンブロークの船影は見えない。

外国船に対し砲撃が行われた。これが攘夷だ。ペリー来航以来、開港か鎖国かの議論は果てることなく続けられ、国論は真っ二つに割れ、せめぎ合っている。勇は開国の必要性は認めながら、現今の混迷を抜け出すには攘夷しかないと思い、梅雨空よりも濃密な抑圧感の中にいた。それがいま、数発の砲声の轟きとともに霧散した。全身で叫びたいような快感だった。

勇はこの日の情景を一篇の詩にして残している。

異船、波ヲ截《き》ッテ遠程ヲ追イ
峯頭、砲ヲ飛バシテ浩雷轟ク
各藩ノ人意低迷ノ際
叡旨ヲ宣発スルコレ是ノ声

間近に外国船を見たのは生れて初めてだった。海峡に谺《こだま》する雷鳴の轟きに腹の底から揺すぶられた。もう議論の段階ではない。これを天の声として前へ進むしかない。日本の進路はいま定まった。攘夷の道を進む以外に自分の人生はない。外国船を撃ち払う砲声を聞いた勇の、素朴だが吹っ切れた、精神の昂揚が直接伝ってくる。

洗蔵ら同志はいぜん幽囚されたままである。少しずつ勇は焦っている。

衛と下関に滞在中に、侍従中山忠光が攘夷戦を検分のため派遣されて来ていたが、長州藩はこれを機に中山侍従を奉じて久留米に行き、幽閉中の真木和泉《まきいずみ》を救出することになったことを聞いた。そこで勇は中山侍従に久留米の帰途、福岡にお立ち寄り願い、洗蔵らの解放にお力添えいただくよう計画、木屋瀬で一行に直接折衝したが、実現に至らなかった。

このころ幕府では安政の大獄、桜田の変の連座者などを赦免、強硬策を軟化させており、勇らの運動はその流れに沿うものだった。

藩では翌六月、勤王党の禁錮を一せいに解いた。洗蔵、養巴、円太らは二年ぶりに流刑地から帰宅した。

下関で攘夷の魁《さきがけ》戦を実見した勇に、一つの新しい視野が開けた。勤王の運動は一藩限りのものでなく、他藩の人物を知り、さらに京都の動きと連動しなければ成功しない。外国船砲撃は長州単独であったが、もし戦争になれば、一藩では勝利はムリである。尊王攘夷は福岡藩が長州、薩摩と連携するなら大きい力を得るだろう。そのためには藩を超えねばならぬ。平野国臣、中村円太らが脱藩してすでにその方向を走っている。

勇は諸国の知友を訪ねる旅に出た。五体に力がみなぎり、未知に向け漂ってみたかった。まず隣国秋月藩に入り、戸原卯橘《うきつ》と会った。戸原は代々医者で、江戸、京都で儒学を修めている。勇より三歳若い。この五カ月後、平野国臣の生野挙兵に参加し、自刃する。ついで日田の咸宜園《かんぎえん》を訪れ、広瀬林外らと語り合った。その折、中山忠光卿の大和挙兵の噂を聞いた。中山卿は先ごろ木屋瀬で会った人である。驚いた勇は義兵を募り、その天誅組に参加しようと考え、より詳しい情報を得るため一たん吉留へ帰った。

勇は全国の情報が集まる下関に渡り、八月二十五日、勤王商人といわれる白石正一郎を訪ねた。弟の廉作も一緒に会ってくれた。勇は一気にしゃべった。

「大和義兵のこと、とっくにご承知でしょう。私は日田で初めて知りました。この義挙をなんとしても応援したい。福岡藩に有志のものはおりますが、幽囚を解かれたばかりで、公然と義兵を募ることは難しい。そこであなたの船を貸して下さい。博多へ回してもらえば、私が海上から誘いかけ、きっと多数の義兵を集めます」

いささか奇抜な熱弁を穏やかに聞いていた正一郎は、勇が予想もしない出来事を口にした。

「あなたの策はおもしろい。しかし一切は無に帰しました。十七日挙兵の翌日、京都御所で大変動があり、長州は堺町門警衛を解かれて総引揚げ、大和義兵も敗れました。昨夜、京から駈せ帰った二浪士がいまわが家に泊まっています。お引き合わせしましょう」

その浪士らによると――八月十八日、会津、薩摩両藩の兵が御所に入り、勅命により攘夷派の三条実美《さねとみ》ら七人の公卿は免職、長州藩ともども出入り差し止め、かれらは長門を指して落ちてくる途中だという。

勇は信じることができなかった。なぜ薩摩が会津と……片や勤王、片や佐幕の両藩が手を握る筈がない。しかし浪士らは見たままを語っている。大和挙兵も崩れつつある。天下の形勢が一変したのであれば、福岡藩の命運にもかかわる。

勇は福岡へ飛んで帰った。そして洗蔵はじめ勤王党の同志、さらに藩内の各方面に京師の情勢を説いて回った。

この長州の挫折が政局の焦点になる。京都で攘夷の最先端に立っていた長州が敗北した。これ自体の重要性は測りがたく大きいが、それ以上に勇にとって薩摩と長州の破綻はあってはならないことなのだ。現実政治の奇怪な動きは、若い勇には不可解としか言いようがない。

この京師の政変を知って驚愕――というより進退谷《きわま》った男がいる。

中村円太はこの七月再び脱藩、京都にあって真木和泉、宮部鼎蔵《ていぞう》、久坂玄瑞《くさかげんずい》、平野国臣らそうそうたる知名士と交わり、八月十六日学習院出仕を拝命した。学習院は尊攘派の公卿が国事を議したところだったが、やがて志士の代表にも開放され、朝廷内部に在野の声が自由に通りはじめた。攘夷祈願のため大和行幸という案もここで発議され、するすると決定された。これを聞いた孝明天皇が大いに驚いたと言われる。天皇は神棚のお飾りに過ぎず、こんな乱脈ぶりはかつてない。学習院は尊攘派の格好の拠点と化した観がある。

円太はこの学習院に入って得意の絶頂に立った。同藩の大先輩平野国臣は円太と同じころ出仕を始めているが、その平野と並んだのだ。（円太の学習院出仕を疑問視する説もある）

円太は猛烈に疾走を始めた。そしてたちまちフライングする。

折柄、大和行幸を機に各藩に親兵献納を求める動きがあった。円太は福岡藩から一大隊の親兵を朝廷に献納させ、勤王の先鞭をつけようと功を焦り、平野に一書を残しただけで無断で京を去り、西へ向った。学習院入りしたその日の夜、政変の二日前のことである。

この抜け駆けによって、円太は学習院における他藩志士の信頼を失った。

「中村君は帰藩されたようじゃが、なんとも慌しい人物じゃ」

「自分の行き先は秘密、という一文は残していますが、ご親兵の件に間違いござらぬ」

平野は弁明のしてやりようもない。福岡藩の実情は公武合体派の藩主長溥が浪士の言にのって親兵を献納するなどありえないことを平野はよく知っている。それに志士にとり抜け駆けは禁忌だった。

円太は三田尻（現防府市）に着いたとき政変を知り、天と地がひっくり返った思いをした。ご親兵どころでなくなった。朝廷で逆風が起こり、尊攘派の居る場所がなくなったのだ。しかも脱藩の身で、藩内の椅子は自分から捨てており、ご親兵献納という名分が消えたいま、福岡には帰れない。円太は三田尻で立ち往生した。

円太ほど軽躁な男もいない。尊王攘夷の一念に凝って鳥のように慌しく飛び立つ。重罪とされる脱藩を再三犯し、自由を得た。変転する時代の激流に軽々と身を躍らせ、恐れを知らず遊泳する。ところが何の弾みか激流からハネ出され、陸の上の魚のように身動きできなくなった。

ところが——

二十七日になると、三条実美ら七卿が京都から中国路を落ちて三田尻に来た。随従の各藩浪士が約三十名、一行の前後を長州兵一千余が固めていた。一行はまぎれもない落人であるが、円太には旧知と言える人々である。

一瞬、円太はまるで自分のため、京都が西に移動して来たような錯覚すら抱いた。政変で動き出した廻り舞台は一たん円太を弾き飛ばしたが、一巡して円太の前に三条卿を連れて来てくれた。とたんに陸の魚は呼吸を吹き返した。

これ以後、円太は三条卿に随従し、その執事となる。そして倍旧の猛スピードで再び走り始めた。こんどは三田尻から福岡の先輩、友人に対し激しい手紙作戦を開始した。

まず藩主長溥に対し、諸藩に魁け尊攘の道を進むべきこと、そのため中老矢野梅庵を家老に登用せよ、と堂々と建白している。脱藩の身で藩主に建白する神経は尋常のものでなく、「性剛腹」と言われた円太のすさまじい狂気を示すとより言いようはない。（実は矢野の家老登用は約一年後、長溥の長州周旋政策の一環として実現する）

円太はつづいて洗蔵、勇ら福岡在の友人十余名に書簡を送りつける。京坂の新情勢、高杉晋作の奇兵隊への期待など語り、福岡藩のみ平穏で振わない、自分は恥ずかしくてたまらない、諸兄はいまこそ脱藩して義軍に参加すべし、と叱咤している。

長州各地で、三条卿に密着した円太の動きはめざましく、福岡藩の勤王党を鼓舞し、やがて三条卿らの太宰府移転に繋ってゆく。その円太の放った一人の密使が早川邸の門を叩き、勇を否応なく維新動乱の荒野に引き出すことになる。

第二章　巨いなる夢――薩長連携

夜の使者

文久三年（一八六三年）九月二十二日、暮夜ひそかに宗像郡吉留村の早川邸を一人の若ものが訪ねて来た。福岡藩脱藩の浪士、仙田淡三郎。農夫の姿である。三田尻にいる中村円太の使いだと言い、懐に重要書簡をしのばせていた。三条実美《さねとみ》、沢宣嘉《のぶよし》卿から中老矢野梅庵に宛てたもので、円太の添書を持参している。

身分制の厳しい時代、殿上人の名前を口にすることさえ憚かられるのに、円太の書状によると両卿直筆の書簡を矢野梅庵老へぜひ伝達していただきたいと、特に勇を指名したものだった。階段を二、三段跳ね上がるようなやり方はいかにも円太らしい。

その夜、勇は仙田を家に泊め、労をねぎらいながら京都・長州の情勢、さらに円太が三条卿の宿舎に自由に出入りし、長州の久坂玄瑞《くさかげんずい》、来島《きじま》又兵衛、野村和作らの諸士と深く交遊しているさまを興味深く聞いた。藩を超え広く第一級の士と交わり、物怖じしない円太の肩で風を切る姿が眼に見えるようだった。

翌日、仙田を長州へ返した。仙田はこの十日後、平野国臣らと但馬生野《たじまいくの》の挙兵に参加、敗れて三田尻に帰り、病死する。

勇は二十四日、羽織袴で正装した。紫ちりめんの風呂敷で三条書簡を包み、駕籠で福岡へ出た。まず円太の実兄中村権次郎を春吉三軒屋に訪ねたが不在、ついで月形洗蔵に事の次第を報らせ、矢野梅庵邸を訪れた。

ところが梅庵は三条書簡を直ぐには受け取らない。

「わしは陪臣《ばいしん》じゃ。藩庁を経由しなければ左様のものを受領できぬ」

梅庵は家格の高い中老。大変な読書家で漢籍のみでなく洋書も読み、西洋の地理に通暁、また詩文もよくした。佐幕派の多い重役の中で珍しく勤王の志篤く、藩士の信頼をあつめていた。三条書簡を受け取ることがどんな波紋を生ずるか、思慮深く先の先まで見通している。

勇は引き下がり、書簡は宗旨奉行牧市内を通じ一たん藩庁に上げた。牧は有能な官僚で偏見がない。勇の話を聞くと書簡はすぐ梅庵に交付された。その内容を意訳する。

「このところ京師の変動（八・一八政変をさす）誠に恐れ入ったる次第、日夜痛憤に堪えず、そこ許はかねて勤王の忠志叡聞《えいぶん》(天皇)に達し、先に上京するよう仰せつけられた。いまこそ正邪を弁え宸禁を安んじ奉るよう、藩において尽力されたく頼み入り候、この旨密々に申し達します」

梅庵は書簡を拝読し、その返信について藩庁と協議、専使三名を派遣することになり、その一人に勇も加えられた。すべて梅庵の意向である。一行は十月十日福岡を出発、下関から長府を経て三田尻へ入った。勇が使者として長州へ行くのはこれが初めてであり、以後藩士と共にひんぱんに長州に渡り、幕末期の勇の主たる活躍の場となる。

当時の長州は日本における最も過激な攘夷藩であり、加えて京都の政変で落ちて来た七卿を迎え、時局の焦点となっていた。七卿の周辺には全国から亡命してきた志士団が随従しており、攘夷派の首脳といった人たちが三田尻の招賢閣に雲集していた。

十六日三田尻に入った勇らは、まず福岡脱藩の浪士、斉田要七、仙田淡三郎らに取り囲まれた。ついで土佐の土方《ひじかた》楠左衛門（後の伯爵・久元＝築地小劇場をつくった土方与志の父）、久留米の水野丹後、肥後の轟武兵衛、宮部鼎造、山中嘉太郎、河上彦哉、笠間の山田貢（加藤有隣）らと相ついで面接した。いずれも錚々《そうそう》たる豪傑志士たちである。

これ以外に地元長州の志士たちがいて、福岡藩中老の返書を携えた使者として歓待し、京都の政変を悲憤慷慨した。特に会津と結んだ薩摩に対し異口同音に怨嗟を発した。かれらは佐幕派が優勢な福岡藩の動向について重大関心をもち、その反応を探ろうとしていたのだ。

勇らは十七日、招賢閣で三条実美卿らに拝謁、梅庵の返信を捧呈した。席上、勇は「いま正論をとるのは長州藩のみである。その誠意は斥けられたかのようですが、必ず天下の志士を奮起させ、天朝回復の日は遠くないでしょう。どうか長州藩と熟議されて時機をお待ち下さい」と言上している。

このころ長州藩では七卿復権のため藩兵を率いて上京すべし、という進発論が盛んであったが、桂小五郎、高杉晋作らは時期尚早として自重論だった。勇が熟議と言ったのは、そんな複雑微妙な情勢を見極める必要を感じていたからである。

拝謁の席に沢宣嘉卿はいない。十月初め生野挙兵のため、平野国臣らと出発していた(さらに翌年四月、錦小路頼徳卿は下関で病死したので、五卿となる)。また後に勇が盟友となる土佐の中岡慎太郎は三田尻を拠点に土佐、京都を飛び回り、勇らが十八日三田尻を出発した翌日舞い戻ったため、スレ違いとなった。

中村円太も上京して不在だった。福岡藩世子長知の上京に脱藩の身で強引に割りこんでいたためである。

世子長知は政変後の京都情勢に対処するため、九月末上洛の途についた。これを知った円太は下関で待ち受け、長州藩主父子および三条卿と会見させようと図った。世子随従の森安平、万代十兵衛、尾崎惣左衛門に働きかけたが、「時期を待て」と忠告された。円太は聞かず、ともかく一緒に上洛したいと言う。森らはやむなく上役の衣非《えび》茂記、建部武彦、さらに家老の黒田山城にまで上げて、行列に尾行するのは黙認してもらうことになった。

七卿落ちの後、京の浪士狩りは徹底して行われているが、その危険性など円太は考えない。もちろん京都藩邸へは入れない。円太は京においては札つきの攘夷浪士である。たちまち幕吏が探知、藩に捕縛を命じてきた。藩ではトラブルを恐れ、捕えた円太を即夜三十人の護衛をつけ、船で福岡へ護送した。護送責任者庄野は旧知でその円太の身上を憐れみ、船内に限り縛を解いてやった。

ところが途中風が強く、室積(山口県)に寄港したとき、円太は舳から猿のように岸に飛び移り、脱走した。

「円太が逃げた、逃げた」

護衛は一団となって後を追う。港に上がると坂道が多かった。一キロ余り走ったがすぐ捕まった。こんどは両手両足を猿のように縛り上げられ、船倉に放りこまれた。前途には入獄か斬首しかないと脱走したらしいが、庄野への迷惑など考えない。福岡では桝木屋《ますごや》の獄に繋がれた。

この時期、円太はよくも悪くも風をえた凧のように舞い上がっていたと言っていい。勇を通じて矢野梅庵を三条卿に結びつけ、ついで長州、福岡両藩の世子会談を着想、上洛したとたんに逮捕、母藩で投獄される。大空の高みから、次の瞬間、暗黒の地底まで一気に墜落する。その振幅の大きさは類がない。

すべて脱藩の身で福岡藩の志気を鼓舞することに狙いを絞っている。円太の頭脳も肉体もフル回転していた。そして、この四カ月後、勤王党激派の手で円太の破獄、救出が行われ、藩内を震撼《しんかん》させる大事件に発展してゆく。


勇が矢野梅庵の使者として約十日間、長州で多くの人と会い、見聞した結果、多少誇大に言えば日本を吹く風にはっきり触れた。福岡の藩内では勤王、佐幕に分かれシノギを削っているが、三田尻では各藩を抜け出した浪士が尊王攘夷という共通の目標に向かって議論し、協力し合っている。意見はさまざまだが、風は明確に一つの方向に吹いている。藩内で視野の狭い猪が、鼻を突き合わせるような窮屈さはない。一流人士が藩を捨てたことで、より純化された風格を帯びている。三田尻の招賢閣が全国の尊攘派の中心であり、参謀本部であり、そこで自由な風を吸った円太が義兵を出せとせっかちに言うことも、必ずしもハネ上がりでないことがわかった。ただ円太は風の先端を飛んでおり、だれよりも目立っているようである。その発想は人の意表を衝き、招賢閣では会議員として発言を許されているという。

勇は一つの風をつかんだ。尊攘のためには藩という垣根を越えて雄藩同士が同盟すべきである。そのため八月の政変以来、険悪になっている長州と薩摩を和解させねばならず、これが実現すれば王政復古は現実のものとなりうる、という風景が明確に見えてきた。

勇は帰藩してすぐ福岡谷の月形洗蔵を訪ねた。筑紫衛が先客としていた。勇は長州情勢を語ったあと、薩長和解の問題を切り出した。

「長州ではいま口を開けば薩賊会奸《さつぞくかいかん》（八・一八政変で長州藩を御所から締め出した薩摩、会津藩をさす）と罵り、薩摩を激しく憎んでいる。しかし薩摩はもともと尊攘の藩であり、佐幕の会津と異なっている。こんど三田尻で感じたのは、このまま放置すれば両藩の軋轢《あつれき》はひどくなるばかり。早急に手を打つべきでないかということです」

洗蔵はかねてから薩摩を信じ、藩主長溥の実家ということもあって好意的である。

「そうだ。薩摩の術策に批判もあるようだが、薩賊などという言葉は妥当でない。両藩の調和策は時宜を得ている」

とその場で勇に同意した。ところが筑紫衛は異論を称えた。

「それはムリと思う。薩摩は権謀術数が強すぎる。調和策を出しても長州が乗ってくるとは考えられない」

福岡藩の勤王党は長州寄りの人が多く、筑紫もその一人だった。いわゆる激派で、常に大地に根が生えたように硬論を吐く。

ついで翌年二月、洗蔵宅で伊丹慎一郎も加って薩長問題を話し合ったさい、筑紫が重ねて言った。

「薩長調和は早川君の首唱で、洗蔵先生も同意されているが。昨冬長州は下関通行中の薩船を撃沈、また先月上の関に入った薩船を焼き、船長を殺している。これを見てもいずれ戦端を開きこそすれ、薩長調和などありえない」

これに対し洗蔵は言った。

「物事は陰伏すれば長引き、陽発すれば処分がしやすいもの。長州はときの勢いで燃え上がっているが、焰の大きさに驚いている人もいよう。こんな衝突が続いているいま、却って調和の策が進むやもしれぬ。これは国家のためぜひやらねばならぬことだ」

洗蔵は虎と獅子の激しい衝突を、一段の高みから見下ろすことができる。薩長関係が最悪の状態にあることは衆目の一致する所だが、それを一転、和解に切り替える発想のユニークさを洗蔵は瞬時に悟った。常識に逆行する勇の発言に打てば響いた。なんとも鮮やかに二人の気息は合っている。

この薩長和解が日本歴史の上で表面化するのは元治元年、第一次征長の解兵問題のさ中、西郷吉之助（薩摩）喜多岡勇平（福岡）らによってであるが、その一年も前、勇や洗蔵が福岡の一角で提起していたのである。当時、両藩の関係が悪化する中で和解の可能性を信じるものはいなかったが、五卿の太宰府移転とからんで、やがて薩長和解が倒幕、維新の原動力となってゆく。藩国の厚い壁をこじ開けるようにして志士たちは交流、新しい風をつかみとろうとしていた。勇の薩長和解論もその一つであったが、月形洗蔵に支持されて大いに鼓舞された。つづいて下関で中岡慎太郎と出合い、強力な同調者を得たとたん、洗蔵も勇も乙丑の獄に連座し、福岡藩の動きは完全にストップする。和解を実現したのは土佐の坂本龍馬、中岡慎太郎の活躍によってであった。

歴史の洋々とした流れには必ず人の眼につかぬ源泉があり、細流を集め、やがて大河に成長するものなのである。勇はいまその源泉に足を浸して、次の一歩を踏み出そうとしている。

円太の破獄

こうした新しい方向が芽生えつつあるとき、中村円太の破獄が突発した。しかもその前日には藩の要職・宗旨奉行牧市内が勤王党の手で暗殺された。この連続して起こった二つのテロ事件は、福岡藩の運命に重大な関わりをもつ。

元治元年（一八六四年）三月二十四日の未明、牧は福岡地行七番丁の自宅近く、海水を汲んで帰ったとき、麦畑にひそんでいた二人組に斬殺された。一人は赤合羽、他は簑笠姿。翌日、城の黒門に張り出された斬奸状《ざんかん》によると吉田太郎と中原出羽守の仕業だった。吉田は平野国臣の友人、六石三口の足軽、中原は前原の神官である。牧は百五十石、財政に明るく保守派の能吏で、そのため勤王党激派に狙われたものである。牧暗殺は藩行政に直接打撃を与える事件で、藩庁の驚駭は一通りでなかった。

吉田、中原の二人は筑紫衛が事前に用意したルートで対馬藩の怡土《いと》郡吉井村（現二丈町）に逃れ、土地の勤王党の手で保護された。

勤王党はこれより先、江上栄之進らが野村望東《もと》の平尾山荘にひんぱんに集まり、藩論の転換を策していた。特に中村円太が三田尻で三条卿に密着、福岡藩出身としてめざましい活躍ぶりを見せていたが、一転京都で捕まり、いま桝木屋で入牢している。これをなんとか救出して、再び長州で活躍させるべきであるとの論が起こっていた。

こうした議論は一たん発議されると熱を帯び、やがて火勢を強めて走り出す。その状況を　江島茂逸『贈従四位中村円太伝』に見てみよう。

壮士たちはこの藩の停滞を打破するには藩政府の要人数人、在京の用人久野将監、世子上洛に随行している家老浦上信濃、立花采女《うねめ》、宗旨奉行の牧市内らを誅すべきであると気焔をあげるようになった。

「情勢は急を告げている。七卿の復権、長州赦免のためには円太どのを獄に置くべきでない。即刻三田尻へ返すべきである。まず俗論の連中を一掃し、藩論を転換せねばならぬ」

これに対し洗蔵、養巴らは過激、軽率な行動に走れば失敗した場合、自滅するしかないと極力説諭している。

「われわれは尊攘の線で藩論を固めたい。しかし要人暗殺という非常手段では動揺を来たし、人心を失うだろう」

しかし円太への同情心に発し、正義感と融け合い、若ものの慷慨悲憤は募るばかり。も早洗蔵の制止を聞くものはなく、洗蔵にかくれて集合するようになった。山荘に集まる顔ぶれは

森勤作、伊丹慎一郎、筑紫衛、江上栄之進、瀬口三兵衛、今中祐十郎、同作兵衛、伊藤清兵衛、

安田喜八郎、佐座謙三郎

らである。（この全員は一年半後、乙丑の獄で殉難する人々である）

このメンバーに加え円太の実弟中村恒次郎、円太の友人で桝木屋の獄吏小藤平蔵が山荘に上がっ

て来るようになり、円太救出の実行役を買って出る。正義の一念に凝った若ものたちは要人暗殺、円太の救出という過激策に酔い、行為の異様さをしだいに忘れてゆく。

この一連のテロ計画について、筑紫衛が中心になって進め、洗蔵は一切の圏外に置かれた。この時期、洗蔵は辛酉の獄は解かれたが、謹慎の身で、活動は制限されていた。

第一の牧市内暗殺は吉田、中原の手で実行された。この未明の挙に続いてその日の夕、壮士たちは三々五々、平尾山荘に集まり、最後の打ち合わせを行った。三人一組、侵入から救出まで分担を決め、逃走の経路を確認しようとしたが、議論百出、まとまらないまま、訣別の宴に移った。これは異様であろう。破獄という大事が統率なしに行われようとしている。

上座に恒次郎、平蔵を据え、庵主の望東尼が次に並んだ。狭い部屋で壮士たちの肩と肩は触れ合い、熱気でむんむんしている。盃を重ねるごとに悲憤の辞が飛び、詩を吟じるものもあった。牧暗殺で街には厳戒体制がしかれ、人里離れたこの山荘にも監視の目は光っているかもしれなかったが、制止するものもいない。壮士は興奮を競っている感さえあった。伊丹慎一郎はやおら立ち上がった。

「けさ地行の浜で奸物牧市内の肉を料理した。追っつけその肉の一片を拾って来て壮行の酒肴に供したい」

酔いのため顔は真っ赤、誰憚からぬ高声でブった。大事を控えた悲愴感から、逆にこんな狂気とでも言いたい戯《ざ》れ言《ごと》が飛び出したものだろう。おう、という叫びが起こりどよめいた。同志というより、精気に満ちた獣の集団であった。

一同、夜半に二、三人ずつ山荘を出発した。細い弦月があり、夜気は生温かい。人目を避けながら街に入り、竹ヤブにひそみ、夜明け近く桝木屋獄に夜盗のように忍び寄った。家々はすべて寝静まり、潮騒の音がかすかに聞こえる。獄門は固く閉ざされている。獄吏小藤はこの日宿直だったが、同僚佐田某に代わってもらっていた。門番を起こし、

「小藤だ。佐田に用事があって来た」

と門を開かせ、同時に覆面の壮士らがなだれこんだ。小藤は勝手知った檻舎に入り、宿直室に寝ていた佐田に馬乗りになり、

「小藤だ。カギを出せ」

と白刃を突きつけた。闇の中で抜刀した壮士が取り囲んでいる。牢獄の鍵を奪うと、一団はダッと奥へ進んだ。隣室に銃手など三名がいたが、同じように脅し抵抗する隙を与えない。その間、獄舎の扉を開け、

「中村君よ、円太君よ、イザ出獄し給え」

と叫んだ。円太は五カ月間の牢居のため、足が萎えて歩けない。恒次郎が肩に担ぎ、前後を壮士が囲んで獄舎外に走り出て来た。アッという間の早業で後を追う者も無かった。

小藤は現場に大目付あての届書を残していた。「中村円太はいま長州にいる七卿に必要な人物で牢居させるべきでない」という趣旨を綴り、小藤の署名と花押《かおう》がある。破獄は勤王のためと正義を確信し、堂々と名乗ったものである。先の牧市内の斬奸状といい、この円太破獄といい、勤王党は公然とテロ活動を始めた。すでに京都では勤王浪士と新選組などの間でテロの応酬が繰返されていたが、福岡も例外ではなかった。その評価は別として、藩制の縛りの中で、下層武士が自由のため生命を賭していた気魄がわかる。

それにしても獄吏による破獄は前代未聞の出来事であろう。小藤はこのあと長州に走って奇兵隊

に加わり、蛤《はまぐり》御門の戦に参加、生きのびて高杉晋作の義軍に従い、大田・絵堂で活躍したが、スパイの嫌疑を受け屠腹させられた。

藩庁は直ちに福博市街で非常警戒をしいた。円太らは海路長州へ向かうものと見て海上を追跡したが、実は円太は城下に三日間潜伏、スキをついて弟恒次郎、小藤と共に肥前田代（現鳥栖市）へ脱出した。ここは対馬藩の飛び地で、筑紫衛が事前に対馬藩領での受入れ体制をつくり、自ら円太の護送役まで務めている。

追手は円太の足跡をすぐ探知し、対馬藩に引渡しを迫った。円太らは原田へ引き返し、黒崎へ抜ける強行突破策に移る寸前、黒崎から来た長州藩の小田村文助（後の揖取《かとり》素彦男爵）と会った。円太は小田村と京都、三田尻で旧知だった。

「黒崎から原田までの長崎街道は物々しい警戒ぶりで、到底抜けられるものでない。拙者は長崎へ行く。長崎へ行きなさい。必ず長州へ送り届けます」

小田村は先発し、対馬藩の梁井直江が円太らを長崎まで護送した。長崎で待ち受けた小田村は三十両で船を雇い、直ちに東シナ海を北上、玄界灘を東航して一昼夜で海上二百八十キロを走り、下関に安着した。

下関で梁井に導かれた宿屋に桂小五郎（後の木戸孝允）がいて、深夜だったが起き出して来た。驚きの眼で円太を見つめ

「円太君はわが知己なり。よくぞ危難を脱出された。ここまで来ればもう大丈夫」

と喜んでくれた。髭面の円太は嗚咽《おえつ》しながら

「再び先生の花顔を拝せるとは愉快です、満足です」

とその手をおしいただき、粱井、小田村らに助けられた経緯を詳しく語った。ギョロ眼は時に涙をあふれさせるが、舌鋒は鋭く、入獄の衰えを感じさせない。桂は「足下は下獄されてすでに死の人かと思っていたが、倍旧の壮気が嬉しい」と、一行を近くの妓楼大坂屋に招待、慰労したという。桂はこのころ藩内の進発論を抑えるため慌しく京都、長州の間を往来していた。円太を知ったのも、京においてである。

円太破獄についていささか詳しく述べたのは、当時の志士活動が予想以上に過激、冒険主義的だったこと、革命に向かって藩を超えた友情の芽生えがあり、円太の知名度は他藩で驚くほど高かったことがわかるからである。行く先々で円太救出がリレー式に行われた。しかし反面、勤王党じたいの幼稚、暴力性も露呈している。リーダーの洗蔵をタナ上げ、牧市内暗殺を発端とする連続テロ計画、それに起因する藩内不和の増幅、つづく勤王党の崩壊からわれわれは眼を逸らすことはできない。

勤王のためなら何をしても正しい。この恐るべき信念を二十代後半のかれらは持った。純粋であるが危険極まりない。藩を挑発すれば必ず反動があり、それをどう克服するか、展望があったとは思えない。

この破獄は実行者小藤平蔵の届書により、勤王党の犯行であることはすでに公然の事実であった。これに対し藩庁が無策である筈がない。

中村円太という矯激な個性は、行くところアラシを巻き起こしているが、なぜか死ぬまで草莽出身の村医早川勇と深い関わりを持つ。この円太の破獄を勇が事前に知っていた形跡はない。医業が忙しく福岡に出る機会がなかったのか。もし筑紫らの計画を知れば、洗蔵と同じく暴走を止めようとしただろう。

次に述べるようにこのあと勇は藩命で円太を追跡、下関で円太と出合い、その過激さを強く諫めている。しかし一年後、円太破獄に奔走した勤王党の面々が円太を斬殺するとき、勇は最後まで見捨てず、救命に奔走する。革命運動を通じ二人が確かな同志愛で結ばれていたことは間違いない。革命家円太の内にあるすさまじい矛盾、それが暴発する瞬間の赫《かが》きに勇は魅了されるのかもしれない。勇は自分が円太と気質的に異ることを知っていた。円太の行くところ常に波瀾が起り、建設よりも破壊のことが多い。しかし尊攘の素志は不変であり、これほど純な男はいない。円太は自分にない魂をもつ。それは洗蔵にも共通している。勇は友人たちの鋭気にある異和を感じながら、それをサムライの美質として憧れつづけた。まるで太陽のように眩しいのである。

奇怪な円太追跡

牧市内暗殺、円太の破獄脱藩が連続して起り、藩内は不安動揺をつづけた。勤王党の壮士たちは意気軒昂、藩政批判の声を高め、その鎮静に藩は躍起になった。そして一見奇妙な方策をとる。円太が脱獄して一週間後、藩庁は勤王党の鷹取養巴、江上栄之進、早川勇を特命の密使として長州に派遣した。養巴は円太が「勤王の志篤し」として尊敬する先輩、江上は親友で破獄を企画した男、勇は円太の知己である。三人は出発に当たり藩主長溥から、長州情勢を探るべきこと、もしかの地で円太と出合ったら斬殺せよ、との命を受けた。まるで泥棒に泥棒を追わしめるに等しい。脱藩は藩主を見捨てる行為であり、家族、親族にまで類を及ぼす重罪とされた。破獄は藩主に対する反逆であり、本人の死罪だけですまないことは言うまでもない。円太追跡に藩庁は総力を上げていた。

このとき勇ら三士を派遣する長溥の意図はナゾに満ち、真意は摑み難いが、後に勇はこう証言している。

「(長溥から)極密にて、長州は京都の御守衛を免ぜられ、入京を禁止されて不首尾である。今日は唯表面を知る計《ばかり》ではすまぬ。長州には(諸国の)浪士もおる様子であるからその内幕も知らねばならぬ。自分はどこまでも(和平に)尽力周旋する積りであるから、三人で脱走の形で長州に行てよく探索せよ」(史談会速記録)

と命ぜられた。つまり藩の方針として幕府の征長を抑え、和平周旋をするから、長州の実情をスパイせよと、円太追跡にかこつけて三人を一時脱藩させたのである。長溥は意外に機略に富む人物だったかもしれない。

三人は藩の至急便で黒崎から下関へ渡り、やがて白石正一郎の家で円太に巡り合った。円太は意外な友人たちの出現に顔色を変えた。

「君らは追手か」

「円太君、安心せよ、われらは追手でなく、君を保護するために来た。その証拠に君の親友江上がいるじゃないか」

養巴の言に円太は落ち着き、一緒に旅宿に向かった。円太は公卿衆の動き、長州情勢について語り、あす桂小五郎の好意で三条卿のいる山口の湯田に行くという。夜になり、盃を交わしながら勇は懇々と円太に説いた。

「僕は田舎医者にすぎないが、盟友円太君に直言したい。今回の脱獄事件は多くの同志が生命の危険を冒した。佐幕派は必ずや干渉の口実を得ただろう。君は勤王党の直面する危険を知らず、ただ安閑としていると責め立てるが、も少し藩の実情を察知し、三条卿のもとにあっても慎重に行動していただきたい」

　これに対し円太は声を荒らげた。

「長防の事情は君の言うようなのんびりしたものでないワ」

　勇はひるまず論難しつづけた。

「切迫した事情はあるだろう。しかし長州の客となって軽躁に走り、軽挙暴発すれば必ず事を誤り、正義は湮滅《いんめつ》、不測の禍を招き、回天の時を見ることはできないだろう。円太君、いまは泰然として自重し、周囲の煽動になびかないことが肝腎だ」

　円太は憤然として立ち上がった。顔面は蒼白である。

「われら浪士が長州に来ているのは徒食するためでなく、一身を賭して回天の業をなすためだ。君の意見はそこを取り違えている」

　と喚きざま勇に飛びかかった。勇の言は円太の足許の危うさをずばり衝いていた。勇は僅かに身を避け、円太は膳部を蹴散らしてしまった。勇は穏やかな顔で荒れる円太を見ている。なぜか円太を憎めないのだ。養巴、江上が仲に割って入り「議論はそこまで」と宥め、席をかえて四人は飲み直した。すると忽ち互いに以前の良友に返り、「見つけ次第、円太を討ち果たせ」という藩命は忘れてしまった。

「せっかく長州へ来たのだから、三条卿に拝謁したい」

と三人が口を揃えると、円太は上機嫌で
「いい機会だ。ぼくは桂氏の世話であす山口へ行く。君らは三田尻で待て。必ず会えるようお願いしてみる」

と請け合った。そしてその言のとおり、三人は四月九日招賢閣で三条卿に拝謁できた。

このころ筑紫衛は脱藩して長州入り、世子長知に随行している家老浦上信濃らの斬奸を図ったが、さすがに円太はこれを阻止している。勤王党の激派は円太脱獄いらい過激路線を強め、洗蔵、勇らは制止に躍起になっている。

この三田尻で勇らは毛利侯の側用人玉木彦助、南亀五郎らと交遊、さらに佐世八十郎(後の前原一誠)、佐々木男也《おなり》らの名士と会い、手厚い待遇を受けた。そして来島又兵衛らの進発論が強まり、長州が京都回復へ動き出す感触を得た。もし再び戦端が開かれるなら薩長の対決は決定的になる。回天の業は遠のくばかりだ。何とか手を打たねば……これが勇の思考法だった。目先の現象を超え、一歩も二歩も先を読む。円太が火がついたように駆け出すとき、勇は醒めた眼で駆ける方向を確かめる。

昨秋、世子長知は長州周旋のため上京(円太は下関からこれに随伴した)、四月初め世子は朝廷から「帰途長州に立ち寄り朝廷に謝罪するよう説得せよ」と内命をうけ、帰国の途についた。四月二十一日小郡で長州藩世子との会談が実現する訳だが、勇はその直前、期するところあって三田尻を去り、単独で肥前田代へ行き、対馬藩家老平田大江と会った。

対馬藩は毛利家と姻戚関係にあり、家老の平田は勤王派として知られていた。長州藩に知己が多い。勇はそこに眼をつけた。単刀直入に薩長の和解を切り出すと、平田は「それはムリだ。薩摩は会津と結んでいるではないか」と否定的だった。勇は退かない。

「外見はそうです。しかし回天の大義においては長州と薩摩は同意点が多い。現在疎隔していても、将来必ず引力で密着するでしょう。放置すれば長州に不利に動くが、これは天下の不幸です」

と喰い下がった。ここに至って平田は勇に賛意を表した。この三カ月後、蛤御門《はまぐりごもん》の変で長州が窮地に立ったとき、勇は再度平田に「いまこそ薩摩と和解の好機です」と説いた。平田は嫡男主米《しゅめ》を長州に派遣、薩摩との和解を献言させるに至る。

勇はこうして薩長和解という生涯の大事業に向け歩み出す。

これとほぼ時を同じくして元治元年（一八六四年）二月末、西郷吉之助は二度目の流刑地沖永良部《おきのえらぶ》島から呼び戻され、山川港に着いた。直ちに上洛、三月十八日京都における薩摩藩の軍事代表になった。戦乱の気配を濃くしてゆく政局を静観しながら、西郷は早くも長州との和解を考えていた。三月下旬に西郷は自身で大坂の長州藩邸に乗りこみ、両藩連携を説こうとした。六月池田屋の変が起こり、長州藩士らが新選組に殺され、硬化した長州藩兵が京に集結、幕府は薩摩に出陣を命じた。西郷はこれを「長州と幕府の私闘」と見なして即座に拒否している。しかし七月蛤御門の戦闘では幕府側として長州と戦ったが、西郷の心底には幕府打倒という目標の前には、長州は最終の敵にあらずとの思想がすでに生まれていたようである。

こうした西郷について知ることのない勇が、長州をめぐる政局の流動の中で「薩長和解」という方向を見定め、ひとり動き出していた。維新回天の業をめざし、両雄藩の握手以外に途なしという危機感を抱いて、やがて勇は西郷と出合うことになる。

藩をあげて長州周旋

蛤御門の変後、幕府の長州征討をめぐる慌しい動きの中で、福岡藩では勤王党の影響力が増大しつつある。

七月末、月形洗蔵が町方詮議掛兼吟味役に就任している。また八月末、矢野梅庵（相模）が家老になった。一年前、三田尻にいる円太の性急な献策で、三条卿および長州藩の使節が相ついで福岡へ派遣され、矢野登用のきっかけをつくったとみていいかもしれない。

しかし、この勤王党の進出を許したのは、藩主長溥の内乱回避への強い執着であり、しかも幕藩体制を守るため勤王党を利用するという、奇策に近いものだった。

中旬、幕府の征長令が出されると、長溥は内憂外患同時に起これば国内は大混乱する。いま争うときでない。長州が悔悟恭順すれば福岡藩は喜んで周旋する、という基本方針で、明確に平和主義の立場で臨んだ。

喜多岡勇平は藩命で岩国、大坂、広島で主として薩藩士と接触するうち、征長軍参謀西郷吉之助らの対長州政策は必ずしも強硬一本やりでなく、柔軟で和解の意思を秘めていることを察知した。これは長溥の平和解決策と符合するものである。

このとき長溥は薩摩の島津斉彬（故人）、越前の松平春嶽、土佐の山内容堂、伊予宇和島の伊達宗《むね》城《なり》ら賢侯といわれた公武合体派の諸侯の中で独自の政治行動をとった。長州を追い詰めてはならず、と幕府の強硬策に反対、長州の過激攘夷派と話の通じる月形洗蔵らを使って説得工作を行おうとしていた。

賢侯たちの公武合体に対し長溥は「天幕一和」「全国一和」を称えたが、根っこはかれらと同じく佐幕的であった。ただ開明派として長溥は和平に危機感を抱き、ひとり長州周旋を工作した。一種の避戦論として着想はいいが、激流の中で明らかに突出していた。

孤立無援の長州に対し福岡五十二万石の大藩が救いの手を差しのべることは極めて特異であり、これに対し勤王党も走らざるをえない。その結果、藩内の対立は激化、幕府は〝長州同気〟として重圧をかけてくる。乱気流の中心に長溥は立たされた。

こうして一年もたたず情勢の急変の中で、長溥じしんの手で勤王党の大弾圧を行うことになる。この逆転劇がなぜ起こったのか。長溥の腰のふらつきか、勤王党激派が自ら招いた災難か。長州周旋が直接の引き金になったことは明らかであるが、歴史のナゾを解くため、限られた資料の中から関係者の動きをできるだけ克明に追ってみよう。

福岡藩のいわゆる「長州周旋」は十月下旬から始まった。福岡から平和解決のため使者が三、四人のグループで送りこまれ遊説、情報収集に当たった。

第一陣は勇が最初に接触した対馬藩平田大江の息主米と共に、福岡藩から小金丸兵次郎（西島種美）が合同使節として十月二十一日萩に送られ、薩摩との和解を進言した。第二陣は正使として浅香市策、長谷川範蔵、筑紫衛に勇の四人が十一月六日出発した。（このとき勇の長男富士之助は高熱で危篤状態だった。生後六カ月の幼童で、勇が出発した四日後に死去した）

折柄、萩は幕府軍の懲罰要求を受け、先に蛤御門の変を起こした三家老の処分など謝罪恭順を決め、混乱のさ中だった。

この時期、長州はドブに落ちたネズミに似ている。這い上がろうとすれば蹴こまれる。七月蛤御門の戦で敗北、八月英など四カ国艦隊が下関を砲撃、つづいて第一次征長が始まった。恭順か、武備恭順かをめぐり九月二十五日山口の藩庁で御前会議が開かれ、俗論派に対し武備恭順を主張した井上聞多《もんた》はその夜、湯田で襲われ瀕死の重傷を負った。外圧内憂ともに起こり、逃げ場はないかのようであった。

勇らが萩に入ったのは十一月十日。俗論派が政権を握り、正義派を追いつめ、血の粛正を始める直前だった。翌十一日、藩主への拝謁を求めたが、俗論派の重役が応接に出て「主人父子は恭順して寺にこもり、藩内に格別の不和などない」と繰り返すだけ。勇らは「恭順は当面の策、いまこそ眼を高く上げ、薩摩と連携して次の飛躍を期すべきでは」と説いても全然通じない。誠意がないのか、馬鹿なのか、勇らは憤然として退館した。

実はこの十一日、京都進発を指揮した益田弾正と国司信濃《くにししなの》、十二日福原越後の三家老が切腹、つづいて佐久間佐兵衛ら四参謀が斬首された。広島に乗りこんだ幕軍総督の圧力を受けたものだが、萩は表面の平静さの裏で動揺をつづけた。福岡藩の使者に応待の余裕もなかった訳だ。客人の勇らが処刑の事実を知る術もない。

萩の混乱はある程度予測していた。下関から長府へ向かう途中、使者第一陣の小金丸兵次郎の一行が萩から帰るのに会った。「混雑して成果なし、実のある話はできなかった」という。近くの茶屋で協議、かれらも再度萩へ引き返すことになったとき、深網笠を被った武士が通りかかり、立ち止まって笠をちょっと上げた。他藩の見なれぬ一行に関心を抱いたようだ。

互いに名乗り合った。伊藤俊輔(後の博文)という。大小を差しているが短足で、百姓臭い。福岡藩の使者だというと警戒心を解いたようで、その内容を詳しく訊こうとする。

「いま各藩が一致して外国に当たるべきとき。もし薩摩、長州が争うことになれば日本の不幸である。また諸隊と藩の間に対立があるようだが、一和の道はないものか。その勧告を試みるつもりでござる」

と言うと、じっと聞いて反論しなかった。翌日長府を発ち、船木の茶店で休憩していると、また伊藤が追いついて語りかけた。

「自分は諸隊のうちの力士隊である」と言い、昨日と同じような話を注意深く聞き、自分の意見は言わず、それでいてどこか明敏そうである。勇は当てもなく歩いているらしい伊藤という男にかすかな興味を抱いた。

このとき伊藤の盟友井上聞多は斬られ、また兄貴分の高杉晋作は俗論派に追われて一週間ほど前九州に渡り、反撃の機会を窺っていた。伊藤は孤立無援で潜行中で、心細さのあまり他藩の勇らからも俗論派の動きについて情報を得ようとしたようだ。

ともあれ、勇らは萩では何の収穫もないまま十三日、帰国の途についた。

途中、美祢郡絵堂宿に来て茶店で一服していたとき、後方から騎馬の一団が早打ちで駆け抜けて去った。絵堂は秋吉台の麓にあり、萩から西南に走る伊佐街道の要地で、四方から山道が入りこんでいる。小さい盆地で旅宿や商家が街道沿いに並び、平和で裕福な佇まいである。すでに裸木になった柿の木に、赤い熟柿が僅かばかりとり残されている。砂埃りを巻き上げ、蹄の音は余韻を残して峠の向こうに消えた。宿場の人たちは
「粟谷刑部様だ。抱えていたのは首桶らしい」

とささやき合っている。探ってみると、広島の幕軍総督に迫られ、京都進攻の責任者として福原越後ら三家老を処刑、その首を持参する謝罪使だという。

さては、萩の混乱はそれであったか——。素っ気ない応待、不和などないと平静を装いながら、裏に正義派処刑を秘していた。ナゾは解けたが、まさにどんでん返しを見せつけられた思いである。長州は幕軍に降伏した。俗論派が勝ち、正義派は叩きのめされた。大混乱が起こり、長州は大きく変転するだろう。征長軍は解兵するのか？　五卿はどうなる？　すべて福岡藩に直結しているが、霧は渦巻き、見通しなど立たない。新情勢を報告のため勇らは飛ぶようにして帰国を急いだ。

十七日、勇は藩庁に出て家老矢野相模、大音因幡《おおといなば》と会い、萩の新事態について報告、長州周旋の今後について密談した。

高杉の福岡亡命

実はこの長州情勢の急展開の中で、高杉晋作は身に迫る危難を避けて萩を脱出、福岡に亡命して来ていた。案内をしたのは中村円太である。勇らが長州から帰藩したとき、高杉は望東尼の平尾山荘に潜んでいた。

高杉が密に福岡に入ったのは十一月四日である。萩の自宅を出たのは捕吏が踏みこむ二時間前というきわどさ。山口に入り、刺客のため重傷を負った井上聞多を見舞い、しばらく九州に去ることを告げた。円太がかねて福岡に行くよう盛んに薦めており、いまの危難を一時脱するためだけでなく、これを機会に九州諸藩の同志と連合して、長州の正義派を援助するという戦略が高杉にあった。

「その可能性を九州で探ってくる」

と高杉は言う。山口の旅館から手拭で頬被り、刀の柄に香油の瓶をぶらさげ、さながら田舎の神官のなりをして抜け出した。下関の白石正一郎邸で円太と落ち合い、白石の実弟大庭伝七とともに海路博多湾へ向った。

冬の玄界灘の波は高い。変名して谷梅之助と名のり、小舟に身を潜めた高杉にミゾレまじりの海波が叩きつけた。

高杉らは博多では対馬藩の問屋石蔵屋卯平の屋敷に入った。卯平は勤王派で円太は以前からよく利用していた。破獄の身で人目につけば危険なので、円太は迂闊に街を歩けない。深夜を待ち、密かに洗蔵の家を訪ねた。

福岡城の西南の不便な山手にあるが、道はよく知っている。谷合いでどの家も竹林を背負い静まり返っている。真っ暗闇で道は狭く、人が来るとぶつかるまでわからない。バタバタと羽音をたてて夜鳥が飛び立ち、遠くでフクロウの啼く声が聞こえる。門扉をたたくと、洗蔵の妹梅子が出て来て、びっくりした。

「円太どのではないか。どうしてこんな夜更に……」

「洗蔵殿に相談がある。頼みます」

洗蔵はすでに目を覚まし、円太の声とわかると大声で怒鳴った。

「深夜、寝所に踏み入る奴は斬って捨てるゾ」

「月形君、静かに。お願いがある。いま長州の客を連れて石蔵屋に泊めている」

梅子は素早く門扉を締めた。円太は部屋に入り、客は奇兵隊総督の高杉晋作であること、危難を避けて来たが、実はこれを機に回天のため九州連合を結成するのが目的であると語った。すると、行灯の灯影であぐらをかいていた洗蔵がすっくと立ち上がった。眼が輝いている。

「わかった。円太君、誠にご苦労であった。私は高杉氏を保護しよう。藩に洩れると必ず危害を加えられる。いますぐ同志と図って対策を考えねばならぬ。君は奥の部屋で休んでいてくれ」

梅子に命じて酒を煖めさせ、洗蔵は大小をとって深夜の街を駆けた。鷹取養巴らの同志を呼び集めるためである。

洗蔵は養巴を連れて戻り、円太とともに石蔵屋へ赴き、高杉と会った。初対面であったが、互いに一目で相手を理解し、知己のごとく語り合った。結局、円太も高杉も福博の街では動けないから、まず肥前田代で対馬藩の平田大江を訪ね、福岡、対馬、佐賀の三藩連合をめざすことになった。

ところが田代に着いてみると、対馬藩では長州と同じく佐幕派が権力を握り、勤王党の三十余人を一挙に斬殺するなど、弾圧を受けている最中だった。ついで円太は佐賀の鍋島侯に書簡を送り、京師出陣を建白したが、動く気配もない。三藩連合はまだ機熟せず、というより円太ら一部志士たちの夢想でしかなかった。

高杉は今中作兵衛に伴われ、福岡に帰った。円太は藩吏の追跡が始ったので、対馬領から長州へ渡った。

洗蔵は高杉を望東尼の平尾山荘に潜ませた。十一月十二日ごろのこと。勇らはまだ萩の混乱の中にいる。洗蔵と高杉の短いが友情に満ちた交遊が始まる。

山荘では瀬口三兵衛が警固も兼ね、炊事係として寝泊まり、高杉の話相手をつとめた。

洗蔵は高杉に対し、九州連合は時期尚早であったが、いずれは倒幕のため薩長が提携しなければならぬ。緊急の課題はいま貴藩に迫っている征長軍をいかにして解兵させるかであると説いた。高杉は長い顔で、黙って盃をなめている。時に優しい微笑を浮かべる。難を避けて福岡に来た。回天の新しい展望は開けない。しかしいま眼前に一人の快男児がいる。志の確かさはその眼光を見れば判る。高杉は洗蔵と自分を対比しながら、漂泊の心境を一篇の詩に託して贈った。

落魄《らくはく》飄零《ひょうれい》ノ客
恰《あたか》モ広野ノ禽《とり》ノ如シ
君ノ経国ノ業ニ比ブレバ
又是レ一般ノ心

自分は落ちぶれて風に漂うように福岡に来た。広野の鳥のようなわが身である。君の政治の論を聞いていると、自分の小ささがよくわかってくる。このときの高杉の孤独な心情が素直に表出されている。卑下しているのでない。濡れしょぼたれた鳥の姿だが、肩の力を抜ききって高説に耳を傾け、あすどの方向に翔ぶかを測りながら、小鳥の自由な魂が一休みしているのである。

この山荘で自分の窮境について洗蔵に一詩を贈り、

国ヲ売リ君ヲ囚シ至ラザルナシ
我快死ヲ叫ブハ斯ノ辰《あした》ニ在リ

と心情を吐露している。長州の国は売られ、主君は幽閉され、ドン底に落ちてしまった。この危機の只中で、男子たるもの欣然と死ぬことができる。高杉は広野のはぐれ鳥のような惨めさの中でも、激しい英雄の心を秘めていたのである。

ところが萩から帰藩した勇が、この山荘の高杉に予期せぬ悲報をもたらすことになった。十七日勇は萩の三家老処刑の変事を藩に報告したあと、すぐ洗蔵にも連絡をとった。驚いた洗蔵は高杉のいる山荘に駆けつけた。

萩の新事態を聞いて、高杉は一瞬絶句した。黙して立ち上がったとき顔に血の気はなく、ただすさまじく蒼かった。——俗論輩のなんたる愚挙か。このままでは長州藩は完全に無力化し、幕府の思いのままに蹂躙されてしまう。立つべきときは来た。いまこそ義兵を挙げ、〝快死〟の道を行く時

——

口を真四角に開くたびに、腹底から怨念が噴き出すかのように、押し殺した切れ切れの声が洩れる。傍らで洗蔵と望東尼は呼気をのんだ。

直ちに旅立ちの仕度にかかった。高杉に金はなく、また身辺は危険に満ちている。このころ北部九州には征長に駆り出された各藩軍がひしめき、長州人の通行は至難であった。差し当たり福岡をどのようにして脱出させるか……。

洗蔵は高杉の路銀をつくるため自宅に帰り、書斎を見回した。書棚に『資治通鑑《しじつがん》綱目』五十九巻が揃っている。朱子学徒にとって家宝のようなものだが、他に金目のものがない。これを売ろうと下僕に担がせ、街の知人を訪れた。事情を話すと読書家の知人は本を受けとらず、若干の金を貸してくれた。知人は司馬光が撰したこの歴史書が、洗蔵にとりいかに大切な書物であるかをよく知っていた。

また望東尼は高杉のため仕立てておいた羽織、袷、襦袢などとり揃え、和歌を添えて餞別とした。

　まごゝろをつくしのきぬは国のためたちかへるへき衣《ころも》手にせよ

勇は高杉を下関に送り届ける護送役を買って出た。折よく藩命で林泰《ゆたか》（後、元武）、瀬口三兵衛と岩国へ出張するよう命ぜられたのだ。この一行に高杉を抱きこんで街道を通り抜けよう。それに下関の諸隊内部に気流の変化が生じ、高杉が帰れば殺すという風聞があり、その調査も必要だった。

二十一日、対馬藩邸で慌しく高杉の送別の宴が開かれた。勇はこのとき初めて高杉に会った。

「下関までご同道致す。今夜は宗像在の拙宅でお泊まり下さい」

と言うと、高杉は病死した勇の長男富士之助のお悔みを述べ、

「ゆるりとお話を聞かせて下され」

と応じた。

二週間前、萩に出張するとき、勇は医者でありながら危篤の富士之助を看取ることもできず、死なせてしまった。そのことを望東尼が高杉に話していたものである。

勇は高杉を迎えるため一足先に自宅に向かった。途中、長府藩の使者野々村勘九郎ら三名と出合った。茶店でしばらく話し、夕暮に帰宅した。程なく高杉も着いた。野々村らに会ったことを告げると、高杉はしまった、と叫んだ。

「駕籠で居眠りしている間にすれ違ったのだろう。野々村の一行ならぜひ会わねばならぬ。拙者は福岡に引き返す」

「かれらは対馬藩邸に宿るそうです。まずは晩餐をとりましょう」

二人は慌しく盃を交わした。

このとき勇の三女倫は高熱のため喘いでいた。ミネ子は勝手口で勇の袖にすがって、出張をやめてくれと哀願した。富士之助が死んだのは十日前のこと、父の勇不在のまま野辺送りをすませたばかり。もしまた倫に万一のことがあれば、と思うとミネ子の声はつい上ずり、黄色い叫びになって咽喉元から噴き出した。

「これ、これ、つつしめ」

勇はうろたえ、ミネ子の口を手で塞ごうとしたが、勇の両眼からも涙が溢れ出した。

「出張はやめられぬ。藩命だ」

勇は声を押し殺してミネ子をさとした。

座敷にいて一切を知った高杉は愀然として
「君は先に長男を亡くされ、いままた危篤の幼女を見捨てて下関へ向かわれるか。心中お察し申し上げる」

酔いで紅潮した頬に涙をしたたらせている。高杉はよく泣く。このあと勇は高杉と深く交わり、泣く場面をしばしば見た。

（このとき高杉は何も語らなかったが、萩出奔の直前に生まれた長男東一が、産湯をつかうときの泣き声を思い出していただろう。勇が藩命で出張中に長男に死なれ、いま再び藩命で病いの娘を残して旅立とうとしている。妻女の金切声を聞いて、高杉の胸も湧き立ったのだ）

夜は風雨となった。暗い門前で二人の乗った駕籠は東と西に別れた。高杉は福岡へ引き返し、勇は林泰ら同志の待つ黒崎へ向かった。

このとき高杉が宗像から福岡へ戻ったのは、すでに決起の志を固め、長府藩の野々村から奇兵隊など諸隊の動向を一刻も早く知りたかったからである。諸隊はこの一週間程前、三田尻にいた五卿を擁し長府に移動して来ていた。野々村ならその集結の状況がわかる筈であった。

翌々日、勇は下関に着き、高杉襲撃の噂など探り、さしたる懸念はないようだと伝言を残し、岩国をめざした。高杉は野々村らとともに二十五日、無事下関に帰着した。

高杉が功山寺で挙兵するのはこの二十日後である。これを境に歴史の流れは変わる。

第三章　寒梅――五卿、太宰府入り

中岡慎太郎、従僕になる

長州藩が幕府に対し恭順の意を表明、山口城を破却し、正義派の三家老を処刑したことで事態は次の段階に進んだ。残ったのは五卿の九州移転の問題である。諸隊は五卿死守を叫んで藩内が沸騰する中で、その火中の栗を福岡藩が拾わされることになる。

勇らは藩使として十一月二十六日岩国着、征長軍解兵をめぐって家老の吉川結城らと要談、二十八日長府へ入った。幕府軍は五卿を九州五藩に分置させよと指令、これを受けた福岡藩は喜多岡勇平、真藤登、越知小兵太の三人を特使として派遣した。一行は二十九日功山寺で五卿に拝謁している。

功山寺の周辺は殺気立った諸隊が群れている。諸隊はすでに萩の俗論党政府から解散命令を出されており、この上、五卿という掌中の玉を手放せば自分たちの存在理由がなくなるという、切羽詰った状態だった。

この五卿を俗論党は直ちに九州へ移せと言い、抗戦派の諸隊は五卿は勤王の象徴であり、絶対手放さないと呼号し、四周を幕軍に囲まれた中で、長州藩は内戦必至の様相を濃くしていた。

喜多岡らが五卿に拝謁した日、これを知った諸隊十四、五名が夜旅館に押し寄せ、激論となった。中心に高杉晋作がいた。高杉は福岡から密かに帰り、下関、長府で潜行していた。

「われわれは五卿と進退を共にする覚悟である。いま福岡藩が迎えとるなら、われわれは骨髄を抜かれたも同然である。もし兵を以て奪わんとするなら戦いあるのみである」

まるで火を吐くような言辞に喜多岡は驚いた。かれらはザンバラ髪を肩まで垂れ、白ハチ巻き、黒っぽい野良着に帯を締め、長刀を落としている。さながら死士とでも言いたい一団である。

喜多岡は既述のように征長軍参謀西郷吉之助が長州と和解の内意を秘めていることを察知、まず福岡藩内を長州周旋に向け誘導していた。五卿移転も福岡藩の手で解決したいと積極的に動き、長府に来た。ところが諸隊の激しい反発を見て立ち往生してしまった。中でも高杉の怒声はすさまじく、とりつきようもない。

喜多岡は翌日勇と会い、高杉らの一件を話して協力を求めた。諸隊は福岡藩の役人を強く警戒している。尊攘の同志となら他藩人とも自由に交流している。特に勇が高杉と親しいことも仄聞している。五卿問題は志士のレベルでやる方がいい。喜多岡はそんな気持を勇に伝えた上で、懐から一通の書簡をとり出した。「これに家老矢野相模殿の意向が示されている」と言う。見ると勇に宛てた

矢野の直筆で

「五卿送迎の役に任ずる」

と銘記している。

勇は熟考した。

五卿移転は至難の業である。それをなぜ自分に？　意表をつく指示だった。勇は士分でなく一介の草莽にすぎない。諸隊は下級武士、農民の集団である。草莽の勇となら話しやすいという考えなのか。それとも勇を専従させることは、勤王党に対する藩上層の方針転換の反映なのか。ともあれ洗蔵の意見を聞かねばならぬ。

高杉は奇兵隊創設の総督として五卿移転に猛反対している。隊員は五卿を攘夷のシンボルとして奉じており、移転は士気にかかわる問題だからだ。しかし福岡で高杉と会ったさい、薩長の連携がなければ倒幕は不可能という勇の論に、高杉はじっと耳を傾けていた。いま五卿問題が政局の焦点になっているが、実はこれと両藩連携とは不可分である。

勇の前に二つの問題が立ち塞がっている。五卿移転と薩長連携。回天の事業はさらにその彼方に聳え立っている。

勇は困難をはっきり見据えた。五卿移転は不可能に近い。その不可能に挑め、と矢野は言っている。この峠を越えねば何も始まらぬ。……ここまで考えて勇は回天の業を達成するには、まず高杉を説き五卿移転に道をつける。打開の最初の鍵は高杉の手の内にある。ついで西郷の力が必要になる。二つめの鍵を西郷が握っている。五卿移転に成功すれば薩長連携にも道は開けるだろう、と考えて、この二重三重の懸崖が霧が晴れるように見えて来た。

――五卿移転こそ現今の最大の問題である。この険峻を攀じ登ることがわが運命であろう。

勇が五卿移転に専従するのはこの時からである。福岡藩では翌三十日、勤王派家老大音因幡が「知音《ちいん》の者、渡海せよ」と長州に知己の多い月形洗蔵らを指名、功山寺の五卿移転に藩の総力をあげることになった。

喜多岡と別れた勇は功山寺に至り、三条卿に拝謁、福岡藩の動向を告げ「五卿の移転以外に難局の打開策はない」ことを説いた。

長府から下関に入り、諸隊の陣所に行くと、知った顔が篝火《かがりび》を囲んで勇を迎えた。五卿移転の話になると、枯野に火が走るように反発してくる。勇はかれらに囲まれて、火の粉を頭から浴びながら語り始めた。

「あなた方は五卿を長州藩の骨髄といわれるが、骨髄は毛利侯ご父子ではないか。五卿は朝廷を補佐する正義の棟梁であり、私有すべきでない。萩の俗論党は藩侯をとりこみ、あなたたち諸隊を追討しようとしている。その諸隊が五卿を擁してこれと対陣すれば五卿は迷惑至極、朝廷に背くことにもなる。われわれはこの立場で百万人でも相手となり論破する」

誠に論理的であるが、この大演説は隊士らには通じない。「一騎当千は聞いたことがあるが、一人百万に当たるは初めて聞いた」と笑い、罵り、中には「殺すゾ」と叫ぶものもあり、激論は夜明けまで続いた。

このころ勇は中岡慎太郎（石川清之助、あるいは大山彦太郎と変名）と知り合った。土佐の人で脱藩して五卿に随従し、いま長府にいる。この年（元治元年）の初め京都にいて、高杉晋作とともに島津久光を斬る計画をたてたが、実現しなかった。「倒幕の大事は戦の一字にあり」という思想に徹した革命家で、長州藩、薩摩藩に知己が多い。

慎太郎は骨格が大きく、精悍な風貌であったが、勇は初対面のときから親しみを感じた。眼光は鋭いのに、よく見ると澄んで穏やかな微風を発している。サムライのように相手を刺さない。対坐すると柔らかく体温の温かさが伝わってくる。二人とも士分でなく、庄屋出身ということで親しみを生じたかもしれない。

慎太郎は下関唐戸の勇の宿所伊勢屋をたびたび訪ねて来た。当時の浪士たちは口に勤王を称えながら、ともすれば過激、驕傲の振舞いが多かったが、慎太郎は日常の挙措は端正実直で、服飾も地味、酒食に耽ることがない。何よりも議論に條理があり、中正だった。勇が「薩長が対立のままでは展望が開けない。両藩の和解が急務である」と持論を説くと、慎太郎はすぐそれに乗って来た。理解の早さは打てば響く、といった具合である。

勇と慎太郎のこの出合いから一年二カ月後、慎太郎と坂本龍馬による薩長連合が結実する。維新回天の戦略はこのとき下関で発芽を始めたといっていい。

「すでに福岡藩では月形洗蔵が同意、五卿移転もその路線で進めています」

「なるほど薩摩は権謀術数の国と見られているが、内実は反幕というあなたの論は真実であろう。物事は表と裏を同時に見極めねばならぬ。長州の内側におれば薩摩に対する恨み骨髄で沸騰するばかりだが、局外に立てば小さな鍋の中が一眼で見える。しかしいま和解論を出しても、双方聞く耳はないのでなかろうか」

「そうです。表面の流れを見ると渦と渦が嚙み合っている。しかし底の岩を一つ動かせば平らになる筈」

「一つの岩とは？」

「例えば西郷吉之助です。征長軍参謀として小倉にいます」

「会おう。あなたの話を聞いていると、いろんな疑惑が氷解してくる。ちょっと激流の底に潜ればいいのだ。まず私が潜る。私が西郷に会い、岩を動かしてみる。もちろん生命は捨てる覚悟です。もし、諾かれない場合、西郷を刺す」

「ハ、ハ……それは一大事。どういう手蔓で会いますか」

「私があなたの従僕になる。福岡藩人として同伴して下さい」

このとき勇も慎太郎も直面しているのは五卿移転の問題だった。特に慎太郎は忠勇隊隊長として五卿を守衛しているが、福岡藩など九州五藩に渡した場合の安全保障が何もない。この問題で福岡藩を支持している西郷の意向を質す必要があった。西郷という大きな岩は長州側から見れば障害に過ぎない。三条卿に随従する土方楠左衛門も西郷に対する疑念を抱いていた。もし西郷が五卿の安全について曖昧にするようなことがあれば、刺すというのは志士慎太郎としては至極当然の論理であった。

この慎太郎が勇の従僕となったことは「三条実美公履歴」に詳しく書かれている。

「西郷吉之助豊前小倉に在り、福岡藩早川養敬将に海を渡らむとす。土佐人中岡慎太郎をして養敬の僕となして筑前人と称し、小倉に航しその由を確かめしむ」

西郷・中岡会談は元治元年十二月四日、小倉の薩摩下陣で行われた。西郷は早川勇の誠実と思慮深さを信頼して、「あなたの従僕ごわすか」と笑って直ぐ会ってくれた。

西郷と早川勇にこんなエピソードがある。勇が萩から帰った翌々日の十一月十九日、箱崎のお茶屋で建部武彦、月形洗蔵に勇も加って西郷を饗応したとき、西郷が言った。

「早川さん、過日建部氏から貴君の漢詩を聞いて感銘しました。

西夷《せいい》北狄《ほくてき》辺彊《へんきょう》ノ浪
後虎前狼輦《れんか》下ノ塵
この後虎前狼は何を指すのでごわしょうか」

勇は平然として答えた。

「あなたの薩摩藩と会津藩ですよ。共に宮廷を汚しております」

「僕も定めてその辺だろうと思いました。いや、貴君は共に語るべき方だ。まず一献《いっこん》」

蛤御門の変で薩摩は会津とともに長州を京都朝廷から追い落とした。西郷はそれを気にしていたのに、勇は堂々と指摘して怯まなかったのである。(「早川勇日記」から)

中岡慎太郎との会談の席上、西郷は慎重だった。慎太郎が「五卿を随従の士から切り離し、九州諸藩にお渡しするのは人情として難しい。長州の内紛、諸隊の激高はご存じのとおりです。五卿お渡りの時期も征長軍解兵の後にできまいか」と迫ったのに対し、西郷は「三条公らの帰洛復職はぜひ謀りたい。しかし解兵の後にお渡りの件は至って難しい。お渡りと同時に解兵となるようには努力してみます」と答えるにとどまり、確答しなかった。

しかし慎太郎は西郷の人柄には深く魅了された。このとき生まれた信頼感が一年後、薩長同盟として実を結ぶ。その起点となる会談だった。西郷も慎太郎について「すこぶる勇者と見えた。共に語るに足る人物」と後に勇に語っている。

薩摩と長州は蛤御門の変いらい敵対状態にあるが、この両雄藩が手を結ぶ以外、倒幕の目途はない、というのが勇と慎太郎の戦略だった。その橋渡し役を福岡、土佐藩人でやろうという巨いなる夢の第一歩がこの西郷との会談だった。慎太郎は五日間小倉にとどまっている。

西郷と慎太郎はこの一週間後、再び下関で会った。西郷・高杉会談に慎太郎も同席したもので、これについては後述するが、席上こんな話が伝えられている。

中岡「兵を養ふに相撲を学ばしむ。勇を養ふに似たり。如何」

西郷「然り、林子平、士風を興すの説に撃剣を三年学ばしむるより、相撲一年勝れりと言ふ。是れ妙法なり」（石川清之助手帳）

西郷は若いころ腕を怪我して筋を痛め、剣は使えなかったが、その巨体からわかるとおり相撲が大好きで、青年時代から近処の少年たちに相撲をとらせて楽しんだという。一方、土佐は古来相撲が盛んで、慎太郎は幼時から俊敏、剛胆、武市《たけち》半平太に入門して武技、兵学を習った。西郷も慎太郎も肉体をぶつけ合う格闘技として相撲を愛した。五卿問題の緊張した席で、こんな相撲談義が交わされたものだろう。

こうして西郷・中岡会談は勇を介して実現した。勇の生涯の課題となった薩長和解は、歴史の中で火花を発して走り始めた。

五卿移転へ洗蔵渡海

この前後、福岡藩士が踵《くびす》を接して東へ海を渡った。時の焦点は五卿移転であり、背景に横たわる征長軍解兵の成否はこの一点にかかっている。藩主長溥は平和解決に的をしぼり、広島へ、萩へ、岩国へ、長府へ周旋の使節を送りつづけた。

勇は五卿連絡係に専従して、下関に張りついた状態である。

十二月一日、勇は小倉で西郷吉之助、吉井幸輔（後伯爵、歌人吉井勇の祖父）と会ったあと、岩国へ出張していらい十一日目、黒崎まで帰った。藩の陣屋があり、常時役人が詰めている。陣屋前にいま早打ち駕籠が着いたところで、人の動きが慌しい。見ると月形洗蔵と今中作兵衛である。藩庁は勤王党の中心人物、洗蔵らを五卿移転のため長州へ特派したのである。駕籠から降りた洗蔵は、勇を認めると大股で街道を横切り、両手をひろげた。

「早川君、すぐ長州へ引き返してくれ。共に五卿と会わねばならぬ」

洗蔵は出発にあたり、藩主長溥から「五卿の移転を急げ。遅れると征長軍解兵ができなくなる」と厳命を受けた。洗蔵は一たん辞退した。五卿を絶対渡さぬという長州の諸隊の沸騰ぶりを、勇らから聞いていたからである。

しかし長溥は許さなかった。「汝はかの地に知己が多いと聞いている。行け。征長の兵を解くは天下のためである」と説いた。征長総督、尾張の慶勝からは長溥に対し「福岡藩の力を以て五卿を移せ。もし拒めば兵力で臨機の処置をなせ。解兵はその後とする」と指令があり、長溥じしん追い詰められていた。征長中止を実現する瀬戸際で、長溥は勤王党を手駒として使わねばならなかった。

佐幕派に五卿周辺とのパイプはない。

洗蔵は大目付に属し、重役も含めた会議で長州周旋が論じられたとき、「幕府にニラまれるのではないか」という声が強かった。席上、洗蔵ひとり

「これはわが藩が長州を援けるのでなく、内戦を避けるためである。もし幕府に疑われて大兵が押し寄せたなら、君臣ともに城を枕にして討死するまで」

と昂然として言い放った。同席していた建部武彦は

「この言、洗蔵以外にだれが言いうるであろうか」

と言って感嘆したという。

その洗蔵に対し、勇は諸隊の動きについて詳しく報告した。

三日、洗蔵が勇とともに下関に着いたとき、たまたま中村円太が長府から出て来た。中岡慎太郎、真木菊四郎（天王山で割腹した真木和泉の二男）も一緒だった。洗蔵はのっけに円太に対し命令した。

「長州諸隊の説得に来た。五卿移転のため君に働いてもらうぞ」

「それは難事です。激高している諸隊が承知するものか。五卿を他藩に移せばかれらは主柱を失う。自分の首を失うのと一緒です。それは私にとっても同じだ。功山寺の三条卿は金輪際《こんりんざい》手離すわけにはいかぬ。なぜなら脱藩の私は帰るところがない」

「なにを戯言《たわごと》を！　久しく会わない間にそこまで堕落したか。円太を長州で活躍させるべしとして、同志は生命の危険を冒して汝を脱獄させた。しかも脱獄を援けた弟恒次郎は蛤御門で戦死した。であるに汝は生を盗み、このように美服を着て、あろうことか長州諸隊と同じ理屈をこねている。その臓腑《はらわた》は腐ってしまったか。恥じよ」

洗蔵は直線の漢《おとこ》である。その論旨は槍のように円太を突き刺した。円太は圧倒され、一たまりもなく屈した。元来、純情の男である。

「間違っていました。五卿移転のため働かせて下さい」

洗蔵は「よし」とうなずいて、その場で活動資金として藩の金百両を渡した。

その日午後、洗蔵、勇は円太の案内で長府功山寺に赴き、五卿に謁した。

席上、洗蔵は藩主長溥の意向として次のように言上した。

「長州は恭順のため山口新城を破却、五卿を九州へご移転する約束をしている。幕府は尊卿方を関東へ引き渡せと言っているが、尾張総督は戦乱回避のため五卿が九州へ移転されるなら、解兵する方針です。ご移転の一点に天下の和平がかかっております。もし解兵が実現するなら、薩摩、福岡は一致して尊卿方の帰洛復官に尽力するでしょう」

洗蔵の気迫は五卿らの心を撲《う》った。錯綜する諸情勢を見事、五卿移転の一点に絞りこんでいる。

三条公はその場で洗蔵、勇に直筆の文を与えた。その文を意訳する。

「われわれは天下のためにはいかようにも進退する。しかし長州藩が内紛状態にあるいま、われらが去ると沸騰するだろう。毛利家は三家老を厳刑に処したのだから、寛大な処置あれば国内平穏になると思う。この事情を推察、ご周旋を願う」

という趣旨だった。このとき初めて九州移転を了承したのである。

この後、円太は大詰めの五卿移転問題で洗蔵の手足となって働いた。長州諸隊の間で円太ほど知名の士はなく、水面下での工作、諸隊説得のツボを心得ていた。洗蔵はこの功績について「精忠の士」として、惜しみなく円太を評価している。

勇は五日、既述のように中岡慎太郎を伴い、小倉で西郷に引き合わせたあと、福岡表で同志の鷹取養巴、森勤作、江上栄之進らと会い、筑豊などに在陣する九州各藩に解兵の説得をした状況を聞いた。ついで勇は建部武彦、喜多岡勇平と再渡海するよう藩命を受け、八日揃って出発、九日小倉で広島から帰った加藤司書と談合、加藤らはそのまま広島へ引き返した。

勇は小倉に残り十日、西郷、吉井幸輔と会い、中岡との会談のもようを聞くと、西郷はにっこりして「あす（十一日）下関へ渡りもす」と言った。西郷・中岡会談は順調に運んだようだ。勇は胸をなでおろし、そのまま下関へ渡った。

勇の動きはいかにも慌しい。しかし決して勇だけでなく、加藤司書らは広島で解兵実現をめざし、洗蔵は五卿移転工作の中心人物として下関で円太、筑紫衛らとともに長州諸隊の説得に生命がけで働いた。

このとき先端で水すましのように走り回っているのは、勤王党である。藩内の佐幕派は一時鳴りをひそめ、後方で歯ぎしりしながら反撃の機会をうかがっていた。

泣く英雄・高杉

これらの日々、勇、洗蔵らの前面に立ちはだかるのは激昂した長州諸隊であり、勇らは下関で刻々生命の危険に曝されていた。諸隊はまず薩摩を敵とした。前年八月の京都政変、ことし七月の蛤御門の戦いらい薩摩、会津を憎むこと甚しく、下駄の裏に「薩賊会奸《さつぞくかいかん》」と書いて踏んで回る有様だった。薩摩、会津は奸賊というもので、下駄で石を蹴り、憎悪の文字を足裏で実感する激しさは、いかにも長州人らしい。五卿移転には真っこうから反対、これに動く勇らを襲撃しようと狙っている。奇兵隊総督の高杉が陰に陽に勇らの保護につとめた。しかし、高杉ですら押さえが効かない状況に至っている。

このころ高杉と洗蔵、勇が一夕、下関の裏町の酒亭で飲んでいる。

三人とも疲労困憊《こんぱい》しきっている。海峡を見下ろす山手で、潮の香はしないが、寒風が強く、松声が鳴っている。酒のまわりは早く、高杉は日ごろ蒼い馬面《づら》を真っ赤にしている。高杉は長州第一主義の男で、他藩人と交わらなかったとよく言われるが、この宵、勇らと談笑する高杉に偏狭の影もなく、心の帯紐を解いた素直な一個の青年に過ぎなかった。勇も快く酔って語った。

「高杉君、起つ日近しだな。君が俗論派を破った暁はわが藩も共に京師に出陣、大いに国家のために尽くそう」

「早川君の言やよし。長州の内輪の掃除を終えたら、君らの驥尾《きび》に付して上京しよう。愉快愉快」

高杉は詩人だった。奔放な言動の奥に常に詩魂を抱き、やさしく敏感に心を配り、次に来る英雄的行動をまるで別人としか思わせない。この夜、女将に筆を借りて一詩を勇に贈った。勇も即席で返した。（東行は高杉の、春波は勇の号である）

馬関客舎ニテ早川春波先生ニ呈ス
硯海《けんかい》ニ風波起リ
故人険ヲ侵《おか》シテ過グ
知リヌ他ノ胸宇潤《ひろ》ク

藹々《あいあい》トシテ陽和ニ話スヲ

東行高杉先生ノ韻ニ次ギ此ヲ賦シテ奉呈ス

一身ニ大節ヲ持シ
苦境幾タビカ経過ス
誰ゾ料《はか》ラン寒梅樹ノ
雪中ニ大和ヲ養ウヲ

東洋一狂生　東行拝具

早川春波生

静かな関門の海に風波が立ち、故人（あなたの友つまり高杉自身）は危険の只中にいる。そんな身に友は心広く、春の陽のように穏やかに接してくれる。故人という言葉には友に対する強い親近感がにじむ。功山寺決起を数日後にひかえた若ものの緊張と感傷からであろう。英雄高杉の芯にあるのは、陽光の中で喜戯する小児のような純情であった。

これに対し勇は即座に、高杉が大好きな梅の花を折り込んで返歌した。大義に生きる君はたびたび苦境を切り抜けてきた。寒梅は雪中でも蕾を育み、開花の日を待っている。「梅花を愛する高杉君よ、花咲く日は近い。僕は君の芳香を信じている」と友情の声援を送っている。藩をこえ、出自をこえ、気質をこえて、人間として心を開いている。互いに生命の危険に曝されながら、なんとも素直で優しい詩人ぶりである。

余人を混じえず、心を許し合った三人だけの酒に高杉は深く酔った。急に悲哀を感じたらしく、ポロポロと涙を流しはじめた。

「僕と月形君とはその性質がよく似ている。共に硬直にして剛毅である。長くこの世に生を保つことはできないだろう。ただ早川君は温厚にして従順である。必ず僕らより後まで生存されるだろう。僕に一児がある。この子が幸い俗論者に殺されず成長し、僕が中途で斃れることになれば、早川君よ、今日のこの友誼をもって面倒をみていただきたい」

語りつつ、泣きつづけた。親も妻子も萩に残している。このとき高杉が泣いたのは、生後二カ月の長男東一のためである。高杉は萩の俗論党政府の探索を避け、生後二十日の東一を家庭に残し一時福岡に亡命、いま下関に舞い戻って潜行している。みどり児の顔を見るどころでない。ここ裏町の酒亭で、赤ん坊の泣き声を耳にして、とたんに東一を思い、熱い涙が迸った。英雄の手放しの泣き面を見て、給仕の女ももらい泣きをしている。

西郷・高杉会談の膳立て

この夜、高杉は洗蔵と勇に重要な心境を洩らした。歴史を変えようとする英雄が友情にほだされて、内心の秘密を曝したのである。

「僕はいま五卿の移転に反対している。実はこれを拒んでも何の益もない。薩摩との和解も自分からは望まないが、和解に傾く同志は増えている。ただ僕がいずれにも異議を称えているのは、これによって気合を測り、奇兵隊を鼓舞するためだ。時機をみて、断然俗論派と雌雄を決し、国内一致を実現することにすべてを賭けている。表面はともかく、君らの好意に反するつもりはないのだ」

これが決起直前における高杉の、切端つまった境地だった。なんという赤裸な告白であることか。奇兵隊士を率いて咆哮する英雄の心底には青い湖のような和解の心が潜んでいた。洗蔵と勇は眼を見交わしてうなずき合った。洗蔵はさらに一歩踏みこんだ。

「心中よくわかった。高杉君、かくなった上は西郷吉之助と会うがいい。必ずや道が開けるだろう」

高杉は諸隊をはばかってなお躊躇《ためら》い、「ともかく僕一人だけは会うまい」と言った。洗蔵は間髪を入れず叫んだ。

「僕に委せよ。決して君が窮地に立つようなことはしない」

こうして洗蔵を調停者とする西郷・高杉会談は決まった。高杉は洗蔵に反論しなかった。激しい男同士、睨み合ったまま暗黙の了解があった。すでに西郷には勇、中岡慎太郎の二人が会って内諾を得ている。時代の激流の底で回天の事業の芽はこの夜、一点の朱を点じた。高杉、洗蔵、勇の三士はちょうど寒梅が雪の下で花芽を育てるように、歴史を変える薩長連携の芽をそれぞれ掌上にのせ、ほのかな匂いを嗅いだのである。

洗蔵は直ちに中岡慎太郎に福岡藩士林泰を添え、西郷を下関に迎えるため船を用意し、小倉に渡らせる手筈をととのえた。

一方、西郷の周辺では「いま下関へ渡れば殺される。行くなら護衛をつける」と騒ぎ出した。このころ長州諸隊では「もし薩人が来ればこの海峡は三途《さんず》の川となる。たった一人も生きては返さない」といきり立っていたからだ。西郷は「おいの生命はいつでんあげもそう。殺せばあいどんが窮地に立つ」と平然としている。傍らにいた黒田嘉右衛門（清綱、後子爵、洋画家清輝の父）が「すでに約束があるなら行かねばならぬ。護衛など要らぬ」と一同をとり鎮めた。

十二月十一日の寒夜、勇は西郷の舟を唐戸の渡船場で待った。ここは九州と往来する起点で船番所があり、近くの船宿伊勢屋に勇と洗蔵は宿泊していた。伊勢屋の当主小四郎は志士に協力的で、高杉、土方らもよく利用したという。

北風があり、雲の動きが早かった。時折洩れる月影を透かし見ると、船番所から街道に出る間にいかめしい黒門と柵があり、遊撃隊がウロウロしている。勇は「秋月藩から来る客人を待っている」と偽り、薩摩人ということは伏せている。

西郷、吉井幸輔、税所《さいしょ》笑蔵の三人が中岡慎太郎とともに小舟から降り立った。互いに顔見知りだから誰も物を言わぬ。船番所は中岡が用意した手形で通った。一行を勇が先導した。西郷の大きい影を囲んでかれらは足早に歩き、潮騒から遠去かった。

北の山手に稲荷町の花街がある。平家の女官が身を沈めた廓といわれ、赤間宮の先帝祭にはここの遊女が高下駄で街を歩く習わしだった。大店がずらりと並び、維新の志士が遊んだところで、高杉の愛妾うの、伊藤博文の妻楳子《うめこ》もこの街の人だった。天保の人別帳では家数九、人数一七八人でうち女が一五〇人をこえている。つまり女郎の街で路地には三味線師匠や禿《かむろ》が住んでいる。

ここで最も大きな大坂屋は女郎歌舞伎で知られ、三百人入りの桟敷、舞台は江戸の湯島芝居より立派だったという。大坂屋をモジって対帆楼《たいはんろう》ともいい、裏手の岡に茶屋を構え、関門の夜景を一望できた。

その大坂屋に向かって勇らは歩いている。

玄関に洗蔵が立っていた。周辺の華街から絃歌がひびいてくる。日ごろと変わらぬ佇まいの大坂屋に一行は吸いこまれた。奥の別棟、というから恐らく茶屋で諸隊の隊長らが待っていた。

会談は洗蔵が取りしきって進めた。勇は中途で所用が生じて功山寺に赴き、五卿に会談の情況など報告した。

「早川勇日記」によると、「稲荷町妓楼大坂屋ニテ高杉、月形、野唯人（中村円太）、多田荘蔵（対州）、藤四郎、安田喜八郎、伊丹慎一郎、真木菊四郎（久留米）、林泰等応接セシニ高杉ハ西郷ヲ指シテ甘諸掘男《いもほりおとこ》ト云ヒタルニ西郷ハ笑ヒテイカニモ拙者ハ甘諸掘男ニ相違ナシト云フタリト、余ハ此夜後レ到ルヲ以テ此事ヲ目撃セサリシ」と記している。

夜半、勇が大坂屋に帰るとすでに高杉らは去り、西郷ら三士と慎太郎が残って洗蔵と雑談していた。空気は和やかだった。この秘密会談について西郷の書簡（小松帯刀宛）では

「諸浪の隊は一同帰順の運びとなり、隊長の者とは両度も論判仕り候処、合点も出来、五卿移転についても一応結論をえたのは、実に大幸の事に候」

とある。諸隊幹部は五卿移転を筋として了解したものだろう。

ところがその時機《タイミング》など未定である。解兵が先か、五卿移転が先か、当時の緊迫した政局の中で一瞬判断を誤ると、和平の帰趨に関わる重要問題だった。この場でその時機について、勇と洗蔵の間で喰い違いがあり、激論となった。

洗蔵はこれまで一貫してまず五卿を福岡藩の手で迎え、次に征長軍解兵を実現すると諸隊を説得して来た。長溥の指示がそうだった。長溥が望む和平実現にとって五卿移転は単なる前提条件に過ぎない。

ところが勇は加藤司書、喜多岡勇平らから広島の状勢は解兵拒否の空気も強く、決して楽観できないことを探知していた。もし解兵できなければ長州諸隊は五卿を取りこんで暴発する。とすれば

一切の努力は水の泡となる。回天の業は遠のくばかりだ。諸隊の内情を知る勇にとって、解兵を先決とする立場は譲れない。

激論は果てしなく続いた。

傍らに西郷がいた。

「おいは早川君に同意する。天下の帰趨を決するものは解兵でごわしょう。おいは及ばずながら広島で解兵に全力を尽くしもそう。五卿は歳末のことでもあり、年明けて西渡せられたら如何ごわすか」

西郷の一言で事は決した。

西郷としては幕威をいかにして殺《そ》ぐかを考えている。そのためには全国三十六藩の兵を厳冬を理由に散らせればいい。西郷は当初、長州を厳罰、毛利侯父子は減封して国替え、さらに諸隊など蹴散らせばいい、と強硬策を考えていた。しかし同時に長州の力を買ってもいた。諸隊のエネルギーは温存して倒幕に向けるべきである。征長軍参謀として、西郷は香車でチクチク長州を攻めながら、飛車を手駒に倒幕の深謀遠慮をめぐらし、高杉と会談中もそれは念頭を去らなかった筈である。解兵を先決とする勇の考えは、飛車を打ちこむフンギリを西郷に与えたかもしれない。

高杉の功山寺挙兵はこの四日後である。高杉は俗論派を倒し、一年後、長州と薩摩が同盟して天下は回天に向かって巨歩を進める。

大坂屋における西郷・高杉会談は諸隊の目を避け秘密裏に行われ、内容は分明でないが、両雄は互いに相手の気息を確かめ、高杉は高杉の、西郷は西郷の次の一歩を踏み出したのであろう。

（高杉晋作は長州第一主義の男であり、生涯西郷と顔を合わせなかった、と多くの長州側の史書は述べている。従って西郷との大坂屋会談に高杉は出席せず、赤根武人（高杉が「土百姓」と罵った男）らの名があげられているだけである。高杉出席の真否の確かめようはなく、否定も肯定も推論の域を出ないようだ。たとえ高杉は出席しなかったとしても、高杉は事前に洗蔵、勇の調停策に同意している。江島茂逸『早川春波翁来歴』によると、この会談の直前、高杉は酒席で洗蔵、勇に胸奥を洩らし、奇兵隊の志気を第一に考えるが五卿移転に反対せず、西郷との会談も応諾している。高杉は大局を見る男で、一年後の薩長同盟には進んで賛成している。こうした臨機の柔軟性は高杉の本質にあるもので、出席問題も柔軟に考えるべきであろう）

西郷は明け方小倉へ帰った。広島城での幕軍の軍議に、勇か洗蔵のいずれかを同伴したいと言ったが、しかし両人は下関を動ける状態でない。そのため今中作兵衛を広島へ派遣することにした。西郷は福岡藩と提携しつつ、五卿移転の見通しのもと、広島で一気に解兵の実現を狙っていたのである。

絶体絶命の高杉決起

洗蔵と勇は十二日功山寺に五卿を訪ね、西郷・高杉会談の結果を報告、渡海を急がれるよう迫ったが、東久世通禧《みちとみ》卿が二人に下付した書面に渡海の日付はなかった。

このため洗蔵は十四日下関で、五卿随従の中心人物土方楠左衛門らと会い、「渡海はなぜ遅れているのか」と質した。これに対し土方は「長州藩の対立を調停したあとでないと動き難い」と繰り返す。洗蔵は「長州のことだけ考え、天下のことは捨て置くおつもりか」と鋭く迫ったが、互いに譲らず激論がつづいた。土方はその夜はついに功山寺に帰れず、下関に一泊したと『回天実記』に書いている。

翌十五日昼、長府に帰った土方は五卿に洗蔵らの誠意を伝えた。同日夜、洗蔵は同志の伊丹慎一郎、今中作兵衛を功山寺に派遣、ついに三条卿から「長州藩内の情況の如何にかかわらず、十日以内に渡海するので解兵に尽力してほしい」との直筆を受け取った。洗蔵の気迫が三条の躊躇《ためら》いを押し切ったのである。

十六日、小倉の西郷はこの書簡を携え広島へ発った。これが征長軍解兵の決め手になる。

一方、この三条直筆から数時間後、高杉晋作が挙兵する。五卿が諸隊の手を離れた。隊士が知れば混乱は必至である。暴発し、五卿のもとに殺到するだろう。この絶体絶命のタイミングに高杉は走り始めた。

時を措かず五卿移転を高杉に連絡したのは月形洗蔵であろう。歴史の歯車は急速に回転を始めた。

十二月十五日、朝からの雪は終日降りつづき、深夜やんだ。

翌十六日午前二時ごろらしい。高杉は緋おどしの小具足をつけ、桃型のかぶとを被って功山寺に至り、三条卿に拝謁した。挙兵を告げ、「長州男児の意気をご覧に入れる」と凜々《りんりん》と訣別を宣言した。

内心は死ぬつもりであった。

決起に当たって奇兵隊総管赤根武人、軍監山県狂介らは時期尚早として動かなかった。時期にあらずというのは征長軍が四周にひしめき、五卿問題も未決であったからである。高杉の心友福田俠平ですら、功山寺から出撃する高杉の馬前に座りこみ「犬死するな」と押し止どめようとした。ただ力士隊の伊藤俊輔と遊撃隊だけが同調した。総勢約八十人が出陣の鯨波《とき》を三度繰り返して、西への道を駆け海路下関へ。勝算などなかった。

外に幕軍、内に萩俗論派、身内の諸隊も方向を見出せず、ただ追い詰められた高杉にとって、いま俗論派を叩かねば奇兵隊は志気を失って崩壊する。起ちさえすれば四囲の情勢は薩摩、福岡藩の協力で好転の望みなきにしもあらず、と祈る気持だっただろう。

高杉はかねて師吉田松陰に「男子の死ぬべきときはいつか」と訊いたことがある。師は刑死の直前、手紙で答えてくれた。「生きて大業をなす見込みがあれば、いつまでも生きよ。死んで不朽の価値があると思えば、いつでも死んだらよい」。下関へ進撃しながら高杉はこの言葉を思い出していただろう。死んでよし、生きてよし。挙兵は賭けだった。

夜明け、高杉は下関の奉行所を占拠したが、役人たちはすでに退散、金も食料も兵器も持ち去られていた。高杉は息つくひまもなく、わずか十八人で三田尻の海軍局を襲い、藩船三隻を奪い取った。この情勢を見て少しずつ諸隊から参加者が出て、隊員は百二十人にふえた。山口や小郡などの庄屋から軍資金を募り、農民らの入隊も出始めた。

こうして元治元年（一八六四年）の極月、下関で明治維新へ向け大きい胎動が始まった。

一方、下関から百五十キロ東の広島では、征長軍総督参謀の西郷が魔術師的な戦略によって解兵を実現しようとしている。全国三十六藩の軍団が談合のうちに兵を解くことは、頂点に立つ幕府の権威の失墜を意味する。西郷は薩摩を憎む長州の兵力とは戦わず、温存し、これを倒幕の戦力に転用しようとしている。結果はその意図どおり運んだ。西郷の真意を知る筈もない高杉が、さながら西郷に呼応するかのように決起に走った。

示し合わせた訳ではない。ただ不思議に飛躍は同時——十二月十六日だった。両英雄の心底を知る由もないが、このあと歴史は薩長連携を軸に回転を始めるのである。

円太崩れ

緊迫した時間がつづいているこのとき、中村円太は歴史の表面から消えようとしていた。

円太は高杉が挙兵して下関に滞陣中、隊法に触れる行為があり、陣営に居れなくなった。深夜、勇の旅宿に駆けこみ、「匿してくれ」と訴えた。勇は対馬藩の多田荘蔵に頼み、円太を潜伏させた。追われる原因はよくわからないが、福岡脱藩の吉田太郎(牧市内暗殺者の一人)を円太がかばって諍ったものらしい。

円太は勇の前で着ていた陣羽織を脱ぎ、これを高杉に渡して謝罪してくれ、と言う。勇はすぐ高杉の陣屋に駆けつけると、怒った隊士が円太の従僕梅蔵を縛し、円太の行方を糾しているところだった。

「待て、円太の所在は私が知っている。その下男に何の罪があろう」

勇は小刀でその縄を切った。隊士十余人がダッと勇を取り囲んだ。うちダンブクロの一人が何か叫んで、銃を構えた。銃口がかすかに揺れている。勇は大喝した。

「カーッ」

それは腹底に発し、気となって全身が放つ憤怒の声だった。隊士が怯んだすきに、

「高杉の許へ案内せよ」

と命じた。勇の大声を聞いて高杉が現われ、

「早川先生、こちらへ」

と陣屋裏の材木小屋に招き入れた。勇は円太のために詫び、悔痕の証しとして陣羽織を差し出した。高杉は「中村君の違反について自分は知らない。些細なことの行き違いでしょう」と笑ってすませた。

諸隊の資金不足を知っていた勇は、懐から若干の金子を取り出し、挙兵の餞別として贈った。高杉は
「ありがたい。雲を得た龍の気持です。これで天に騰れるだろう」

と三拝した。そしてなんとも優しい眼で勇を見、微笑した。

このとき高杉は三田尻へ行く直前で、直ちに円太を呼び寄せ、藩艦奪取の隊員に加えた。三田尻では癸亥《きがい》丸の艦長を説きつけて三隻の下関回航に成功した。円太を同伴したのは高杉の思いやりだった。福岡亡命のときの円太の友情を忘れてはいなかったのである。

ところがこの直後、円太は崩れる。

正月四日、高杉が萩の俗論派と決戦のため癸亥丸で厚狭へ向かうとき、その前々夜から円太は酒楼で酔いつぶれていた。高杉は使いを出した。

「もし異論があるなら聞く。話せばわかる。ともかく帰陣してくれ」

と説かせたが、円太はべろんべろんに酔って罵詈《ばり》雑言《ぞうごん》を浴びせ、乗船を拒んだ。

弦書房
出版案内

2025年

『不謹慎な旅２』より
写真・木村聡

弦書房

〒810-0041　福岡市中央区大名2-2-43-301
電話　092(726)9885　　FAX　092(726)9886

URL　http://genshobo.com/　E-mail　books@genshobo.com

◆表示価格はすべて税別です
◆送料無料（ただし、1000円未満の場合は送料 250円を申し受けます）
◆図書目録請求呈

◆渡辺京二史学への入門書

渡辺京二論 隠れた小径を行く

三浦小太郎　渡辺京二が一貫して手放さなかったものとは何か。「小さきものの死」から絶筆『小さきものの近代』まで、全著作を読み解き、広大な思想の軌跡をたどる。

2200円

渡辺京二の近代素描4作品（時代順）

*「近代」をとらえ直すための壮大な思想と構想の軌跡

日本近世の起源 戦国乱世から徳川の平和へ

室町後期・戦国期の社会的活力をとらえ直し、徳川期の平和がどういう経緯で形成されたのかを解き明かす。

【新装版】1900円

黒船前夜 ロシア・アイヌ・日本の三国志

◆甦る18世紀のロシアと日本　ペリー来航以前、ロシアはどのようにして日本の北辺を騒がせるようになったのか。

【新装版】2200円

江戸という幻景【新装版】

江戸は近代とちがうからこそおもしろい。『逝きし世の面影』の姉妹版。

1800円

小さきものの近代 1・2（全2巻）

明治維新以後、国民的自覚を強制された時代を生きた日本人ひとりひとりの「維新」を鮮やかに描く。第二十章「激

各3000円

潜伏キリシタン関連本

【新装版】かくれキリシタンの起源 信仰と信者の実相

中園成生　「禁教で変容した信仰」という従来のイメージをくつがえす。なぜ二五〇年にわたる禁教時代に耐えられたのか。

2800円

FUKUOKA uブックレット⑨

かくれキリシタンとは何か オラショを巡る旅

中園成生　四〇〇年間変わらなかった信仰——現在も続くかくれキリシタン信仰の歴史とその真の姿に迫るフィールドワーク。

680円

アルメイダ神父とその時代

玉木譲　アルメイダ（一五二五～一五八三）終焉の地天草市河浦町から発信する力作評伝。

2700円

天草島原一揆後を治めた代官 鈴木重成

田口孝雄　一揆後の疲弊しきった天草と島原で、戦後処理と治国安民を12年にわたって成し遂げた徳川家の側近の人物像。

2200円

天草キリシタン紀行 崎津・大江・キリシタンゆかりの地

小林健浩［編］崎津・大江・本渡教会主任司祭［監修］　隠れ部屋や家庭祭壇、ミサの光景など崎津集落を中心に貴重な

◆石牟礼道子の本◆

石牟礼道子全歌集 海と空のあいだに

解説・前山光則　一九四三〜二〇一五年に詠まれた未発表短歌を含む六七〇余首を集成。

２６００円

花いちもんめ【新装版】

70代の円熟期に書かれたエッセイ集。幼少期少女期の回想から甦る、失われた昭和の風景と人々の姿。巻末エッセイ／カライモブックス

１８００円

【新装版】ヤポネシアの海辺から

対談　島尾ミホ・石牟礼道子　南島の豊かな世界を海辺育ちのふたりが静かに深く語り合う。

２０００円

非観光的な場所への旅

満腹の惑星 誰が飯にありつけるのか

木村聡　問題を抱えた、世界各地で生きる人々の御馳走風景を訪ねたフードドキュメンタリー。

２１００円

不謹慎な旅 1・2 負の記憶を巡る「ダークツーリズム」

木村聡　哀しみの記憶を宿す、負の遺産をめぐる場所へご案内。40+35の旅のかたちを写真とともにルポ。

各２０００円

戦後七〇年

占領と引揚げの肖像 BEPPU 1945-1956

下川正晴　占領軍と引揚げ者でひしめく街、別府がＢＥＰＰＵであった頃の戦後史。地域戦後史を東アジアの視野から再検証。

２２００円

占領下の新聞 別府からみた戦後ニッポン

白土康代　別府で、占領期の昭和21年3月から24年10月までにＧＨＱの検閲を受け発行された52種類の新聞がプランゲ文庫から甦る。

２１００円

日本統治下の朝鮮シネマ群像《戦争と近代の同時代史》

下川正晴　一九三〇〜四〇年代、日本統治下の国策映画と日朝映画人の個人史をもとに、当時の実相に迫る。

２２００円

◎FUKUOKA *U* ブックレット◎

㉒中国はどこへ向かうのか 国際関係から読み解く

毛里和子・編者　不可解な中国と、日本はどう対峙していくのか。

８００円

㉖往還する日韓文化 日本文化開放から韓流ブームまで

伊東順子　政治・外交よりも文化交流が大切だ。

７００円

㉗映画創作と内的対話

石井岳龍　内的対話から「分断と共生」の問題へ。

８００円

近代化遺産シリーズ

産業遺産巡礼《日本編》
市原猛志　全国津々浦々20年におよぶ調査の中から、選りすぐりの212か所を掲載。写真六〇〇点以上。その遺産はなぜそこにあるのか。　**2200円**

筑豊の近代化遺産
筑豊近代遺産研究会
日本の近代化に貢献した石炭産業の密集地に現存する遺産群を集成。巻末に300の近代化遺産一覧表と年表。　**2200円**

九州遺産《近現代遺産編101》
【好評11刷】
砂田光紀　世界遺産「明治日本の産業革命遺産」九州内の主要な遺産群を収録。八幡製鉄所、三池炭鉱、集成館、軍艦島、三菱長崎造船所など101施設を紹介。　**2000円**

熊本の近代化遺産 上 下
熊本産業遺産研究会・熊本まちなみトラスト
熊本県下の遺産を全2巻で紹介。世界遺産推薦の「三角港」「万田坑」を含む貴重な遺産を収録。　**各1900円**

北九州の近代化遺産
北九州地域史研究会編　日本の近代化遺産の密集地北九州。産業・軍事・商業・生活遺産など60ヶ所を案内。　**2200円**

歴史再発見

明治四年久留米藩難事件
浦辺登　明治初期、反政府の前駆的事件であったにも関わらず、闇に葬られてきたのはなぜか。　**2000円**

マカオの日本人
マヌエル・テイシェイラ・千島英一訳　一六～一七世紀、開港初期のマカオや香港に居住していた日本人とは。　**1500円**

球磨焼酎　本格焼酎の源流から
球磨焼酎酒造組合［編］　米から生まれる米焼酎の世界を、五〇〇年の歴史からたどる。　**1900円**

玄洋社とは何者か
浦辺登　テロリスト集団という虚像から自由民権団体という実像へ修正を迫る。　**2000円**

歴史を複眼で見る　2014～2024
平川祐弘　鷗外、漱石、紫式部も、複眼の視角でとらえて語る。ダンテ『神曲』の翻訳者、比較文化関係論の碩学による84の卓見！　**2100円**

明治の大獄　尊王攘夷派の反政府運動と弾圧
長野浩典　「廃藩置県」前夜に何があったのか。河上彦斎（高田源兵）、儒学者毛利空桑らをキーパーソンに時代背景を読み解く。　**2100円**

◆各種出版承ります
歴史書、画文集、句歌集、詩集、随筆集など様々な分野の本作りを行っています。ぜひお気軽にご連絡ください。
☎092-726-9885
e-mail books@genshobo.com

「攘夷はどうした、なぜ五卿を手放した？　高杉は変節したのだ」
と名指しで非難したという。これを聞いて高杉は
「円太君、ついに身を誤った。如何ともし難い」
三嘆して出発、中旬の絵堂、大田の会戦で俗論派政府軍を破り、ついに藩論を正義派の線で定めた。

円太はなぜ迷いを生じたのであろうか。この時期、諸隊内になお高杉の進撃論に反対する声は根強かった。また円太は洗蔵の下で五卿移転に奔走しながら、移転が実現した場合、脱藩の自分が太宰府に同行できるかどうか、不安でならなかっただろう。五卿も、長州の内紛も現状維持が円太には一番いい。ところが高杉の決起はすべてを一変してしまった。

円太が終始随従した五卿は勇らの奔走の結果、一月十四日長府から太宰府へ移転が決定している。ここに至って円太は居る場所を失った。京都で学習院出仕を命ぜられて以来、円太は三条卿らの周辺にあって福岡藩を代表する形で活躍、世間の耳目を集める存在であった。しかしいま脱藩の身で、五卿とともに太宰府に行く訳にいかない。下関にとどまってもすでに従軍を拒否し、高杉の信頼を失った。こんごどんな危難が生じても高杉の援助は得られない。情熱家の円太が脱藩して八年間、営々と築いた正義は、一瞬の気迷いのためガラガラと崩壊してしまった。

円太は進退の自由を失った。崖から墜落しながら深い奈落の底を見つづけた。身につけた一切を剝ぎとられ、裸で酒と女を小脇に抱いている。

勇と洗蔵はこのとき円太を憐れみ、下関の酒楼でこんこんと諭した。いま脱藩者の君が五卿に随従して帰藩することは不可能である。時機を待て。われわれは薩長の連携を図り、わが藩を勤王の

方向に導き、天下の帰趨を見極めた暁に必ずや君を迎えとる。いま君が福岡へ帰れば、佐幕派のため君が殺されるだけでなく、君の破獄を助けた勤王党の同志は全員倒されるだろう。

三人は泣きながら話し合い、円太はその好意を謝して岩面《づら》を崩して慟哭した。五卿移転の直前、幕間における奇妙な劇的シーンだった。自他共に許した勤王党の最激派が激流の中で失速し、絶望的な漂流状態に入ったのである。

斬られにゆく

征長軍は師走二十七日解兵した。全国三十六藩の兵は散り、長州の内戦を横目に奇妙な一時の平和が来た。この新情勢の中で洗蔵、勇は下関、長府間を走り回っている。

洗蔵は独自の政局観を抱き、着々と次の手を打っていた。洗蔵は高杉の挙兵に際し、軍資金として手持ちの公金数百両を渡した。また萩政府軍の南下を控えて長州支藩の岩国藩に行き、諸隊は窮迫しているから、と七、八千両の資金援助を申入れている。しかしこれは実現しなかった。さらに徳山、清末、長府藩でも同様の働きかけを行っている。こうして解兵実現後も長州にとどまり、高杉支援で劃策している。高杉を勝たしめることで薩長筑連携を実現する、これに一切を賭けていたと見ていいだろう。

洗蔵は勤王党のリーダーとして藩主長溥の命を受け、苦心惨憺の末、五卿の太宰府移転に漕ぎつけた。この間、藩内の佐幕派は一歩退き、沈黙のうちに洗蔵の一挙一動を窺っていた。長州で高杉晋作ら正義派が革命軍を起し、洗蔵がこれら激徒を支援する事実もつかんでいたに違いない。それは長溥が与えた任務を逸脱する行為だった。高杉の勝利により長州は公然と幕府と対決、長溥の国内和平の戦略は根底から崩れつつあった。佐幕派がこれを坐視する筈がない。

洗蔵に対し家老矢野相模と鷹取養巴が、いずれも正月三日付で意味深長な書簡を送っている。矢野は「五卿渡海について心外のこともあるが、ともかく速やかに帰国せよと藩侯は指示されている」と気流の変化を暗示、養巴は「小奸どもがこそこそと立ち回っていると聞いた」と藩内の動きを伝えている。

佐幕派は五卿の太宰府移転という新事態を機に、一気に反転攻勢に出ようとしていた。

勇はこのころ下関と福岡の間を往来し、五卿を太宰府に迎える具体的準備に忙殺されていた。貴人のための日常の食器類、絹夜具、衣類など特別に用意せねばならなかった。

十二月二十七日福岡で矢野に会ったさい、洗蔵を急に帰国させねばならないので、こんご勇一人で五卿問題に専任してくれと告げられた。これに対し勇は「いま中途で洗蔵がいなくなれば、五卿移転は不可能になる」と極力反対、その件は一応保留になった。

年明けて正月四日、藩庁は勇と喜多岡勇平を正式に五卿お迎え役として長州に派遣した。洗蔵は十日長州を去る予定で、帰藩の準備に入っている。喜多岡はまだ人に馴染めず、実務は勇一人の肩にかかってきた。しかも五卿の太宰府移転が決まったあと、送り出す長州も、受け取る福岡も以前に増して情勢は不穏で、疑心暗鬼の悪気流が渦巻いていた。

勇はいぜん長州諸隊に生命をつけ狙われている。この険悪な空気の中で、勇の身を心配した中岡慎太郎が

「稲荷町に女郎買いに行こう」

と旅宿から誘い出し、危機を回避させたエピソードがある。

年明けいらい絵堂・大田方面で諸隊と藩政府軍の内戦が始まっていた。慎太郎が勇の許にやって来たのは九日夜のこと。勇と慎太郎は薩長連携で意気投合し、親密に往来している。洗蔵も交えてよく議論するが、なぜか慎太郎は洗蔵と合わず、勇とは意見一致する。

「月形さんは固い。刃金《はがね》のように嚥み下し難い」

と慎太郎が呟いたことがある。勇は黙っていたが、その気持はよくわかった。勇も〝白い鋼〟のような冷気を洗蔵に感じる。慎太郎は燠《おき》だった。炭火のように煖かく、親しみを感じて思わず手を差しのべたくなる。

二人は気質的に通じ合うものがある。慎太郎は地味で端正な人だった。この夜も木綿袴をつけ、他の浪士のように服装は派手でない。遊里に行こうなどかつて言ったこともなく、そんな性分でない。

「珍しいことを言う。僕がよほど女欲しい顔でもしているかね」

「いや、そうではない。ただ事は切迫しているので、黙って僕について来てくれ」

月が細く、寒夜だった。潮騒を背後に稲荷町に向かう。慎太郎が先に立ち、暗い街並みを見透かした。骨格が大きく、庄屋出身だが、剣技に優れている。土佐人でありながら忠勇隊の隊長をつとめている。山手の稲荷町をめざしながら道々、慎太郎は連れ出した理由を語った。

「実はあす遊撃隊が萩へ向け出陣するが、行き掛けの血祭りに早川を斬ろうと言っている。今夜、君の宿に十数人が押しかける。つまらぬ奴に殺されるのは君も不本意だろう。だから君を連れ出し、これから大坂屋に行く」

「そうだったのか。君の友情に感謝する」

「いや、僕は単なる情誼で言っているのでない。いま君が死ねば五卿移転は頓挫する。薩長連携はどうなる？　この始末をつけるまで君には生きてもらわねばならぬ」

勇は感動した。薩長連携、そして倒幕という革命の道筋で二人はぴたり一致している。その実践のため、慎太郎は今夜勇を救おうと死ぬ気になっている。これに優る友情はない。

高杉は諸隊の最高指導者として五卿移転やむなしと黙認しているが、隊士らは時勢と無関係にいたずらに激高し、勇らを敵視している。血気に逸る連中に思慮を求めても無理だった。

青楼大坂屋に上がったが、ここは人の出入りが多く、めだち過ぎる。だから娼妓を連れて、道を隔てた裏町の料亭に移った。そこへ真木菊四郎もやって来た。真木は父真木和泉と共に蛤御門で戦い、慎太郎とは親しかった。二十三歳。（真木はこの二カ月後、藪の内弁天下＝現下関市観音崎付近＝で暗殺される。五卿の太宰府移転に活躍したため何ものかに襲われ、背後から斬り下げられていた。この夜の勇と同様、理由なき殺人が易々と行われる時代だった）。

真木は

「今夜は早川君を守護しよう」

と言い、娼妓に酌をさせながら三人で飲んだ。女を返し明け方、並んで床に入ったが、勇はさすがに寝つけなかった。二人の友情はありがたい。しかし死ぬときは死ねばいい、など考えているうち、どんどん料亭の戸をたたく音がした。

「さては遊撃隊のものか。どうしてくれよう」

慎太郎と真木が相談して、階段の上の両側で小刀を抜いて立った。行灯は消して真っ暗である。土間に入って来た男が
「早川君、いますか。××だ」

と二階に叫んだ。福岡藩の重役の一人で、昨夜急用で勇の旅宿伊勢屋を訪ねたが行く方が知れないので、一晩中さがしてやっと尋ね当てたという。遊撃隊でないとわかって笑い話になった。

この話は勇自身が『史談会速記録』で披露しているが、それにつづく話がいかにも勇らしい。

十日朝、伊勢屋に帰った。眼の前の海峡を往来する帆船を見ながら、勇は種々思案した。この日出撃する遊撃隊がここに斬りこんで来ると、同宿の洗蔵は勇を守ろうとして、きっと自分が死ぬまで闘い続けるだろう。そうすると双方で多数が斬り死にすることになる。それは絶対に避けたい。

そこで勇は隣室の洗蔵には黙って午前中に宿を抜け出し、亀山八幡の陣揃いのところに斬られに行った。大小刀とも宿に残し、丸腰である。五十三段の石段を登る。眼下の漁舟が笹舟のように小さい。対岸の門司の山々が美しく霞んでいる。海峡を見降ろして砲台が据わり、その奥に大銀杏がある。広場では銃をもつもの、槍をもつもの、みんなザンバラ髪にハチ巻をしているが、服装はばらばら、脚絆にワラジをはいて、百姓一揆のような一隊が群れている。高杉はこの隊を率い、伊佐に出陣する予定であるが、まだ来ていなかった。勇は大声で名のった。

「福岡藩、早川勇である」

隊士は「来た」と色めき立った。群れをかきわけてきた参謀格の伊藤俊輔が
「やあ、早川さん、わざわざお越しいただいたが、昨日のわれわれの考えは間違っていました。お詫びします」

と大声で言い、早川の前に進み、手をとりながら頭を下げた。伊藤の声で隊士は静まった。出陣前に早川勇を血祭りに、ということは前日、伊藤もいる会合で論議され、決まった。伊藤は隊員の志気を第一に考え、反対できなかった。ところが出陣の朝、意表を衝いて勇自身が現われ、咄嗟に伊藤の口から詫びの言葉が出たのだ。

このときの勇の行動をどう解釈したらいいか。一見剛胆に見えるが、勇は決して豪傑でも、軽躁でもない。一介の田舎医者にすぎず、剣技は得意でもない。考え抜いたうえの律気な結論だっただろう。何回か白刃で追われたり、銃を向けられたこともあり、日々死に直面していた。ただ生死を供にしてきた洗蔵をいま殺すに忍びない。なんとか無事福岡に帰したい。己は使命のため当地にとどまる。死は必至であろう。明日であるか、現在《いま》であるかだけのことなら、いま斬られに行こう……。それは死に対するヒロイックな陶酔ではなく、避けようのない死に直面させられたものの、静かな決意であった。

あす自分がどうなるか、誰もわからない時代だった。すべては霧の中。死だけが確実であった。高杉の功山寺決起も、太宰府移転を決めた五卿も、勇を守護する中岡慎太郎も、そしていま、兄事する洗蔵の死を回避するため亀山社の社頭に来た勇も、一寸先の闇に自分を投じるしかなかったのである。

その五卿に勇は密着している。

元治二年（一八六五年）一月十四日早朝、五卿は太宰府へ移るため、二カ月を過ごした功山寺を出て海路下関へ。勇はここで坐乗船に同乗した。終日氷雨がつづいた。この夜は彦島福浦に泊まり、翌日九州の黒崎に着いた。随従の士は土方楠左衛門、中岡慎太郎ら三十余人、一行が唐津街道を通り赤間宿に入ったのは十八日、ここの黒田家別館お茶屋で一カ月近く滞在する。

ところが翌日から福岡藩では五卿を罪人扱いした。この赤間お茶屋滞在中に幕府が五卿の江戸召還令を出すなど硬化したことを反映したもので、宿舎の門前に竹矢来を組み、五卿を周辺寺院などへ分散を図った。このため薩摩から西郷吉之助の指図で大山格之助(綱良)が急遽福岡に来て、五卿の待遇改善を加藤司書に掛け合い、竹矢来は撤去された。

五卿が太宰府延寿王院に入ったのは二月十三日である。ここで五卿は同寓、随従士たちは坊舎や町家に分散して宿泊した。町には五藩の守衛も駐留している。これ以外に諸国からの志士仲間が往来し、太宰府は俄かに西の政局の焦点として慌しさを増した。

福岡藩では洗蔵、勇を含む二十名を太宰府における五卿の便利のため当てた。洗蔵は中旬、下関から福岡に呼び戻されていた。幕威を恐れる藩庁では、やがて洗蔵が五卿の天拝山登山を阻止しなかったとして役を免じてしまう。一寸先の闇は遠のくどころか、いぜん濃く蠢いている。

勇は三月藩命で京へ上る前、三条卿に拝謁し、太宰府移転までの経緯を詳しく言上した。特に五卿を手放そうとしない長州諸隊の動き、高杉・西郷会談実現までの困難な舞台裏、さらに背景に薩摩、長州、福岡の三藩連携の構想があり、西郷の狙いは同志と共に京師へ上り、五卿の復官帰洛、回天の業を達することにあると、こんごの見通しも含め報告した。

「そうであったか」

三条は膝を叩いて、全身で喜色をあらわした。勇らの描く筋書き、回天の旗幟が鮮明に見えて来たのである。三条らにしても幕府の征長が始まり、長州藩は佐幕派が牛耳る中で高杉が決起、それまで諸隊に囲まれ、霧に閉じこめられた状態であり、誰を信じていいかわからなかったが、いま勇の穏和で明快な説明を聞いて、やっと自分たちが置かれた危難の全貌を知り、同時に曙光も見えて来たのである。

三条は短冊をとって一首の歌を勇に与えた。

いつはりの言の葉多き世の中に我があやまちをきくぞうれしき

この歌は解説なしでは意を摑み難い。「いつはり」は五卿が当時置かれた状態を言う。長州に流寓して、幕府も長州も薩摩も福岡も信用できなかった。功山寺で勇らが渡海をすすめてもまず疑った。「我があやまち」とは三藩連携の構想を知らず、勇らを疑いつづけた自分を三条は責めているのである。

円太斬殺

これより先、五卿がまだ赤間の仮屋にいた間に、中村円太が博多で勤王党の同志に迫られて斬殺される怪事件が起こっていた。円太は早く脱藩して五卿、特に三条卿に終始密着し、信任もされて、今回の太宰府移転では洗蔵、勇を蔭から援け、実現に導いた最大の功績者である。

円太の死は自暴自棄の結果の自滅にひとしい。しかし単に一好漢の死にとどまらず、この怪死がやがて福岡勤王党の崩壊、つまりこの九カ月後、乙丑の獄という大変を惹起し、維新回天の事業に打撃を与えることになる。

円太は一月二十日ごろ、暗夜小舟に乗って忽然と博多鰯町の石蔵《いしくら》卯平方に現われた。石蔵は対馬藩の運送用達業を営み、勤王党を援助していた。円太もかねて出入りして親しく、円太が破獄脱藩中の危険人物であることも勿論知っている。

「中村円太だ。頼む」

と小舟から低い声で呼び掛けられ、提灯を差し出して見ると、舟には下関から伴った遊女二人と従僕の梅蔵が乗っている。

人眼につかぬよう奥の部屋に上げた。

「動いてはなりませぬ」と駄目を押し、石蔵は走って洗蔵の家に至り「中村さまをわが家に匿っております」と一部始終を報告した。

洗蔵は絶句した。そして天を仰いで浩嘆した。

「なんたることか！　円太、死地に入る。わが党（勤王党）の命運、もはやこれまでか」

洗蔵がこんな弱々しげな姿を見せたことはない。眼は虚ろに、武張った肩が急に細く見えた。しかしすぐ立ち上がり、同志に連絡を出すと、自分は石蔵屋へ走った。円太を見るなり、面詰した。

「去れ、何をおめおめと……。下関を去るとき早川と二人、あれほど君の立場、藩情の難しさを説いて聞かせたのに。君が死ぬのは勝手だ。君のこの暴挙のため、われわれ勤王党の同志はことごとく倒されてしまうだろう。直ちに去れ」

五卿が福岡藩の手に移って以来、佐幕派はこれを大いなる禍いとして勤王党を攻撃していた。その鋒先は洗蔵に集中し、しかも円太脱獄の探索網が粛々と狭められている気配が濃厚である。そこへ円太が舞い戻った。円太の親友江上栄之進、筑紫衛らも駆けつけた。みんな一様に驚愕し、口々に「去れ、藩吏が来ないうちに発船せよ」と叫んだ。

円太はせせら笑って抗言し、立とうともしない。双方睨み合い、怒声が飛び交った。円太は諸友を見廻し、

「おれは薩摩に行って薩長連携を図る。成算はある。おれの最後の大仕事だ。去れと言うなら銭を借りたい。あすは女たちを連れて太宰府に詣でる」

とうそぶいている。二人の遊女はぞろっと赤い衣裳を着て、怯えた表情で部屋の隅にいたが、円太が顎をしゃくると、恥ずかしげもなく流し目で応えた。円太に反省の色など微塵もない。

激論は果てなく続いた。そして夜が明けると円太は席を蹴って立ち、本当に太宰府へ遊女を連れて出かけた。

後ろ姿を見ながら、友人たちは手の出しようがない。路上で騒ぎになれば目立つばかりだ。石蔵家の一室にこもり、声を殺して善後策を話し合った。名案などなく、揚げ句
「死んでもらうしかない」

と一人が呟き、目を見交してうなずき合った。

円太の乱心には一切を拒否する冷気があった。乱心の理由を訊かれても「お前らにわからない」と円太は一蹴しただろう。円太自身にもわからなかったのだから。

この時機、赤間の仮屋にいる五卿の処遇をめぐって、藩論は沸騰している。佐幕派は五卿を禍いの根源とし、五藩に分離を主張した。それは幕府の意向なのだった。幕府は長州再征に動いており、五卿の江戸召喚を狙って福岡藩に陰に陽に重圧をかけていた。佐幕派にとって反転攻勢の好機である。もし円太が捕まれば、円太の破獄を援けた勤王党は一斉検挙される。それは遁れようもない致命的な事態だった。洗蔵はじめ円太の親友たちが驚愕し、面罵し、ついには「殺す」と口走るのは、

円太が佐幕派に絶好の口実を与え、勤王党破滅につながるという危機感からだった。

円太にはその危機感がない。白昼、平然と遊女を連れ太宰府宮に参詣、夕刻、石蔵屋に帰って来た。かつて円太脱獄のため生命を賭けた友人たちを嘲弄する所業だった。

その深夜、洗蔵の家に現われた。

玄関口で「いささか御意を得たい」と大声で呼ばわった。洗蔵は黙って小室に招じ入れ、立ったまま円太の肩を摑み、声を放って悲泣した。

「君が死ぬ気なら敢て引き止めぬ。ただ最後に言う。君はわれわれ同志を殺しに帰ったのだ。君の軽率のため勤王党は滅びる。こうなっては友情もヘチマもあるものか。出て行け。去らねば手打ちに致す」

両眼は真っ赤、顔面は蒼白、罵りつつ泣いた。円太は白い眼で見ていたが、一言「ヘン」と吐き捨てた。そして
「われに深慮あり。死なんか恐れるものか」

と捨て科白を残して、外の暗闇に消えた。

これが洗蔵が円太を見た最後であった。そして星一つない巨大な闇の底に、洗蔵自身も立っていた。洗蔵は泣くとき、ガハッと声をたて陽発する性《さが》だったが、このとき声はなく、黙って哭きつづけた。

洗蔵は近くに住む鷹取養巴を自宅に呼び、「円太をなんとか救いたい。博多を去らしめる方法はないか」と泣きながら訴えた。この段階でなお洗蔵は円太を殺すつもりはなかった。養巴は「円太の友人、江上栄之進らはもはや説得を諦め、殺す以外に道なしと、本気で話し合っている。いまも集

まって謀議をつづけている筈だ」と言う。

このころ勇は赤間の仮屋で五卿の接待につき苦慮していた。藩では五卿を近辺の寺院に分離しようと図り、食器、夜具も約束を守らず、粗末なものを用いた。また仮屋の門に一時竹矢来を結び、罪人扱いした。いつ何が起るかわからない状況がつづいている。

勇は円太騒動についてはまだ知らない。所用のため二十五日福岡に出て、夜養巴を訪ねた。養巴は待ち受けたように一部始終を勇に語り、円太は同志の手で殺される寸前である、君は下関で諸隊に追われる円太の危難を救ったことがある、なんとか円太を説得して舟に乗せてはくれまいか、と訴えた。

驚いた勇は石蔵屋へ走った。寒夜で人通りは少ない。石蔵屋は倉庫の裏が自家の船着場で、持ち舟が繋いである。勇は海に面した離れの前で円太の名を呼んだ。

円太は勇の声を聞くと部屋を抜け出し、姿を消した。庭に飛び降りた気配に勇が踏みこむと、遊女は裸で床の上に蹲り、乱れた赤い衣をまとおうとしている。突っ立った勇に顔を背《そむ》けているが、白い太腿は覆いようもない。も一人の女は部屋の隅で衣裳にくるまり震えている。勇は「円太どのに危険が迫っている。夜明けを待たず、直ちに乗船するよう伝えてくれ」と懇切に告げ、「親友の早川である」と名のった。遊女は畳に伏して感謝した。

二十六日夕、勇は洗蔵を訪ねると、筑紫衛が奥の間で洗蔵と論争している。傍に藤四郎が坐している。筑紫の声は甲高い。眼は錐で刺すように洗蔵を睨んでいる。

「江上栄之進ら十人の同志は、断然円太を自裁させることで一致しました。ただ月形洗蔵、鷹取養巴のご両所が反対されているので、お許しを請いに私が参上しました。いま躊《ため》らえば同志は全員破滅します」

「言うな。円太を殺すことこそ君らの自殺行為だ。勤王党は弾圧される」

洗蔵の野太い声がなぜか震えていた。

「円太が国事を憂うるのは一朝一夕のことではない。脱藩以来八年間、江戸、京都、長州を流浪し、勤王をすすめ、特に五卿移転では身を砕いて福岡藩のため尽瘁した。精忠の士と言うべきである。小瑕瑾《かきん》のため殺すべきでない。諸兄が何と言おうと洗蔵一人は同意しない。ともかく舟に乗せよ」

洗蔵の真情に、筑紫も泣いて拳を握りしめている。しかしまた激論を繰り返す。勇は藤四郎の袖を引いて別の間に入った。

「結論は出そうもない。君は直ぐ円太に会い、この状況を告げ、乗船させよ」

藤四郎はその場から外へ走り去った。（藤四郎は平野国臣と同年の親友。脱藩、入獄をくり返す。このとき五卿移転に随従して帰藩していた。やがて捕まったがまた脱藩。この一年八カ月後、姫島に流されていた野村望東救出を高杉に進言、リーダー役を務めた）

円太を逃がすため時間を稼がねばならない。勇は座を立った筑紫の袖を摑み、一緒に外へ出た。

「筑紫君、事は人命に関わる問題だ。ここは一つ矢野相模殿のご意見を訊こう」

と言うと同意した。深夜の訪問だったが矢野は会ってくれた。「実は中村円太が帰国して……」と述べ始めると、矢野は
「待て。後は言うな。余は家老職を務めておる。もし強いて聞かされると藩法がある。聞かないがいい」

と袖を払って席を立った。老練な勤王派の長老だった。

勇は再び洗蔵宅に戻り、夜を明かした。円太のため勤王党は破滅する。殺しても、殺さぬでも破滅する。ただ、絶対に円太を殺してはならぬ。（これは下関で五卿渡海の直前、懇々と円太を諭した勇と洗蔵に共通した願いだった）。残る道はなにがなんでも円太を船に乗せ、藩外に退去させるしかない。

時は刻々に過ぎる。二人は火鉢を挟んで対い合っている。しんしんと冷える。もう話すことはなかった。打つ手はない。円太が死ぬか、勤王党が死ぬか。否、この場合、双方ともに生き残るものはゼロである。ただ一つ、円太が海上に退去してくれることを祈った。

居ても立ってもいられなかった。鶏鳴が聞こえ、空が白くなった。そこへ藤四郎が

「駄目だ、残念、残念」

と言いつつ帰って来た。それによると――

石蔵屋で円太は旅費がないと言う。対馬藩士が家老平田大江から五十両を調え、餞別として贈った。円太は喜んで別盃を汲み、大酔し、起てなくなった。そこへ親友伊丹真一郎が駆けつけ、いま同志が君を殺しに来る、速やかに乗船せよ、と藤四郎と共に円太をかかえ、舟に運んだ。ところが折悪しく干汐で、海土があらわれ舟は動けぬ。途方に暮れていると、暗がりから江上、筑紫らの一団が飛び出し、舟に乗りこんだ。円太は正体もなく泥酔したまま岸壁に引きずり揚げられた。

平田大江が提灯を下げて現われ「待たれい」と割って入った。「この場は自分に一任されよ」と取りなしているとき、円太は何を思ったのか、腰の太刀を抜いて友人らに切りかかった。激発した一団は太刀をもぎとり、円太を肩に担ぎ、夜の街を東へ走り出した。

藤四郎も走った。救う余地はあるかもしれなかった。一団は博多奈良屋町の報光寺に入り、堂上

の一隅で円太を取り囲んだ。境内に松樹が多く、深閑としている。暗い。坊主が運んだ一本の蠟燭が揺いでいる。俯した円太は座り直した。一同を見廻し、なおも抗言しようとしたとき、背後から無言の一太刀で斬られ、絶命した。

（このあと壮士たちは円太の右手に脇差を握らせ、切腹の形をとらせた。さらに藩庁に対し「……前非を悔い屠腹、同人の望みにより介錯した」と江上栄之進ら三名連署で届け出た）

藤四郎の報告を聞いた洗蔵は「……ついに」と呟き、身を捩って悲嘆した。

「円太の死は身から出た錆だ。ただ、このため勤王党は破滅する。かつて円太の破獄を援けたわが同志は、いま円太を殺したことで自ら死地に入ったのだ。禍いは日ならずして来る」

勇と洗蔵の嘆きはこの一点に凝縮していた。血気旺ん、意地に生きる小壮の勤王党の士たちは、円太が藩の外にあって三条卿に随従、勤王のアクティヴとして名士とされたのに、一年前入牢するや、わが藩の勤王党を伸張させるためにも円太を獄より救出すべきであるとして、敢て破獄の大罪を犯した。それが一転、旋風《つむじかぜ》のように舞い戻った円太の暴慢無礼な行動に振り回され、円太を殺せと狂奔した。円太がなぜこの時期福岡に立ち返り、自暴自棄になったか、その心事はわからない。一切の希望を失い、突然乱心する以外に生きる途がなくなったとでもいえばいいのか。勤王一途で疾走しながら、奇妙に時世と歯車が合わず、自ら死地に入った。狂気の勤王家と言えよう。

壮士たちは円太の危険な踊りについに堪忍袋の緒を切った。円太を殺さねば自分たちが殺される。その論理で突っ走った。しかし円太を殺せば、また自分たちも確実に死なねばならなかったのである。

切羽詰まったジレンマであった。かくて出口のない闇の迷路で、無残な内ゲバは起こった。一瞬の紫電が照らし出したのは円太の死のみでなかった。

続いて起こる悲劇を見通し、苦悩したのが洗蔵、勇、それに養巴であった。かれらは円太の死につづく破滅の跫音を確実に聴きとり、戦慄した。

福岡藩の勤王党が崩壊する乙丑の獄は五カ月後に起こる。

西郷の秘策と勇の上京

五卿は太宰府に落ち着いたが、決して安泰でなかった。

五卿が太宰府に入る直前の二月五日、幕府は五卿を江戸に護送せよとの指令を出した。続いて征長総督尾張慶勝からは二月十二日、五卿を薩摩など五藩に分離するよう令達された。幕府は五卿に対する慶勝の寛大な扱いに不満で、尾張藩に圧力をかけたため、こうした矛盾した二つの命令書が出たものである。

いずれも勇ら勤王党にとって許し難い出来事である。五卿に対し、また高杉ら長州藩士に対し、強硬な反対論を説得して移転を実現したのに、いま幕府の圧力に屈すれば信義を失うことになる。洗蔵はこの対策のため二月二十七日、急拠五藩会議を太宰府で開いた。折よく西郷吉之助も東上の途中立ち寄ったので協議した結果、各藩委員が上京して尾張侯に真意を質すことになった。

福岡藩では京都聞役となった倉八権九郎ら三人をこの委員とした。西郷は長溥公に対し月形洗蔵、早川勇、筑紫衛を委員に加えていただきたいと申し入れた。五卿の復官帰洛を進めるのに、功山寺の状況をよく知っている三氏がおれば、自分は大助かりというものである。

長溥は洗蔵を除き勇ら二人の上京を許した。島津家出身の長溥は先に逝去した斉彬の直臣《じきしん》西郷には、気安く目通りを許す間柄だった。長溥の開放的な一面を示すものだろう。

この時期、太宰府における洗蔵は五卿移転の立役者として薩摩、肥後、佐賀、久留米、福岡五藩の守衛の中心にいて、その名声は高く、対馬藩の内訌の調停まで依頼されていることが、残された月形家書簡からわかる。しかし藩内佐幕派から猜疑の眼で見られ、三月末には一切の役目を免ぜられる。

勇と筑紫衛は三月六日福岡を発った。

このとき西郷は回天の大きい秘策を抱いていた。すでに幕府は長州再征に動き、これを察知した西郷は先手を打って薩摩、長州、福岡三藩が連携して京に兵を進め、一挙に幕府打倒に立ち上がろうというものだった。西郷はその大きい軀の中に、倒幕という目標に向かっていくつかの戦略を秘め、この三藩連携は選択肢の一つだっただろう。

幕府の第二次征長は長州藩主父子、並びに五卿の江戸護送を眼目としていたが、長州の藩情は高杉晋作の功山寺決起いらい一変し、俗論派は壊滅、正義派が指導権を握った。だから藩主の江戸護送など受け容れる筈がない。幕府が再征の軍を起こせば当然戦う構えである。

西郷の秘策はその兵端を機に、まず薩摩と長州の軍事提携を深める。加えて福岡藩を三藩連携策に誘導し、五卿の復官帰洛を旗印に勤王党にテコ入れ、藩論を統一する。その先頭に月形洗蔵を立てたいという構想だった。西郷は五卿移転を実現した洗蔵の志気を高く買っていた。

ところが藩主長溥は洗蔵の上京を許さなかった。なぜか。すでに勤王党に対する糾弾が始まり、洗蔵がその主目標だったとみるべきだろう。そしてこの壮大な西郷の秘策自体、予期せぬ障害によってつぶれ、歴史の表面に形を現わさず消えてゆく。この問題に終始関与した勇自身は京に上り、西郷と謀議を重ねたが、時勢の急流の中でもみくちゃにされ、藩邸の佐幕派のため福岡に追い返されてしまう。

このころ太宰府に長州の元奇兵隊総管赤根武人、筑後脱藩浪士淵上房太郎が流寓していた。赤根は瀬戸内柱島の医者の子で、吉田松陰門下の秀才。高杉の決起を尚早として反対し、萩の俗論派と妥協点を探しているうち、高杉と疎隔して長州に居られなくなった。淵上は池田屋の変で多数の同志が殉難したとき、窓から飛び降りて脱出した人物である。どちらも才気はあったが、そんな影を引いている。

この二人が勇の上京を聞き、同伴してほしいと頼みこんだ。二人の人物を知る勇は事の次第を西郷に相談した。そのとき西郷は三藩連携による倒幕の秘策を勇に打ち明けた。

「いまは陽発する前、いくつかの大きい海波が岸をめざし近づきつつあります。どのうねりを捉えて乗るか。沖を見ながら跳ぶ時機を共に待ちもそう。長州をわが舟に乗せる好機は幕府の長州再征がつくってくれるでしょう。われらは幕府に先んじて大兵を京に上らせるのです」

西郷はつづけた。

「兵を京へ進めるとき、山陽道を切り拓かねばならぬ。たとえ加勢は得られなくても、敵対は少ない方がいい。赤根氏は瀬戸内の柱島の出身で因州、備前に知己も多いと聞く。この二人に働いてもらう局面はいろいろあるのでないか」

西郷は昨冬下関で赤根と会い、面識はあった。

　こうした西郷の意向を受け、勇は二人の同行を黙許することにした。藩命を帯びた身なので別行動をとり、二人は商人体で大坂へ先行させた。勇と筑紫衛は九日黒崎から海路発ち、二十二日大坂中ノ島の津島屋藤蔵へ投宿した。待ちうけた赤根らは一緒に入京したいと言う。

「待たれよ。いささか憚りもあれば」

　勇は慎重だった。

　京都の中立売藩邸に入った勇は佐幕派の重役大音兵部に対し、赤根、淵上を大坂で待機させている、と事の次第を告げた。大音は案の定、激しく罵った。

「他藩の浪士を藩邸に入れるなど以ての外。九州へ追い返せ」

　西郷との関わりになると「薩摩は警戒せねばならぬ」とけんもほろろの体《てい》で、とりつきようがない。

　勇は二本松の薩摩藩邸に西郷を訪ね、談合した。西郷は思案していたが、

「あすあなたが大坂へ行かれるなら、おいも行って両人と会い、こんごの計画を樹てもそう」

と言った。このときの話合いは（後に勇が史談会で述べたところによると）五卿の帰洛復官と三藩連携の出兵という二つの問題だったが、西郷はまず京都出兵策を優先して協議したいと発議、傍にいた老臣小松帯刀も同意したという。つまりこれは西郷の私見でなく、すでに藩の方針として動き出していたことがわかる。

　勇は筑紫と二十六日大坂へ下った。津島屋の周辺は幕吏が徘徊しているので、四人は北新地周防屋に移り密談、両人には藩邸に入らせ難いことを話し、西郷を待つことにした。勇らは両人を残し

津島屋に帰った。

翌朝、勇は切迫した呼び声に眼を覚ました。

「筑紫君、早川君」

二階から路上を見下ろすと赤根、淵上が前後十数人の幕吏に囲まれ、縛されたまま振り返り、振り返り引き立てられて行く。日の出前で、街頭の人通りは少ない。筑紫衛が血相変えて大刀をとり、駆け降りようとした。

「待て、筑紫君」

勇は腕をとって引き戻した。

「われわれの任務を忘れてはならない。いま両人を救うため幕吏を斬れば、藩命を遂行することはできなくなる。暴虎馮河《ひょうが》という諺がある。血気に奔って生命を失うのは愚だ。君らは中村円太を殺害したが、そのため勤王党は危難に曝されようとしている。小事がどんな大害を招くかを考えねばならぬ。赤根らの両人はかわいそうだが、ここは自重せよ」

勇はすぐ大坂の薩摩藩邸を訪ねた。昨夜下って来たという西郷に一部始終を話した。

「困ったことになりました。両人とも才人ですが、幕吏の取調べに対し、必ずや薩長筑三藩連携の秘策を吐露するでしょう。幕府に先手をとられると不利なので、何らかの対策が必要かと思います」

「左様、さよう。われわれの密議はすべて漏れたものとして、作戦を変えねばなるまい。これは少々難儀ごわすな」

西郷は大きな体を縮めるようにして思案している。

赤根らはこのあと八カ月間獄中で糾問を受けた。長州再征の渦中に長州藩説得のため釈放されるが、すでに主戦論で湧く藩の手で捕えられ、山口で斬刑を受けた。西郷、勇との関係、三藩連携の企図まで幕府が察知したことは間違いない。

赤根は師松陰から、入獄中の梅田雲浜の救出策を授けられたが実行できず、「才気アレドモ気少シ乏シ」と評されていた。志士として奇兵隊総管まで務めたが、入獄の苛酷に耐え抜く型ではない。結局、裏切りの汚名のうちに埋没してしまった。

こうして西郷の薩長筑三藩連携の構想は出足で躓き、ついで福岡藩では乙丑の獄で勤王党が壊滅、維新回天の業は福岡藩を除き薩長二藩の手で遂行されることになる。

歴史の大きい流れは水面下で大小の岩にさまざま妨害も、支援も受けながら方向を定めてゆく。福岡藩は幕府側の重圧をもろに受け、歴史の流れに逆行、迷走状態に陥ってしまうが、その陰に赤根らの逮捕という一見小さな事件が、水勢を変える一つの障害となったことは間違いない。

赤根らの逮捕は京都藩邸の佐幕派に格好の口実を与えた。

勇は京都に帰り、大音兵部に大坂での出来事を報告すると、大音は「何たる不始末」と詰ったが、眼に「してやったり」という喜色を浮べていた。勤王党攻撃の端緒を摑んだのである。

四月二日、西郷と吉井幸輔が勇を宿舎に訪ね、密談した。西郷が心配したのは赤根ら逮捕のけっか、薩摩と福岡藩の離間工作が始まるだろうということだった。西郷は京都藩邸が大音ら佐幕派で固められ、藩主長溥が徳川本家、一橋家、近衛、二条家などと親戚関係にあるため情報は片寄り、大音らが西郷を敵視していることまで知悉していた。

西郷の危惧は当たり、早くもその翌三日、大音らは次のような動きを始めた。大音は勇と共に上京した倉八権九郎らを伴い一橋藩邸を訪問した。用人黒川嘉兵衛は一室に酒席を用意して待ち受け、席上「福岡藩は長州同気である」とさんざん批難した。大音が企図した藩論の切崩し工作である。みんな頭を垂れて聞いている。話が長溥に対する個人攻撃ともとれて、末席から勇が反論を始めた。その要点を史談会速記録などから拾ってみよう。

黒川　貴藩が朝敵の長州藩と親しまれているという探索書が、諸藩から数々上がってきている。よもやと思うが一橋公は親戚のことではあり、ご心痛されている。朝廷への聞こえも如何か。貴藩のためよろしくあるまい。

早川　わが藩が長州同気といわれる証拠は何なのか。ぜひその探索書を見たいものです。わが殿はたびたび長州周旋を試み、悔悟恭順に力を尽くされたのに、朝敵同気などと言われるのは臣下として堪え難い。

黒川　長州にしばしば使者を立てられたが、他藩には類がない。

早川　長州の内情を探るため使者を出し、五卿を太宰府に迎えたのはすべて尾張総督の命に応じたもの、つまり幕命に従ったものです。わが殿は一貫して幕府のため和平の方向を探られた。それを長州同気などというは筋違い、探索書の故意こそ問題です。

黒川　探索書の内示などできない。そもそも三条らを渡海させた尾州（尾張藩）の処置は甚だ不都合である。

早川　尾州侯が不都合だからわれわれの主人を朝敵同気なりとは論外でありませんか。

黒川　近年、草莽の浪士とか書生風情（暗に勇を諷す）で国政を談じるものが多い。早川君は名高い人で、幕府の帳面には十一回も記されている。

早川　私は農民の子。卑賤の身でそのように記録されるのは望外のことです。草莽を武士と差別する黒川の言辞に対し、勇の怒りがにじんでいる。

このとき黒川は二月福岡藩が行った加藤司書の家老登用に伴い、佐幕派重役が総引揚げした人事にも露骨に触れているが、注目すべきは〝長州征伐〟〝次は筑前〟と不気味な言辞で脅し、幕威を嵩に藩主長溥を心理的に封じこめようとしたことだろう。

福岡藩は幕府の征長中止を正面切って求めた珍しい雄藩だった。攘夷で突出した長州が文久の政変、さらに一年後蛤御門の変を起こし、〝朝敵〟となっても、長州周旋は続行された。開明派の長溥は心底で公武合体を信条としながらも、国内不戦を第一とし、独自の道を進もうとしたのである。そのため加藤司書、月形洗蔵ら勤王党を動員して、幕軍総督尾張慶勝に呼応し、五卿移転を実現した。長溥は慶勝とは親しい間柄だった。

ところが蛤御門の変後、世間の潮流は変わった。

長州で俗論派が政権を握ると、九州でも熊本、久留米、対馬の諸藩で一せいに勤王党の弾圧を始めた。福岡藩に対する風当たりは強まり、幕府は露骨に佐幕派にテコ入れしている。いま赤根逮捕で西郷の三藩連携策が露見して、切り崩し工作は一気に長溥に集中しようとしている。

さらに五卿移転を辛うじて実現すると同時に、長州で高杉晋作の革命軍が俗論派を倒してしまった。これは長溥の和平工作で全く予期しない事態だった。しかも幕府の第二次征長が起こる寸前である。〝次は筑前〟という恫喝《どうかつ》に奇妙な現実性がなくもなかった。一方、藩内の佐幕派重役も攻勢に出て、長溥は孤立の色を深める。激流の中で舵を切り換えざるをえない。

高杉の勝利はやがて日本を変える。一年後、その長州と薩摩が手を結ぶなど長溥の絵図面にはない。まして薩長筑連合の企てが足元で進んでいることを知る由もない。島津斉彬が西郷吉之助という下級武士から直接、地下水を汲み上げたような情報源を長溥はもたなかった。

長州周旋という異色の平和路線は破綻した。このとき長溥は岐路に立たされていた。徳川幕府という旧体制にとどまるか、時代の方向を見定め、勤王党の力を活かす道を選ぶか……。

蛤御門で長州が敗退した後、全国的に幕府になびく風が吹き荒れた。例えば土佐藩で奈半利《なはり》河原で勤王党の二十三士を刑殺、翌年五月十一日には頭領武市半平太を切腹させるなど山内容堂は弾圧を始めた。

情報は逐次長溥に寄せられた。加藤司書が免職されるのは同じ五月の二十三日である。

長州藩主毛利敬親は左右の進言に対し、常に「そうせい」と答え、〃そうせい侯〃と称されたが、開明君主長溥は激流に抗して進み、リーダーシップをとろうとした。

ところが京都情報は佐幕一色である。大音兵部は一橋邸で勇らを強く牽制するとともに、赤根らの自供調書、所持の証拠書類を手に入れ、反幕の密謀として長溥に報告した。（この証拠書類の中には月形洗蔵、西島種実の書簡もあり、後の乙丑の獄で詮議されている＝史談会における早川談話）長溥の情勢判断は片寄り、激流の中でズルズルと足を滑らせる。

大音は職権で勇らの帰国を命じた。赤根らが逮捕のさい「早川、筑紫」の名を呼んだため福岡藩にも不審がかかり、もし幕吏に逮捕でもされると困るという口実だった。結局、倉八権九郎らも含め、全員が四日京都を引き払うことになった。

これによって西郷の秘策はつぶされた。この時点で福岡藩は三藩連携から脱落した。明治維新は薩長両藩の手で切り拓かれる。

西郷は勇らが帰藩したあと、月形洗蔵宛に書簡（四月二十五日付）を送り、「倉八君ら上京され楽しみにしておりましたが、急に帰国され、誠に残念なことです。筑薩一致を幕府は大いに嫌い、離間策をとり、大音らの奸吏を利用したものでしょう」と正確に分析している。書簡はこれにつづいて長州再征にふれて「これは幕府の私戦ですから、薩摩藩は出兵のつもりはなく、断然と断わるよう決定しております」と述べ、この再征を幕府打倒のチャンスとして捉えている。


勇の京都滞在は短かったが、大きく立ちはだかる幕府の力を見た。それは強大な岩盤で微動もせず、敵対する異分子を峻拒しようとしている。藩主長溥に連なる一橋、近衛、二条関白家などあげて福岡藩を佐幕に引き止めるため、勤王党を目の敵に監視の網を張っている。大音兵部らがその手先となり、牙を研いでいるとき、事もあろうに赤根らが薩長筑三藩の連携構想を自白、大音はこれを好餌として勇らに襲いかかった。

勇らこそいい災難である。大音らの餓狼のような攻撃を全身に受け、京都から追放される羽目となった。この傷はまだいい。問題は筑薩の分離のため、巨大な槌が福岡藩に振り降ろされようとしていることだ。

勇は危機を直感した。それは時間の問題だ。槌はまず勤王党を破摧するか。それとも藩自体を滅亡させるか。

眼前に佐幕派の牙、背後の闇でとぐろを巻く幕府の凶暴な敵意を、一刻も早く同志に告げねばならない。勇はいても立ってもおれない思いだった。

筑紫衛は帰国と決まって逆にはしゃいでさえいた。

「憎き兵部め、只では措かぬ。この恨み、必ず晴らす」

藩邸を出て、御所の西を一筋南に下りながら、筑紫は肩を怒らせて喚く。すでに葉桜の季節、東山の麓は新緑が盛り上がっている。勇は稜線に視線を這わせ、その匂いに噎《む》せて、気鬱だった。筑紫と並んで黙々と歩きながら、再び都大路を踏むことがあるだろうか、と自らに問いつづけた。いま帰り行く福岡藩は濛々たる密雲の只中にある。

勇は後に史談会（明治二十五年九月）で証言し、このときの無念さを次のように語っている（意訳）。

「私は四月の末京都から帰り、二カ月後幽囚されましたが、乙丑の獄は赤根らの逮捕、自白で加速されました。薩長筑三藩が京都に出兵し、幕府に先手を打つなら、それが薩摩、長州の連携の成ったときというのが福岡藩の見込みでした。もしこれが実現しておれば、幕府追討の戊辰《ぼしん》戦争（明治元年）は、三年早く元治年間に行われたことでしょう」

これが歴史の裏面の真実である。もし西郷の計画どおり運んだなら、明治維新は三年早まって元治元年にも実現していただろう、という当事者の言である。福岡藩でこの秘策を知っていたのは洗蔵、勇、それに筑紫衛の三人くらいだった。しかし、すべては泡と消え、乙丑の獄という無残な形骸のみが残る。

第四章　血と砂——乙丑《いっちゅう》の獄

五葉松の下で

五葉松はひと回り太くなっていた。樹心は一直線に天空を指している。

慶応元年（一八六五年）六月二十五日、医師早川勇は実家のある筑前国遠賀郡虫生津《むしょうづ》村に馬で帰った。しばらく父母の顔を見ておらぬ。福岡からしばしば長州に往来するが、遠賀の実家は唐津街道を外れていた。今回、無沙汰のお詫びはもちろんだが、屋敷の五葉松を一目見たくて帰った。子供のころよく木登りした。節目節目に側枝が多く、足掛りになる。中程まで登り、屋敷の全景を見降ろして時を過ごすのが楽しみだった。三十を三つほど超えたいま、無性に昔が懐かしい。事の次第では、これが五葉の松の見納めになるかもしれぬ……。

なぜか心急く。不安が霧のように湧く。破局がヌッと現われそうなのだ。

勇の突然の里帰りに、土間にいた長兄の嶺貞荘が喜びの声をあげた。

「おっ、蹄の音が聞こえたから、もしやと思ったところだ」

勇と同じように大柄の貞荘は声も大きい。八畳が三間つづいた奥の座敷から、父直平と母トヨが眼を見張って駆け出して来た。二人とも頭は霜を置いたよう。

「上がれ。何年ぶりじゃな」

と囲炉裏端に招くのを制して、土間から深く頭を下げた。

「ご無沙汰ばかり、申し訳もありません。きょうは所用で近くまで来ました」

土間に立って二、三世間話をするうち、

「上方は騒しかようじゃな」

直平が探る目付で言った。養子として手離した勇がいとしくてならず、吸い着くように顔を見詰め、あれもこれもと質問を浴びせかけてくる。

上方の騒動とは幕府の第二次長州征伐のことらしい。すでに一カ月前、将軍家茂は江戸から大坂に移っていた。開戦に備えて福岡藩でもさまざまな負担が農民に課せられていた。縄、空俵、わらじ、さらに人夫、馬まで差し出せという。それを庄屋が下に割り当てる。農民は夜なべでわらじを十足、二十足とつくらねばならない。庄屋をつとめる貞荘は頭を悩ませている。直平はその苦労を日夜見ている。

父の問いに応えるべきであった。しかし、直平のひたすらな眼は京師のことよりも、勇の身の安危にかかわる福岡情勢を懸念しているようである。

勇はこの春、藩命を帯びて上京、薩摩の西郷吉之助とともに五卿移転後の新情勢について謀議し、奔走した。西郷は二本松の薩摩藩邸を足掛りに、盛んに倒幕の機会を窺っていた。「幕府の長州再征は無名の戦でごわす。薩摩は出兵はお断り申す」。その言辞は大胆不敵としか言いようはない。幕府は衰えたといっても、荒磯の一枚岩の重さはあった。波に洗われながら微動もしない。ところが西郷はその一枚岩の上に蹲居する一個の岩であった。飛沫を浴びながら平然と倒幕を口にする。それは狂瀾を呼び起こそうとする太々しさだった。京師で身近に接する間に、しだいに西郷という岩が巨岩に匹敵する大きさに見えてきた。

それに比べると、福岡藩は波に押されて砂浜を転がる軽石だった。右に左に絶えず揺られ、これぞという方向が定まらない。最近は倒幕どころか、佐幕派の攻勢が日増しに露骨になり、天秤はぐらり傾こうとしている。特に京都藩邸は佐幕派重役で固められ、西郷と交わる勇らはまるで邪魔物扱いされ、やがて勇は同志とともに福岡に追い戻されてしまった。

帰藩以来、そうした挫折感の中で前途に光明は見えず、暗い予感だけ膨らみ、馬を駆って故里を訪れていた。

しかし、老いた両親に、藩の難局を洩らす訳にはいかない。

「急に五葉松を見たくなったのです。急ぎの用も待っています。いずれ出直して参ります」

さりげなく言って庭に出た。四反屋敷といわれる敷地の北側半分は傾斜地で、柿や蜜柑畑になっている。その畑と宅地の境に五葉松が聳えている。樹幹は人間の胴くらい、枝は四方に張っていた。針葉の長さはふつうの黒松の半分、三センチ程で、やさしく密に群がっている。

「この樹は伸びるだろう。たとえおれが死んでも、すくすくと……」

頭上で交錯した枝の隙間に、白い入道雲がギラギラ輝いていた。勇はしばらく樹下に佇って見上げていた。蝉の鳴き声が満ち潮のように四辺から押し寄せてくる。

一時間余り後、勇は馬腹を蹴って田舎道を南へ駆けていた。猿田峠から西へひと山越えると、およそ八キロで宗像郡吉留村の医師早川家に至る。はっきりした所用などないのに、なぜか陽のあるうちに帰らねば、と心が落ち着かなかった。

父は藩情の不安定を薄々知っているようだった。こんな片田舎にいても不穏な動静は風のように耳に入ってくる。勇の上京、再度の長州攻め。いろんな出来事の脈絡はわからないが、勇を軸にしてみると自ら見えてくるものがある。この当時、藩がすべての人間の軛《くびき》なのだった。武士も農民も生殺与奪の権を握られている。直平が遠回しに訊いているのも、けっきょく福岡藩の情勢だった。

勇は口を噤んだままだったが、父は最後に気になることを言った。

「もしお前の身に危険が迫ったら、この家に潜め。その大きな米櫃《びつ》の中に入れば、捕吏が来ても気づくことはない」

広い土間の隅の長櫃を指差した。米の二十俵は入るという大きな保存庫だ。勇は

「そんなことになれば一大事でござりますな」

と笑いにまぎらして、実家を後にした。

勇が京都から帰藩したのは四月十九日である。考えるところあって吉留の自宅に籠った。友人たちとの交わりも一切断った。

留守の間に藩情勢は一変し、勤王党は逆風に曝されていた。

勇が京へ発って間もなく三月末、月形洗蔵はかれが主役を演じた太宰府における五卿守衛の任を解かれ、退隠の身となっていた。理由は五卿が天拝山に遊歩するのを、拒まなかったためという。三条実美《さねとみ》卿ら五卿を年初、長府功山寺から太宰府に迎えとって以来、これが時局の焦点として、藩内の勤王、佐幕の両派は対立を深め、まるで時限爆弾を抱えこんだように疑心暗鬼を募らせていた。加藤司書が二月家老に就任して勤王党が勢いづいたのも束の間、この五月、お役ご免となった。わずか三カ月の勤王党内閣であった。

この間三月四日、家老連署で「藩論基本の建議書」が提出された。加藤司書が執筆したといわれ、勤王党の立場から藩主長溥に直言した形となり、これが大きい波紋を呼ぶ。まず「この乱世には過激を抑さえ、因循をふるいたたせ、正義の線で藩論を統一することが急務」と説き起こし、後半で「いつも幕府のご機嫌ばかりうかがうのでなく、随分掛け引きもして、條理さえ立てば幕府に頓着せず……有事の節は一藩の独立をも考えるべきであろう。一体に割拠するくらいの心で富国強兵を実現したい」と述べている。

この文は刺激的である。長溥は幕府に征長中止など求めたが、根底は公武一和、つまり幕府体制の堅持を願っており、藩の独立割拠など考えない。加藤は広島で西郷らに接する間に時勢の動向を察知し、幕府に距離をおく必要を説いたのであろう。

これを読んで長溥は激怒して顔色を失ったといわれる。

司書免職の直前、勤王党の三坂小兵衛が拙い事件を起こした。佐幕派の家老浦上数馬に「勤王党の若い連中があなたを襲撃しようとしている」と密かに告げた。三坂と浦上は少年時代からの友人だったのだ。浦上はすぐ藩に内訴し、襲われれば防戦すると述べている、両派の対立はすでに異常と云っていい。

勤王党の激派が焦れば焦るほど藩主長溥の信任を失い、自らを窮地に追いこんでゆく。

勇は京都から帰って一ヵ月程の間に、藩論の転覆を相ついで見せつけられ、最悪の事態は最早回避できないとしか思えなかった。吉留の自宅で身動きできず、ひとり思い悩んだ。打つ手がないのだ。しかも事態が悪化すればするほど、勇の眼に福岡藩の不幸が恐しいほど明晰に見えてくる。この藩は時代にとり残されてしまうだろう。勤王だ、佐幕だと肩を怒らせてすむ問題ではないのに、だれもかれも内部の抗争でいきり立って、外の大きいうねりを見ようとするものがない。

つい先日、古い友人中村権次郎が福岡から若松に帰る途中、早川邸に立ち寄ってくれた。月形塾の同門で、おれ、お前で話ができる。次弟の円太は五卿に随従した激派で、余りに過激なためこの一月、仲間の志士たちに難詰され、あげく斬殺された。末弟恒次郎は蛤御門の変で戦死している。長兄権次郎も正義派で世禄を没収され、このころ遠賀郡藤木村（現北九州市若松区）に住んでいた。悲劇の三兄弟である。権次郎は折柄、将軍家茂が長州再征へ進発したことを話題にし「幕府の自倒である」と口を極めて批難した。

これを見て勇は大きく吐息をつき「うーむ」と腕を組んだ。これがわが藩の姿なのだ。いかにも時世に遅れている。昨年秋の第一次征長のころ幕府自倒論には、墓穴を掘る愚行を嘲って耳新しい響きがあったが、そのあと、日本の地殻に大きい変動が生じ、崩落が起こる寸前に来ている。幕府が自壊するなら高見の見物、むしろ崩壊の手助けすればいいのに、なぜか憤慨する。目先の現象に一喜一憂し、頭は過熱して何も見通せなくなっている。薩摩藩と比べると天と地の差違がある。

勇は京都を去る前夜、西郷と別れの盃を汲んだ。幕府が長州再征を急ぐ中で、西郷は薩摩藩邸の代表として最多忙の中にいた。上は公家との折衝、幕府、各藩の動きへの対策、下は新選組の横行、他藩浪士の保護まですべてを指図して、夜が明けることもしばしばのようだった。福岡藩の内部抗争ももちろん知っている。ところが諸困難の中で、その夜の西郷は妙にはしゃいでさえいた。

「早川さん、幕府の長州再征は面白い芝居になりますぞ。高杉晋作はすでに長州内輪の掃除を終えもした。貴藩はこれから何が起こるかわかりもはんが、大波に洗われて道は開けるでしょう。われわれが長州と手を組む機会を奴どんがつくってくれもす。雀躍《こおど》りとはこのことごわす」

西郷は二つの巨眼をカッと見開いていたが、よく見ると黒眼は微風の中のタンポポのように和んでいる。黒いイモムシに似た眉毛の間は大きく平らに開いている。三藩連合ができさえすれば幕府と真っ向う対決できると、大きな顔がまるで雀のように踊り出しそうだった。ところが福岡藩ではだれもこんな展望を持たない。踊るどころか顔を歪め、怒号する。兄弟が血眼で傷つけ合っている。

歯がゆいのは自分の同志である勤王党の激派が、みすみす自分の墓穴を掘っているのを、抑止する術のないことである。きっと高価な犠牲を払わされるだろう。

そんな中で退隠中の月形洗蔵が、現今の悩みと焦りを勇宛に書いてきた。二週間前のことだ。直訳して全文をのせる。

「長雨が続き心底参っております。人事も憂うべきの至りです。あなたは如何お過ごしでしょうか。私めも無事ではありますが、病人が多く、誠に繁雑の次第、お察し下さい。大樹公（将軍家茂）もすでに彦根まで参られ、朝廷では長州再征をお許しになったということです。矢野相模殿（勤王党の家老）もご不興をうけ、自宅に引き籠られました。この状況では当分出勤はされまいとのことです。三坂小兵衛は遠慮申しつけられ、同志たちは憤慨しております。これらのことは直接会ってお話しせねば分り兼ねることと思います。

事務的のことを申し述べます。第一は昨冬一緒に長州周旋の節、使った金銭目録を差し出せとのことで、できるだけ誠実に三種類を提出しておきました。貴兄の分は打ち合わせもできないまま、大凡の見当で書き出しました。

その他申し述べたいことは山程ありますが、何分筆紙では言い尽くせないことばかりです。もしお暇があれば福岡表へお出かけ下さい。

森勤作も近く対馬藩へ参る予定です。有志の間に憤発の響きもあるので、至急お出掛けいただきたいものです。小金丸兵次郎も自宅にいます。今中作兵衛の父仁左衛門翁は一昨日死去されました。林泰も病気の由。誠に淋しいことばかりです。詳再拝。

六月十日

養　敬　君」

詳《つばら》は洗蔵の諱《いみな》、養敬は勇の通称である。書簡の要件は昨冬、洗蔵と勇が下関に出張した旅費の清算である。藩庁に急き立てられ、自分の一存で書類をつくったという連絡だった。実は洗蔵は脱藩して下関にいた中村円太に藩費から百両ほど用立てた。また高杉晋作の挙兵のとき、軍資金として数百両を贈っている。四十余日の滞在中に洗蔵は五卿工作、高杉支援で数千両の藩公金を使ったという。藩がいまごろ旅費の報告を求めるのは、これを洗蔵の落度として追及しているのかもしれない。洗蔵はさまざまな苦境の中にいる。そのせいか書簡の行間に退隠の身の淋しさと焦燥をにじませている。あの意気盛んな洗蔵が……と思うと、勇はすぐにでも福岡へ駆けつけたかった。（洗蔵は

六月末、乙丑の獄で一族預けとなるので、これが現存する洗蔵書簡の最後のものとなる)
ところが、福岡の事態は吉留村の勇が想像もつかぬ急ピッチで、破局に向かってなだれ始めていた。すでに昨日、六月二十四日の日付で藩主長溥は月形洗蔵以下三十九名に謹慎、逼塞《ひっそく》を命じていた。(その中に勇も含まれていたが、いま知る筈もない)。しかもその深夜、喜多岡勇平が勤王党らしいものの手で暗殺された。喜多岡は平野国臣と親しく、早くから勤王の志を抱き、征長軍解兵、五卿移転に奔走した人物だが、いわゆる激派でなく、長溥の信任を得て、常に藩の要職についていた。このため藩論が佐幕寄りになる中で、喜多岡は変心したのでないかと勤王党の仲間にあらぬ疑いをもたれたのである。

この暗殺事件が直接の導火線となり、一気に乙丑の獄に発展、福岡勤王党は総崩れとなる。虫生津村の実家を訪れた勇はいま刻々、自身の運命の激変に向かって近づきつつあった。

牢居申し渡し

勇の乗馬は栗毛でおとなしかった。近辺の患者の往診などに使っている。いま田舎道を並み足で南に向かっている。長梅雨のあとで道の両側の稲田はたっぷり水を張っている。隣接の鞍手郡古門村との境界に白水川という小川が東へ流れ、土橋が架っていた。幅は狭く、デコボコである。渡りはじめたとき、石ころにでも躓いたのか馬が前脚を屈した。物思いに耽っていた勇は弾みで落馬し、増水の川に転落した。かつてない不覚だった。

ずぶ濡れになって岸に這い上った。馬は自力で立ち直って対岸に進み、のんびり主人を待っていた。勇は着物の袖を絞っただけで馬に飛び乗った。何か兇事の前兆でないことを祈りつつ、山道を走った。家にたどり着いたときすでに薄暮であった。

妻ミネ子が走り出て来た。濡れた衣服を見て驚いた様子だったが、なぜかそのことは訊かず、あたふたとして

「福岡からお客さまが……」

と不安な顔で訴えた。福岡の親族、早川重五郎の弟喜三が昼過ぎから待っているという。衣服を改めて座敷に出ると、喜三は一通の書状を差し出した。支配頭槙玄蕃より早川重五郎に宛てたもので、「早川勇一族預け」の令状だった。

一族早川養敬儀御不審ノ儀コレ有リ候条一族預ケ申シツケ候、厳重見衛致ス可ク候事

六月二十四日

ついに来た。ここ数日来の勇の予感は適中した。洗蔵の書簡の暗い内容から推して、咎めを受けるのは自分だけではあるまい。規模も顔ぶれもわからないが、藩論が大きく佐幕に傾斜した中の事態であり、同志が無事であるとは思えなかった。最悪の場合について一応の考えはあった。勇はミネ子に

「福岡表へ出向かねばならぬ。髪を結うてくれ」

と命じた。小川で全身濡れて髪は乱れてしまっている。かねてミネ子には「事の次第では一時幽囚されるやもしれぬ」と言ってある。ミネ子は事情を察してか何も訊かず、黙って勇の背後から髪に櫛を入れはじめた。

勇に三女があった。松代、スカ、倫。外から帰った六歳の倫が髪を結う父を見て

「どこへ行くのか」

と言う。

「福岡へ行く。土産にまんじゅうを買うてくる」

と答えたが、あまりの白々しさをごまかすため頭を撫でてやった。倫は
「ウソ、ウソ。もうこんな日暮れじゃ。行けば帰ってこんのじゃろ」

と大声で泣きはじめた。ミネ子は驚いて
「何も語ってないのに、虫が知らせたのだろうか」

とこれもクッ、クッと声を殺して泣き出した。松代、スカは一語も発せず、襖のかげでうずくまっている。

勇は簡単な酒食の用意を命じ、近くに住む庄屋伊豆準作、隣村武丸村の恩師月形春耕らを招き、慌しく別離の盃を汲んだ。春耕は洗蔵の叔父で、勇は少年時代に儒学の手ほどきをしてもらった人物である。


喜三を伴って福岡へ向かったのはすでに夜だった。

早川重五郎宅は福岡の西、福岡谷三軒屋にある。十三石三人扶持。砲術役門弟家業を務めている。篤実で一族の中で重きをなしている。勇が深夜に到着すると、すでに一族の山崎五七郎、早川昌次郎、藤田清之進、塩川孫作、石津登九郎らが集まり、警護の方法など協議していた。いずれも下級武士である。重五郎の砲術役門弟家業は封建時代の末期、軍備が刀や槍から鉄砲に移行する中で、大筒を扱う専門職だった。福岡藩の場合、長崎警備の関係から洋式化が進み、砲術役の数は多い。

家業は世襲で、このほか儒学、医術、武芸一般、絵師、茶道、料理など多種にわたっている。

かれらは降って湧いた勇の災難に対し困惑しながら、藩の厳命をないがしろにはできず、取りあえず勇を一室に幽閉し、昼夜二、三名が交替で監視することにした。


この日、足軽番とか一族預けなどの形で監視下に置かれた勤王党は月形洗蔵、鷹取養巴、早川勇ら三十九名だったが、その個別の氏名も嫌疑内容も全くわからない。五月、加藤司書が家老を免ぜられて以来、画策をつづけた佐幕派が一挙に攻勢に出たのである。

処分は七月から八月にかけ数回行われ、入獄者が相ついだ。加藤司書は犬鳴山（鞍手郡）に黒田家の別館建設を進めていたが、これが藩主幽閉の城などとの風説が飛んだ。事態は悪化し、七月閉門遠慮を申し渡された。大老黒田播磨が退職、衣非《えび》茂記、建部武彦、斎藤五六郎ら役職者の幽閉などその広がりは底知れず、福博市民の間に不安、恐怖が走った。

勇は八月十四日、重五郎家の座敷牢から中の番会所に呼び出された。玄関脇に麻縄をかけた網乗物が据えられ、勇が乗りこむと、銃を携えた足軽数名が前後を固め、物々しい限りである。詮議掛近藤丈右衛門から五卿移転についての行動、同志の氏名などについて訊問を受けた。勇はすべて藩の命令で奔走したこと、長州往来は十七回程と思うが、その都度内容は藩庁に報告している。自分は田舎医者で友人は多く、幼年より竹馬の友あり、詩文の友あり、医業の友ありで、即答はできないと突っぱねた。

しかし焦点は中村円太の破獄であった。一年五カ月前、何処にいたか、当時の交遊など訊かれたが、吉留で医業に従事していたとしか答えようはない。ただ近藤の口から洩れる同志の名を聞きながら、すべて調べずみであることに背筋が凍る思いがした。

八月二十日から幽囚はさらに厳しくなり、勇は座敷内に檻柵を設け、その中に押しこめられた。ついで九月八日狭い木組の檻室をしつらえ、施錠して一歩も外に出ることができなくなった。(これは後に判明したことだが、筑紫衛が座敷牢から脱走したため警護を強化したものだった)

座敷牢の苦しさは勇の想像を超えていた。折柄盛夏というのに縁の雨戸は昼もしめている。一カ所半開きにして外光は入ってくるが、風は通らない。端座していると汗が膚を伝う。入浴はせず、髪も髭ものび放題。一族の座敷牢といっても、すべて咎人の定法どおりだった。

入牢二カ月ごろから急速に筋肉は衰え、立つことができず、這って用を足す体たらくだった。例年にない酷暑が続いたが、いつとなく夜は涼しくなり、床下ですだく虫の音に聴き入って気を散じた。

秋も深まった十月二十三日、勇は次の申渡しを受けた。

奸曲ノ者へ同気致シ心得方ヨロシカラズ不埒《ふらち》ノ至リニ候、ヨッテ切扶召シ放チ一族宅ニ籠居申シツケ候事

これが判決だろうか。一族預けを継続するというだけで、監禁する具体的な理由は書かれていない。取調べを受けたのは一回きり。罪状らしいものは何もなく、互いに言い放しただけで、さらに訊問があると思っていた。近藤丈右衛門の審理は五卿移転問題だけでなく円太破獄、喜多岡暗殺など広汎にわたっている。従って「奸曲ノ者」というのは勇を含め勤王党の同志を指すことが明らかであった。

勇が牢居を申し渡されたこの日午後、月形洗蔵、鷹取養巴ら十五名が桝木屋の浜で斬首された。処刑は極秘裏に行われたが、予想もしない多数の刑殺はその日のうちに福博の街に流れ、市民にかつてない衝撃を与えた。惨刑の噂は勇の牢居にもとどいた。信じ難い事態だったが、それは他人事でない。斬罪の顔ぶれから見て、勇が除外される可能性は万に一つもない。一片の牢居申渡しの紙を握りしめ、いつ断罪が下されるか、勇は自分の運命を凝然《ぎょうぜん》と考えつづけた。すでに死を期して家から浄衣を取り寄せ、処刑の日に備えている。

疑獄の全貌はわからず、再度の取調べもないまま、勇の牢居は二年六カ月にわたる。狭い檻室に端座し、死者と対話し、なぜこのような非理が、と問い、死の宣告を待つ日々だった。

乙丑《いっちゅう》の獄（慶応元年十月）では多数の志士が極刑を受け、闇から闇に葬られた。処刑に関する公的な資料は殆ど残ってない。明治維新に移行する過程で破棄され、また埋没したものだろう。まして勇の牢居を伝える公式記録など何もない。死は免れたものの、長期の座敷牢が肉体と精神にどのような傷を刻んだのか。藩制時代の刑罰が今日想像もできない苛酷さであったことは間違いないが、その実態については、殉難者の近親や関係者が伝える断片的資料から、類推するしかないようだ。

政治犯の座敷牢

政治犯の座敷牢は封建時代に特有のものである。重役や親戚宅に預け幽囚するものだが、監視の全責任を負わせるので、その厳しさは普通の牢獄以上だったかもしれない。

勤王党の首領、加藤司書は切腹の三日前、中老隅田《すだ》清左衛門の座敷牢に幽閉された。福岡藩では中老以上は特別の座敷牢を常設し、大身のものに罪科がある場合、取調べの前そこに一時閉じこめた。慶応元年十月二十三日午後、城内から隅田家にお達しがあり、同家では御用大工に命じ日ごろ用意の構材で即座に、この座敷牢内に、も一つの木枠の牢を組み立てた。夜に入り家老の司書が網乗物で担ぎこまれたのである。

このことは隅田家の家臣笠鏃「加藤司書入牢三日間の記事」(筑紫史談・大正四年)に記録されており、当時身分高きものの座敷牢の実態を知ることができる。

この座敷牢は六畳敷、三方は塗壁で天井と床は板張、前面だけ障子が立って出入りできる。この部屋の中央に小型の檻をつくる。檻の三方と上下は樫の厚板で張り回し、前面は六センチ角の柱を植えこみ、柱と柱の間は荒格子になっている。高さ八十センチ、幅六十五センチの出入口があり、開き戸で頑丈な錠がついている。その左側に猫足膳くらいの低い膳具や洗面器を出し入れする口がついている。

この檻の中には組み立て前に寝具が入れてある。(檻の広さの記述はないが、畳二枚分はあっただろう)。また箱型の便器に籾カスを入れ、檻の背後から取り出せるようになっている。用便の間も牢番は監視位置を動かない。

この完全に二重構造の牢内で司書が過ごす間、隅田家の家臣三、四名が昼夜交替で見張った。この牢番が食事の世話もする。酒は塗盃で三杯まで、格子に盃を寄せると、外から鶴首の銚子でそそぐ。格子は狭く、手は出せないからである。

司書は身分の低い牢番にも淡々と語りかけたと叙述されている。家畜のように板囲いの中で常時監視され、屈辱感に塗《まみ》れたであろう。身分制の厳しい封建時代、貴人に勝手に話しかけることは許されない。問われずば答えずが鉄則だった。司書が黙りこむと牢番は沈黙する。燭台はあっても一基か二基である。暗く、異様な重苦しい雰囲気だっただろう。

これが福岡藩が重要人物を閉じこめた座敷牢である。寝具でぎりぎりいっぱいの広さはあるが、こういう環境では常時、座禅の姿でもとらねば心の平衡は保ちがたいだろう。司書はここで三日間過ごしたあと、切腹の上意を受ける。

勇が兄事した月形洗蔵は、重役宅預けなど三回幽囚を経験している。

万延元年（一八六〇年）三月桜田門外の変後、洗蔵は二回にわたり藩主長溥に対し、勤王党として参勤交代の中止を建白した。その趣旨は内外多事のいまこそ勤王をめざし人材を登用、藩政改革を急ぐべきである。もし参勤するなら数千人を引き連れ、威勢を示すべきである。基本を固めるべきこの時期、参勤して万一足元で桜田門外の事件、大塩平八郎の騒動のようなことが起れば何とする、という激しいものだった。

藩主長溥はこの年十一月参勤に上る直前、洗蔵を中老毛利内記に預けた。翌春帰国して、辛酉《しんゆう》の獄（文久元年）で洗蔵を含め勤王党三十名を処分した。洗蔵は家禄を没収、中老立花吉右衛門に預けられ、同家知行所の御笠郡古賀村（現筑紫野市）、佐伯五三郎宅の座敷牢に閉じこめられた。ここで文《ぶん》天祥《てんしょう》に倣った「正気《せいき》ノ歌並ビニ序」をつくる。

その「序」によると、以前の幽囚は「広サ方一丈」だったが、こんどの牢はその半分の狭い柵で囲われている。藩法は囚人に筆硯を許さないので、「正気ノ歌」の数句を得るたび監視人に口で伝え、書いてもらった。読書は許されていた。やがて洗蔵は近処の子供たちを集め、柵越しに書を講じて赦免《しゃめん》の日を待った。この間、父深蔵が死去したとの報が入ったが、帰宅は許されない。洗蔵は看病できなかった不幸を詫び、子供のように足ずりして号泣したという。

この獄中の洗蔵を那珂郡大野町乙金の庄屋高原謙次郎が何回か訪れて時事を談じた。これは佐伯の主人松尾富三郎が高原の叔父で、警護の責任者だったので便宜を図ってもらったらしい。高原は歴史に詳しく勤王の志の篤い人で『維新日記』を残した。その中に次のような記述がある。

「文久三年五月二十六日御笠郡古賀村ニ禁錮セラレ候月形洗蔵氏ニ、密ニ面会シ、鶏鳴迄世事ヲ談話ス。其時同氏一詩ヲ吟シテ示サル。

晋代ノ祖劉志気雄《さかん》ナリ
隣鶏喔《あ》々《あ》トナク五更ノ風
誰カ知ラン燈下宵ヲ通シテ話シ
二人慷慨ノ中ニ在ルヲ

」

晋の時代の英雄劉について語っているうち、夜明けの鶏が啼き始めた。この獄中で二人の若者が夜を徹し声高に語り合っている。獄吏は遠慮して姿を見せない。幽囚の中でも昂然と歴史を談じ、義を説く洗蔵の姿が眼に見えるようだ。維新前夜、危険を恐れず一政治囚と篤学の若ものが議論に熱中するさまは、この時代の青春を象徴すると言っていい。

しかしこの入牢は二年一カ月に及び、さしもの洗蔵は恩赦で出獄したとき、腰は萎え、足は立たず、しばらく馬にも乗れなかったという。極端に狭いスペースで人は急激に衰弱する。食事は粗末、体を動かすのは用便のときくらい、日光に当たらない。つまり生きる条件はほぼ奪われている。

森鷗外の『大塩平八郎』を読むと、大塩平八郎の乱に連座して一年半後二十名が磔《はりつけ》になった。そのうち生きたまま刑死したのはたった一名。乱の最中に自殺などで死んでいたもの九名、残る十名は全員牢死したものだった。「当時の罪人は一年以内には必ず死ぬる牢屋」とも鷗外は書いている。医者の鷗外の眼に封建時代の牢屋は生存を許さないとはっきり映ったのだ。

乙丑の獄で一族預けとなった勇の牢居は二年半という長期間、その苦痛は今日想像もできないが、生活条件は辛酉の獄における洗蔵の場合と似た状態と見ていいのであるまいか。自由はないが、外の風はわずかながら入ってくる。勇は檻柵の中で監視されながら、筆硯を用い、詩作はつづけている。ただ幽囚が始まった段階では、いつ、どんな処断が下されるかわからない。その不安と緊張の日々だった。

夏の終わり、勤王党に対する処分は深く、隠密に破局に向って進みつつあった。

勤王党を襲う極刑

福岡藩の「厳秘内用録」によると、「彼の勤王党を処置するには、是非根を截《き》り、葉を枯らすべし」とし「他日復讐の患を絶て」とある。勤王党と佐幕派の対立抗争が激化する中で、疑惑は疑惑を生み、食うか食われるか、血で血を洗う修羅場に突入して行った。悲劇の幕は十月二十三日、まず桝《ます》木屋《ごや》の獄で切って落とされた。

桝木屋の地名はいま残っていないが、福岡市中央区地行の北側の海岸である。江戸時代、桝奉行が職人を集めて桝を作った所。安政六年橋口牢屋町の獄をつぶし、ここに獄舎を移した。広大な敷地に錬塀をめぐらせ、中に取調所、拷問場、獄舎、改番所、門番所、さらに牢屋奉行、同心などの役宅もあった。

北はすぐ砂浜で松林がつづき、能古島《のこのしま》が近い。

この砂浜で勤王党の十五人が斬首された。取調べの内容、記録など一切残っていない。権力闘争がエスカレートしてゆく中で、佐幕派は藩主の直宰という形をとり、勤王党を一網打尽にしたあと、思うままの処置をとることが可能だった。桝木屋の獄において苛酷な拷問が行われたことについて『黒田家譜・従二位黒田長溥公伝』は、概括的にではあるが、明確に記している。藩庁では乙丑の獄に関する臨時詮議掛を設け、馬廻組近藤丈右衛門を長とする十名を指名、厳しく審問に当たらせた。取調べの模様については次のように生々しい描写がある。

「これらの掛員は、彼の嫌忌者に接してハ、極めて苛酷な拷問を究めしも、素より勤王党と号稱せられし勇士のことなれハ、たとひ鞭撻《べんたつ》して血を見、その膚を砕き、その骨を粉齏《ふんせい》にし、地上に昏顛《こんてん》し、死して又蘇するも、志士は目を瞋《いか》らして激昂し、却って糺弾吏の妄状を罵詬《ばこう》し、一人として口を開きてその党事を自白せしものとてハなかりし。流石の丈右衛門も殆どその手を持余したりと」

個々人の氏名も、具体的な叙述もない。しかし密室で何が行われたのか、ここまで敢てやったのか、がまざまざとわかる文章である。見馴れぬ漢語が事実の異常さを伝えている。かれらの死後、苛酷な現場の状況は断片的に街に流れた。志士たちは辞世の言を残す紙も筆も与えられなかったが、獄吏の中には勤王に心を寄せるものもおり、あるものは辞世の句を聞き取り、あるものは殴打、水責めなど目撃した事実の凄惨さを語らずにおれなかったのである。

勤王党はどのような姿で死んでいったのか。本篇の主人公早川勇は獄中にあり、一切自由を奪われてただ悶え、苦しんでいる。同志処刑の現場を知る由もない。百三十余年後のいま、勇不在の血臭現場を再現するため断簡片言をあつめてみた。史料は少なく、史料をそのまま羅列するが、格子戸の隙間から志士たちの横顔を見るくらいのことはできよう。犠牲者の風貌については『筑前名家人物志』『福岡県先賢人名辞典』などによる。

月形洗蔵は勤王党のリーダーとして度重なる入獄であり、「其罪最も重し」（長野遐『月形家一門』）として一番に斬首された。日時は二十三日の午後、場所は桝木屋の砂浜。切腹は武士の誇りであったが、斬首は盗賊など破廉恥罪に適用するもので、武士に屈辱を与える刑罰だった。獄内の砂浜だから非公開であるが、政治犯、思想犯に対する罰として斬首は異例である。背後から刀を振り降ろせば首は前に落ちる。頭の無い頸筋から鮮血は砂上に飛散しただろう。洗蔵は死の直前、大声で二回、

「三年の内、筑前は黒土となるであろう」（高原謙次郎『維新日記』）

と叫んだという。

首と胴体は四斗樽《しとだる》に入れて遺族に引き取らせた。

この洗蔵の声を数歩の距離で聴いた志士がいる。

「林元武備忘録」（明治四十年）は元武こと通称泰が、被疑者の一人として、処刑直後の現場を引き回された情景を記しているが、その備忘録に先に入獄中の海津亦八が数刻前、板壁一枚隔てた砂上で行

われた大量処刑の始終を、泣きながら林に語った件がある。その恐るべき文章を整理してみると——一昨日来、刑場づくりのため竹や木を運びこみ、桝木屋の獄は騒然としていたが、この日（二十三日）夕、勤王党同志の姓名点呼があり、側筒頭《そばづつがしら》が刑名を読み上げ、斬首を申しつくる旨を宣告、処刑が始まった。エイという掛け声、バサと肉を斬る音など壁の向こうで行われるすべてを、海津は全身で聴いた。（後述するように海津の父もこのとき斬られた）

洗蔵は刑の宣告を受けるや、大声で

「われら同志の如き正義の士を誅するは不当である。かかる順逆を弁えざる藩府は滅亡寸前にあり」

と罵った。

佐幕派の憎しみを一身に集めた洗蔵が最後に放った呪訴である。しかし何より洗蔵を怒らせたのは、士分を剥奪、斬首という加辱を受けたことであろう。

洗蔵は馬廻組百石、中級武士のエリートとして下級武士の信頼を集め、勤王の道を突っ走った。その思想は「朝廷こそ天下の君である。幕府は諸侯と共にその臣である」とし、幕府を諸侯と同列に引き下げ、自分は藩主に仕える臣であると明確に位置づけた。

藩主長溥は〝蘭癖大名〟といわれるほど開明精神の持ち主だったが、政治的立場は「公武一和」つまり朝廷と幕府を和合させ、国内和平を保とうと考えた。所詮、現体制を維持する保守思想を脱することはできない。幕府の権威を認めない洗蔵を許す筈がない。

洗蔵は既述のように、辛酉の獄で入牢中の作「正気ノ歌」で長溥への敬意を披瀝し、一たん召し上げられた百石を四歳の息恒に与えられたことに感謝している。洗蔵という男の特異さは君臣、親子といった縦の秩序がまさに一直線であり、義のため私を殺すことを厭わない点であろう。

こんなエピソードがある。

同年齢、同郷の平野国臣は早くから脱藩して京都で、薩摩で、長州で、生野《いくの》で自由に志士活動を行った。国臣は「一天万乗の大君こそ君である」という点で洗蔵と一致していた。洗蔵に対し「藩を出奔して力を王事につくせ」と書簡を寄せた。ところが洗蔵はきっぱり「二百年来の恩沢を受けた藩主に背き去るに忍びない。おれは陪臣《ばいしん》である今、藩主を輔けて王事に勤める」と答え、応じなかった。

洗蔵は本来幕府と同質の政治権力である藩主に忠誠であろうとした。だから脱藩はしない。この藩主への従順が洗蔵の、というより当時のサムライの泣き所であり、ジレンマであった。上下の秩序に精魂を傾ける。平野の誘いを一点の迷いもなく退け、精神の透明度は比類なく高かった。

五卿移転では西郷吉之助とたびたび談合した。西郷は洗蔵を高く評価し「月形の志気英果なる、筑藩では無比である。されども未だ官途を経ず他邦に遊ばないから世故に習熟せず、時勢に通ぜざること多し。余願わくば共に四方に同行して其の才を老成せしめん」と語ったという。西郷の言は洗蔵の人物と勤王思想を評価しながら、藩をこえた世界への脱皮を期待していたものであろう。

洗蔵は九月桝木屋に下獄する前、自宅牢居中に「恐れナガラ奉願口上覚」という藩主に対する次のような歎願書を残している。

自分が西郷（吉之助）らと相談してなした長州周旋で福岡藩が朝廷・幕府から嫌疑をかけられているのなら、人を派して弁解してもらいたい。長州周旋が悪かったのなら自分たちを処刑し、あとは藩内協力一致して進んでいただきたい。私の生得の頑愚から招いたご不審についてはご勘弁願います。

洗蔵はギリギリまで藩主長溥を信じていた。下獄後、予想を超えた厳しい取調べの中でも死刑でなく、遠島になるものと思い、捕われの同志に「ワラジを用意されよ」と言っていたという。しかし処刑の砂浜に立った洗蔵は、頭髪も髭も伸びっ放し。同様の姿で引き立てられた同志を顧み、

「事ここに致っては如何ともし難く、万事休す」

と嘆いたという。とすれば「筑前は黒土となるであろう」と叫んだのは、同志をこの惨状に追いこんだ自分を責め、同時に藩の非理を突く嗔《いか》りであったのだ。

自分の死骸を包む蓆上に引き据えられた洗蔵は最早、抗わなかった。太く、強健な頸を斬り易いように長く長く突き出した。まるで松の丸太の先端の瘤のように、顎を上げ、天空を睨み、白い歯を剝いてギリギリと屈辱を嚙んでいる。

太刀風の音とともに首は転がって砂に塗れた。三十八歳。


このとき、壁一重を境にして親子の最大の悲劇が演じられていた。海津亦八の父幸一は刑死者の最年長で六十二歳。亦八は父の名が読み上げられるのを息を詰めて聴き、ついでガッという音がしただけで静かになった。

亦八は次の処刑を告げる声で、父が死んだことを知った。我に返り、砂上の父の無残な姿を思い描き、狂った。生きている気がせず、頭を柱にぶつけた。一回、二回、三回。それでも死なず、同志に止められ、床上でのたうった。

幸一は無足組、二十石六人扶持、勤王家として学問、武術に長じ、思慮深い武士で勘定奉行をつ

とめた。若ものの信頼が篤く、これがアダとなって斬首された。藩論が勤王、佐幕に分かれる中で江上栄之進らから「われわれの議論は過激に走り藩主に無礼になるやもしれぬ。ぜひ首領として若ものの代弁をしていただきたい」と言われ、長溥の前でかれらの意を伝えたことがある。このため辛酉の獄で蟄居《ちっきょ》を命ぜられた。乙丑の獄では危険思想の根を絶つため、この長老が狙われたものである。日ごろ「白髪首ひとつ、惜しむことなし」と笑って語っていたという。

亦八はこのあと桝木屋の獄から姫島に遠島、維新後は中根直と名を改め、福岡県権少参事を務めた。(のち贋札事件に関わり、その死も悲惨である。後述する)

鷹取養巴は四百七十石という高禄の藩医。白皙長身で「天資寛厚ニシテ善ク衆ヲ容レ人ト争ハズ亦タ勤王家ノ領袖タリ月形洗蔵ハ人ニ許サザルノ士ナリシモ大事アルニ当リ毎ニ養巴ト図議セシト云フ」(筑前名家人物志)。このとおり洗蔵が一目置くほど思慮深い人物だった。しかし王室の衰えを慨くとき医業を忘れるほどの情熱家でもあった。勇は江戸留学から帰った嘉永四年以来、意気投合して養巴の医学塾で塾生の監督をつとめた。二人は医学徒として、また勤王思想において深く結ばれたが、和を重んじる点でも共通していた。

辛酉の獄では養巴は洗蔵らと同様、中老吉田大炊に預けられ、その知行地に二年余牢居させられた。赦免後は征長軍解兵のため外事周旋方として長州へ出掛け、また五卿移転で勇らとともに奔走した。

学者タイプの養巴はこうした活動の間に『薬品炮炙論』の著作も書いた。代々藩医の家柄だったが、斬首となったのは佐幕派からその純一な勤王思想を憎まれたためである。三十八歳。

死に臨んで一句を口にしたという。

砂ニ立《たち》　松葉スルトシ　初時雨

（筑前名家人物志）

これはまた静かな辞世である。殉難の武士《もののふ》は世を憂い、死出の自分を鼓舞する悲歌を残すものだが、ここに悲愴感はない。いま死ぬため砂に立っている。枯松葉が足裏に痛い。獄衣を着て痩せさらばえた己の姿に万感は湧く。

冬近く、松葉は小止みなく散る。初しぐれが海風とともに四辺を暗くして通り過ぎた。死を見た。わっと心が揺れた。雨滴が松林を叩き、海面を走る。沖の能古島が灰色に霞む。

自然の中の一点として養巴は立っている。異様な時間であるのに、すべてを見ている。なんと確かな視線であることか。

このとき、天地の一切を映す鏡となった養巴は死を超えた。悩み、叫ぶ時間はすでにない。現世の雑音は次第に遠のく。砂浜に這い寄る一筋の波、白い泡、風の音。梢を離れた一筋の松葉が砂上に達する直線の軌跡をすべて見た。そのたび火柱のような轟音が立つ。次の瞬間、全身の熱い血を砂に吸いとらせようとするとき、生命は刻々に新しく、自然そのものになる。物の形をこんなに正しく見たことは初めてだ。おれは砂になる……。

四カ月の牢居、厳しい審問、公卿風の藩医に対し拷問もあっただろう。養巴は疲労の極にあったが、意識は正常であった。

やさしい勤王の医者が斬られた。首のない体が俯せに砂上に長くのび、まるで泉のように赤い血を噴きつづけた。

この日、処刑の桝木屋の浜で辞世を残したのは養巴一人である。恐らく心を通じた獄吏に立ったまま一語一語伝えたのであろう。

伊丹真一郎は喜多岡勇平暗殺の疑いで最も激しい拷問に遭った。勇平は同じ勤王党に斬られたといわれ、事件を聞いた長溥は激怒した。暗殺者は三人、その主犯は伊丹真一郎と目され、糾問は異常に厳しいものとなった。その追究ぶりは「拷問酷烈ヲ極ム為メニ殿肉砕裂鮮血淋漓《りんり》タリト雖モ口ヲ噤《きん》シテ瞑黙一言ヲ発セス従容トシテ只死ヲ待ツノミ」（筑前名家人物志）という惨酷さだった。全身傷だらけ、意識もうろうとした状態になりながら、最後まで自白しなかったらしい。

真一郎は馬廻組百四十石の家格。性情は磊落不羈《らいらくふき》、強い勤王思想を抱き、「武士《もののふ》のたけき心や火取虫」の句をつくったとき、父は「汝は犬死するぞ」と戒めたという。辛酉の獄で洗蔵、養巴と同じく幽囚、赦免の後は勇らとともに五卿移転、薩長の連携に尽力した。そのため佐幕派の重役の憎しみを受け、斬刑の中でも最極刑とされる大袈裟《おおげさ》で殺された。

大袈裟は左肩から右脇腹へ斜めに切り下げる。肩甲骨、肋骨の集合した箇所だからまず一太刀では死ねない。二の太刀、三の太刀を受け、のけぞるたび刀の切先がまるで解剖のように腹部を裂いた。処刑場を引き回された林元武は伊丹について「大袈裟に斬られ、その腸を露出し」と記している。死ぬまでの苦痛は言語を絶しただろう。三十三歳。

この日の処刑者の殆んどが月形門に学び、五卿の太宰府移転に深く関った人たちだった。従って勇にとって同門であり、勤王を通じて交わりはそれぞれ濃い。勇は後述するように『樊籠漫稿《はんろうまんこう》』という獄中記を残しているが、その中に乙丑の獄の殉難者氏名を一人一人諱《いみな》で列記している。生死を分けた諸友の面影を追えば、身も心も破れんばかり、尊敬と愛惜をこめて生前の実名を呼び、獄中に端座して断腸の時を過ごしたのであろう。

瀬口三兵衛は二石二人扶持の微禄だったが、武道に達し、洗蔵に経史を学んだ。野村望東尼の実家浦野氏の親戚筋で、平尾山荘で炊事係をつとめ、志士の会合の世話をした。高杉晋作が長州から亡命して山荘に潜んだとき、朝夕の話し相手をし、また急ぎ帰国することになったとき、勇とともに高杉警衛をかって出た。五卿を太宰府に迎えるに当たっても勇と一緒に行動している。勇は望東に仕える三兵衛の気配り、志士たちに対する友情の厚さを思い、心根の優しさが胸に沁みている。三兵衛は一時、喜多岡勇平暗殺を疑われ、逮捕されたこともある。下獄して苛酷な取調べを受けたが屈せず、強く反論した。憤激のあまり自ら死を決し、数日断食したが死ねず、斬罪となった。心に温かさを保つ若ものが獄中で自死を図るまで絶望した心情が痛ましい。二十九歳。

江上栄之進も拷問を受け、水責《みずぜ》めに遭った。数日絶食し、寒夜に裸になって凍死を図ったが、果たさなかった。

水責めについては、林元武も糾問の段階で江上と同様の苦痛を味わい、備忘録で自分の体験を次のように記している。

まず衣服を脱し素っ裸にする。砂に敷いた荒薦の上に仰臥させ、左右の杭木から張った縄で胴体を縛し、頭と四肢は獄卒が押さえつけている。その状態で近藤丈右衛門が審問、白状しないと水を注げと命じる。獄卒は漏斗《ろと》で鼻や口に少しずつ海水を注ぐ。呼吸ができず、耳が鳴り、塩を呑むに似てその苦痛は言いようもない。「或は止め、或は注ぎて詰問酷責せしも遂に一語も発せざりき」と。林はこの日帰宅したあと、全身脱力して一昼夜こん睡状態だったという。

江上は亀井南冥の高弟苓州の孫。万延元年に中村円太、浅香市策と脱藩して薩摩に行き、辛酉の獄では姫島に流罪となった。赦されて家に帰り、元治元年春、勇、養巴と江上は藩命を受け、破獄した円太を追跡して長州へ行った。三田尻で三条実美卿にも会った。勤王一筋、気鋭の歌よみであった。藩主の内命で再度三条卿に会って帰藩、佐幕派に憎まれて斬られた。三十二歳。

左座謙三郎は月形父子に学び、文武の道に励んだ。肥前・筑後の勤王の士と交遊、中村円太が桝木屋に捕われているのを知り、同志とともにその救出を志し、計略をめぐらせて脱獄に成功させた。このことが露見して斬罪となった。二十六歳。

安田喜八郎は月形深蔵の弟子。幼時から朱子学の影響を強く受け、勤王の道を進んだ。元治元年、藩命により伊丹真一郎と長州に行き、征長軍解兵に力を尽くし、毛利侯にも拝謁した。五卿が太宰府に移転するとその警護に当たり、佐幕派に憎まれ、斬罪となった。三十一歳。

今中祐十郎、作兵衛兄弟は揃って斬罪を受けた。父仁左衛門は長兄専十郎ら三子に対し常に「勤王のため生命を捨てよ」と言い、文武の道に励ませた。やがて作兵衛は脱藩して三田尻で三条卿に謁し、勤王の浪士と交わった。帰藩後、藩命によって征長軍解兵のため洗蔵、勇、伊丹真一郎とともに長州で活躍、西郷吉之助に従い広島へも行った。祐十郎は勤王党弾圧に抗議の動きをしたとして兄弟ともに下獄、斬られた。兄三十一歳、弟二十九歳。

今中兄弟が砂上で向かい合う姿を思い、勇は言葉を失って瞑目するのみだった。

森勤作は月形塾で勇と同窓。嘉永三年、勇が江戸に遊学したとき、藩邸に勤務していた勤作が兄貴分で行動を共にし、藤森弘庵、大橋訥庵《とつあん》を訪ね、外患、時事を論じ合った仲。剛直の人で、上にも遠慮なく志を述べた。征長軍解兵については諸藩に説いて回り、成果を上げている。対馬藩の内訌に際し渡島して周旋中に藩論転覆、帰国を命ぜられた。薩長の同志はいま帰れば殺されると亡命をすすめたが、勤作は「主命を受けた身が中途で他国に遁れるのは臣たるの道でない。運を天に委せるのみ」と頭を縦に振らなかった。博多港に着くと直ちに逮捕された。斬られたとき三十五歳。みすみす死ぬために帰った訳だが、武士にとり義は生死を超えた問題であった。勤作は死を求めたのでなく、義のため死を避けなかったのである。

中村哲蔵は二メートル近い大男で、常に鉄扇を携え、草履ばきで悠然と街を歩いた。通行人はその姿を見て道を譲ったが、実は温厚篤実な性格で、和歌に長じた。強弓をひき、二十歳のとき藩主に指名されて京都へ行き、三十三間堂を射通して藩の名を挙げた。月形深蔵に儒学を学び、また書にすぐれた。平野国臣が隣家だったので親しく、勤王の道に進んだ。

江戸、京都藩邸でも勤務、加藤司書に信任され、友人の面倒をよくみ、過激派の多い勤王党の中で常に温和な意見を述べた。人に勝れた体力、内に秘めた優しい心が緩和剤の役割を果したのである。中村円太がその過激な言動のため同志に切腹を迫られたとき、救おうとしたが果たせなかった。

桝木屋の獄でも同志たちに「君は悪くても流刑だろう」と言われていたが斬罪。三十歳。

伊藤清兵衛は洗蔵に儒学を学び、勤王家となった。抜刀術の達人とされ、馬廻組。京都藩邸にいて、水戸天狗党警護のため敦賀に行き、武田耕雲斎らの最後を目撃した。帰国して藩内の勤王党弾圧を見、救出する計画を議して逮捕、斬られた。三十歳。

大神壱岐は前原村の神官。元治元年春に脱藩して長州に入り、蛤御門の変で長州勢の一員として戦ったが敗れた。真木和泉守とともに割腹しようとして止められ、長州に帰った。勤王の士を糾合するため帰藩、小呂島に流されたあと、桝木屋で斬罪。三十二歳。

筑紫衛は脱獄して水死、亡骸に塩を詰められたまゝ斬首された。筑紫は千石取の家柄。月形塾では勇と同窓だった。一本気で福岡から四十キロの道を遠しとせず、たびたび吉留の早川邸に泊まりこんで議論した。一昨年、文久三年（一八六三年）五月、長州藩が下関沖を通過する米船を砲撃したとき、二人は「攘夷の魁戦をこの眼で見よう」と下関に渡った。砲声がいんいんと轟いたとき、筑紫は興奮して路上で踊り出した。時代に敏感な若ものだった。

二人は五卿移転で共に長州で周旋、またこの春、西郷吉之助が策した薩筑長三藩連携のため共に上京、京阪の地で奔走している。坊ちゃん気質の筑紫がしばしば激発するのを、勇が手綱を引き締めている。門閥の家に育ったのに下級武士の多い勤王党と交わり、海防を研究し『西洋兵法取捨弁』などの著述もある。

勇と同じく六月二十四日親戚預け、桝木屋の獄で取調べを受けた。そのさい審問の厳しさから、同志ともども死罪は免れぬと直感、これを救うには薩摩藩に頼るしかないと思い、九月六日夜便所の汲取口から脱走した。

残された検視記録によると、便瓶の中に降り、瓶を掘り起し、壁を破って戸外に出た。衣類は現場に捨てられていた。汚物にまみれたのかもしれない。真っ裸で那珂川を泳ぎ下ったらしい。一説によると河口の須崎で水中に身を沈め、通りがかりの舟に乗せてくれと頼んだが、〝丸裸、総髪、へこ姿〟に驚いて相手にされず、溺死したという。幽閉されて以来八十日近く、髪も髭ものび放題、それに体力も弱っていただろう。

脱走に気づいた親戚、藩庁は八方探索し、町奉行、郡奉行、浦方の連名で人相書を出し、行く方を追った。それによると、

一、顔少し赤ミ持ち、おとがい細キ方

一、眉濃く、眼中するどき方

一、鼻筋も一体骨細ニ而小がらニ有之、髪薄キ方

一、歳三十計

などとあり、貴公子然とした論客の風貌が浮かんでくる。

四日目の九日、箱崎の地蔵松原浜で筑紫の水死体が発見された。那珂川河口から潮に流されたものだろう。

この脱檻事件に衝撃を受けた藩庁は幽閉中の洗蔵、勇ら二十四名の名を上げ、警衛を厳重にするよう九月八日付で通達を出した。同時に不測の事態にそなえ、勤王党処分は加速された。

筑紫の死体は葬儀を許さず、塩詰めにして、十月二十三日洗蔵ら斬首のさい引き出し、改めて打ち首にした。見せしめのためとはいえ体内に塩を詰め、五十日近く保存したものである。

二十八年前の天保八年、大塩平八郎の乱では、既述のように一年半後に二十名の刑が執行されたが、磔柱に架けられた死者十九名はみんな体に塩を詰められていた。鷗外はその惨状について述べ「中にも平八郎父子は焼けた死骸を塩詰にして懸けられたのである」と記している。平八郎は隠れ家を襲われて火を放ち、焰の中で刃で咽喉を刺して死んだ。首は焼け丸くふくらんでいたという。その亡骸を保存して処刑するのは反乱者に対する極刑であろうが、この大塩の乱とともに、乙丑の獄の処刑は封建時代に特有の残酷物語と言わざるをえない。

加藤司書の切腹

筑紫衛まで含め勤王党の十五名が桝木屋で斬首された二十三日、中老加藤司書は既述のとおり隅田清左衛門邸の座敷牢に幽閉された。二日後の二十五日夜、切腹の上意を受ける。すでに五月二十三日家老を辞職、七月二十一日には謹慎を申し渡され、大名町堀端の自邸に籠っていた。

加藤家の門前には竹矢来が組まれ、多数の足軽が警衛し、威嚇のためか大筒まで引き据えられていた。司書は終日暗い居間に端座していた。昼間も雨戸を締め、細目にスキ間をつくっているだけで、書見もできない。謹慎の意を示すため太陽光まで避けたものである。命ぜられたのでない。すべて自ら律するのが武士の心得だった。それがたとえ亡びへの道であろうとも。

加藤家は二千八百五十九石の大身。司書は幼時から儒学、剣術の両面で徹底したスパルタ教育を受けた。青年期に禅を始め、弓・馬・槍・剣・柔術のいずれも抜群の腕前となり、「身体は鉄同様」と自ら語るほど鍛え抜いた。しかし三カ月陽に当たらないと体はなまってくる。その予想を超える辛さに加え、司書はまず間近の思い出と闘わなければならなかっただろう。

幕府の第一次征長に際し、司書は昨冬三回、藩命で広島へ出張した。藩主長溥は「いま長州で戦乱が起これば内憂外患を呼び、全国が乱れるだろう。長州藩主が禁門の変を悔悟恭順するなら、福岡藩は喜んで周旋する」という考えで、まさしく平和解決をめざしていた。その意を体し司書は十二月五日広島城で開かれた諸藩代表者会議で、「長州が恭順しているいま、無名の戦いは捨てるべきである」として、幕軍内の一部開戦強行論を論破、征長軍参謀の薩藩西郷吉之助が強くこれを支持した。司書の弁舌が居並ぶ三十六藩代表を圧倒した一幕である。

こうして年末ギリギリ、征長軍解兵が決定した。緊迫した時局の打開に福岡藩がリーダーシップを執った。全国の眼が集中した広島の檜舞台、西郷との出合いという天の時、地の利を与えられたことは男子の本懐というべきであった。その夜、司書は広島の宿舎で祝宴を張り、

すめらみくにのもののふは／いかなることをか勤むべき／ただ身にもてるまごころを／きみと親とに尽すまで

この自作の今様を朗吟したという。生涯に一度の晴れ舞台を首尾よくつとめ終え、黒田武士として昂揚した気持がみなぎっている。

ただ、大きい難問を抱えて帰った。長府功山寺にいる三条実美ら五卿移転を、福岡藩の責任で実

行しなければならなくなった。すべて幕命である。ところが長州諸隊は五卿を絶対渡さぬといきり立ち、福岡藩の佐幕派は引き受けに猛反対、周辺の諸藩も〝火種〟を抱えることを敬遠している。こうした諸情勢の中で月形洗蔵ら勤王党が懸命に働いて、年初五卿の太宰府移転は実現した。その間、藩内の勤王、佐幕両派の軋轢《あつれき》は過熱して火を噴き、今日の破局に繋ってしまった。

司書は勤王党の首領として、対立抗争の目となった。すべて藩主長溥の指示で為したことだが、いま大きい渦流に呑みこまれ、翻弄され、自由を奪われてしまった。

司書の心は鉄の輪で締めつけられている。藩主の命は絶対である。従うことはできるが、背くことはできない。わが判断に過ちがあったのかどうか、それのみ問いつづけている。無庇であっても、上意には従わねばならぬ。死であれ、生であれ、臣下のとるべき道は一つ。暗い一室に端座して司書の思念はその一点に凝集している。

「生も死も超越したところに道は開ける」

若いころ博多・西光寺の魯伯禅師に聞いた言葉を肝に銘じて今日まで生きて来た。迷うことは何もない。

洗蔵らの処刑を聞いたとき、斬首の無残さに痛棒を飲んだが、その直後、隅田家の座敷牢に移され、最早心は揺るぎさえしなかった。長男堅武《かたむ》ら子女四人の行く末だけを神仏に祈りつづけた。

生死を超える。覚悟はすでにできている。しかし、死を知らぬ。鍛え上げた心と体で一線を越さねばならぬ。その瞬間にすべては凝縮されている。刻々に迫る時を待つのみ。

司書の最後については既述の笠鏃「加藤司書入牢三日間の記事」と、末永茂世「司書自裁場面の実記」（加藤司書伝）の二つが、いずれも現場に居合わせた人の目撃談であるので、これに拠る。

笠鎌は隅田清左衛門に仕え、好学の人で、維新後は糸島郡にあって教育界で活躍した。末永茂世は漢学、兵学を長野誠（月形深蔵の実弟）に学ぶ。歌人として知られ、筥崎宮宮司となる。著書に『筑前旧志略』など。

以下はまず座敷牢から切腹場まで司書を警衛した笠鎌の記事による。

司書の入牢三日目、二十五日の夕食は山海の珍味が出され、司書は銚子三杯を飲み干した。門の内外は騒々しく、警衛の武士は百人を超え、高張提灯を掲げてひしめいた。そこへ大目付、河村五太夫が駕籠で乗りつけ、大書院へ通った。麻裃を着け、懐に大奉書折を差し、上座についた。司書は牢から出された。膝行して書院口へ進む。河村に促され、さらに三、四歩膝行、上使に向かい低頭した。

河村は「ご免蒙りまして」と会釈し、「ご上意の趣、静かにお聴きあれ」と次の達書を朗読した。

「重く用いられし身分でありながら奸曲の輩に誘われ、姦計を廻らし、上を蔑ろに致し候段不届き至極である。よって切腹申しつくるものなり」

最後の一句は殊更声を高くして読み上げた。司書はわずかに頭を上げ、問い返した。

「ご上意の趣委細承知仕りました。しかし切腹の場所は自宅にてか、またご当家にてか、いずこで致しましょうや」

河村は慌てて答えた。

「拙者読み落としました。天福寺において取り行われます」

司書は神色自若、ほとんど平素とかわらない。河村は大目付として士人の敬服する人だったが、身分といい、器量といい司書と比べようもなく、畏怖を感じたものであろう。座に居合わせた人々は改めていま失おうとしているものの大きさを知った。藩論転覆して勤王党の首領が死を宣告されたが、読み上げられた罪状は一方的なもので、誰が考えても納得できるものではない。口には出さないが、悲憤の思いが胸に湧き上がってくる。

達書に罪科の具体的な記述がない。当時、藩の重役は中老以上二十一名、そのうち勤王党とされるのは大老黒田播磨、中老矢野相模、大音因幡、加藤司書ら三、四名に過ぎない。あとは佐幕派、もしくは中立派であった。現在の秩禄を維持し、保身を願う人たちにとって、勤王党は幕藩体制を崩そうとする危険思想なのだった。司書が幕府の征長にさいし、内戦を回避し、五卿を太宰府に移転させたのはすべて藩主長溥の命に従ったものだが、直後に藩論は転覆し、勤王党は長溥その人から「奸曲の輩」として、司書に死罪を賜ったものである。だから納得できる罪名のつけようはなかった。

司書の親類の一人が「何か仰せ置かれることとあれば承ります」と言うと、司書は

「別にない。さりながら長男なお幼である。願わくはよろしくお引立てあらんことを乞う」

とだけ答えている。ついで隅田家家臣に対し

「ご当家で厚遇をいただき、喜びに耐えない。ご当主にお暇乞いしたい」

と言ったが、あいにくカゼとのことでかなわなかった。司書は当主、並びに牢番にまで丁重な言葉を残して立った。河村五太夫は司書を駕籠にのせ、施錠し、網代《あじろ》をかけるのを確かめて帰城した。夜十時過ぎだった。

長棒駕籠の周囲は隅田家家臣が固めた。前後は鉄砲隊が物々しく長い列を作った。赤坂を出た駕籠は大名町を通り、右折して薬院堀端から春吉の街並みを東へ進んだ。午前零時近く、家々の軒下や木蔭には噂を聞いて市民がひそみ、悲哀の声を殺して見送っている。笠の記事によれば夜空は澄んで〝列星燦爛《さんらん》〟、寒気は肌を刺し、心も腸も凍る思いだった。堀から飛び立つ雁や鴨の不気味な啼き声がひびく。草蔭で虫がすだき、犬の遠吠えが聞こえる。護衛の士はただ黙々と歩く。

司書の駕籠はこうして博多小山町の天福寺に着いた。

隅田家の任務は天福寺までの道中の警衛で終わり、家臣団は本堂前の広場で駕籠を降ろして引き揚げた。現場には検使、介錯人と若干の警衛者、雑役人（死体の収納係）だけ。司書の親類は堂の陰にひっそり佇っていた。このほか門外には多数の警衛がひしめいていた。

次は検使とともに切腹の始終を目撃した末永茂世の文による。末永はその文の末尾で「当日の実況茂世故有《ゆえあり》て目撃したれば、四十八年の昔をしのび感慨の念に不堪」と、明治四十五年に記している。「故有」についてはそれ以上触れていない。

加藤家の菩提寺は臨済宗聖福寺の塔頭《たっちゅう》節信院であり、ここが切腹場所となるはずであった。しかし聖福寺山門には後鳥羽院の宸筆「扶桑最初禅窟」の額が掲げられているため、同寺を避け、境外にあった聖福寺末寺天福寺で執行されたものである。

末永は天福寺に先行して一行を待った。

本堂前庭に掘立仮屋が二つ設けられていた。仮屋は四方を竹の柱、屋根は苫でふいている。三方に白幕を張り回し、本堂に面した一方だけあいていた。検使検分のためである。

内部は三坪程、高さ約三十センチに砂を盛り、その上に白縁の新畳二枚を〃しもく形《なり》〃に敷き、交差点に死衣として四角の白布を敷いてある。棺、手桶、柄杓まですべて白布で巻いてある。

切腹の座につぎの品々が用意されている。

一、白木三方　一、木刀一（奉書紙で包む）　一、白木硯箱（筆墨共）　一、奉書半切一巻

一、杉原紙二十枚　一、盥一　一、手水盥一（田子柄杓共）　一、白木燭台四　一、白張高提灯六本　一、白帛幕一張（緒は細引小晒木綿にて巻く）

検使役はすでに先着して待ったが、一行はなかなか到着しない。寺の内外に二十個近い高張提灯が押し立てられているが、星空を背景にぼんやり明るんでいるだけ、地上では人の顔が辛うじて弁別できる程度で、物の影が妙に大きく動く。夜は更け、樹木の密な境内は寂として、暗黒がひしめき合うようだった。

長棒駕籠が着いたのは午前一時過ぎだった。寺門が開き、一行が繰りこむと元のとおり閉じられた。ギイッと軋る音が人の魂を締めつける。駕籠は仮屋の側を過ぎ、本堂正面に横づけ、戸が引かれると司書が姿を見せた。本堂の設けの席に座すと、端然として半眼を閉じたまま動かない。左右を見ず、常人なら仮屋の模様など窺うものだが、岩のように微動もしない。そのまま時が流れた。

数刻経って、検使の一人が訊いた。

「なにゆえ無為に時を過ごされるか」

「家来の者、麻裃を持参するのを忘れたので取りにつかわした」

司書は前方を向いたまま答えた。

やがて麻裃が届き、司書は静かに立った。白羽二重の袷に武士の礼装である裃を着けると、本堂

から前庭に下りた。迫る死を知らざるもののごとく確かな足どりである。仮屋に入ると、中央の死衣の上にゆったりとあぐら組に座った。

介錯人が進み出て、白木の三方を司書の前に差し出した。司書は肩衣を外ずし、木刀を手にとって押し戴き、元の位置に返した。介錯人に対し、

「拙者がよろしい時はよろしと言う」

と断わり、辞世の歌を朗吟した。

君がため尽す赤心《まごころ》今よりは尚いやまさる武士の一念

最後の「武士の一念」は一段声を高めて響いた。そして「ウーン」と一声、ゆっくり大きく息を吸い尽くし、

「よろし」

と言いざま、頸を前に差し伸ばした。

背後に控えた介錯人は司書の言葉を聞くや、大上段に振りかざした刀を掛け声もろとも打ち下ろした。一瞬、白足袋をはいた司書の両足が前方を蹴り、体は仰向けに後方に倒れた。体のいずこから か発するウーンという気息を皆聴いた。恐らく満身に吸いこんだ空気が頸の切り口から噴出したものだろう。鉄石のように練磨された司書の筋肉が瞬時に反撥し、その勢いで前に倒れず、上向きに全身を一直線に伸ばす形となった。絶命後も硬直した気道から空気は洩れつづけたのである。

血は天幕にほとばしった。ただ首級は切断せず、わずかに繋っている。喉仏の部分であろう。検使役は「落命したりや」と訊いた。介錯人は「首骨裁断したれば、いささかも気遣いなし」と答えた。しかし「首体連続のままでは検視の役、相立たず」というので、副介錯人が再び刀を振るい、

斬り落とした。

加藤司書、三十六歳の生涯だった。


司書は最後の瞬間まで藩主に対する忠誠を変えなかった。辞世で「尚いやまさる」と歌い上げたのは決して誇張でなく、自分を鼓舞し、武士道を貫こうとしたものだ。

勤王党の領袖として藩を改革しようと努めた。藩内は佐幕派が多く、現状維持に汲々としている。広島で征長軍の解兵、五卿移転の実現に向け西郷吉之助らと接触する間に、衰えた幕府打倒へ動く新しい潮流を肌で感じた。このままでは福岡藩は時世に取り残される、と焦りもした。ところが藩主長溥は「公武一和」の線を崩さず、幕府の度重なる圧力を受け、勤王党弾圧に踏み切った。その結果、自分の意を体して広島で征長軍解兵に活躍した司書に、切腹を命じる破目となった。

司書は自分の正しさを信じて死んだだろう。この自信がある限り、死は恐れるに足りない。いつ、いかにして死ぬか。三十六年の生涯は死ぬための刻々であった。学問も武道もよき死のための鍛錬であり、生を盗むのを恥とした。武士道とは自己制御であり、自己制御の極限が死の甘受だった。

激しい時代の渦の中で、藩という旧秩序が死を命じた。死ぬは無念であるが、死ぬことで武士道を守ろう。肉体は亡んでも滅しないものはある。義理に殉じ、精神の勝利を信じよう。死について百万遍考え抜いた司書が、最後に「よろし」と口にしたとき、自らの意志で死を選びとろうとしたのである。


天福寺におけるも一つの仮屋で大目付、六百石、斎藤五六郎が司書につづいて屠腹した。三十七歳。温厚な読書家で正論を吐き、勤王、佐幕の対立で藩主に直言したこともあった。切腹を宣告されたとき「司書殿と一緒とは、かたじけない」と笑みを洩らしたという。

また同じ夜、材木町安国寺では衣非《えび》茂記、建部建彦の二人が切腹した。衣非は小姓頭、千百八十石、三十六歳。建部は御用聞役、七百石、四十六歳。共に誠実、有能な役職者で、藩論を勤王の方向へリードしようとしていた。司書が家老職を退けられたとき、その復権に動いて佐幕派に憎まれた。五卿に随従した土方久元の『回天実記』によると、六月十六日衣非も建部も揃って太宰府を訪れており、「いずれも正論有志の士」と記されている。

この三人に共通しているのはそれぞれ司書と親しく(特に建部の妹やすは司書夫人だった)、明白な罪状もないまま勤王家として切腹させられたことである。

二十五日の司書らの切腹に続き、翌二十六日さらに多数の勤王党が切腹、流罪、牢居などの処分を受けた。二十三日以来、何らかの罪科を課せられたものは百二十名を超えた。藩論の一方を支えた気鋭の士ばかりで、これ以後福岡藩は維新直前の激動の時代、佐幕派のみの片肺飛行をつづけ、迷走状態に陥ってゆく。

野村望東尼は二十六日、姫島流罪牢居を宣告された。

「奸曲の輩へ随身致し、屋敷内に於て密々に同気の者と相会し、あまつさえ旅人を潜伏させ、その外さまざまの不所行の儀これあり、女子の身上曾て有まじき行為不届至極、これによって然るべき重罪に処せらるべきに、格別のご慈悲をもって姫島流罪牢居を仰せ付けられ候。

野村助作一族中」

望東は夫の死後、平尾山荘で和歌をつくるかたわら勤王僧月照、平野国臣、筑前に亡命して来た高杉晋作らを一時匿い、また洗蔵、勇ら若い志士に会合の場所を提供し、世話をしていた。この宣告文にあるとおりで、すでに死罪を覚悟していた。女子であるとして極刑を免れたものの、このとき六十歳。孤島姫島の檻禁生活は過酷だった。

望東がつづった『姫島日記』によると、十一月十四日夜、牢居先の実家浦野家から網をかけた駕籠に乗せられ、夜明けに糸島郡岐志浦に着いた。ここから姫島まで海上十二キロ。冬の玄界灘はシケつづき、この日は特に風が強かった。数時間、木の葉のように揺れる小舟で運ばれて行った。

牢屋は小高い丘の上、周辺に人家などなく、海岸に近く定番役宅が見えるだけ。沖は常時白波が立ち、白兎のように走っている。

小舎は正面四メートル、奥行三メートル、松の木の荒格子で土壁はない。風は吹き通し、雨も防げそうにない。畳はなく、荒板敷だけ。わずかな荷物を隅に置くと、一人身を横たえるのがやっとの広さである。この小舎は四年前の辛酉の獄で、江上栄之進が二年間幽閉されたところだった。以来入牢者はなく、床は落葉が積んでいる。

老いた女囚を憐んだのか、日没後牢番が来て、火をこっそり寄こしてくれた。風と波の音が絶えない。配所の第一夜、手に触れそうな闇の中で身を縮めていたが、格子の間から十五夜の月が細く差しこんできた。

ぬば玉のくらき人やに糸のごと細くもさせる望月
闇《くら》きよの人やに得たる灯火《ともしび》はまことほとけの光なりけり

人やは囚屋をいう。いわゆる「島流し」は孤島で自ら労役し自活させるもので、死刑につぐ重罪だった。刑期はなく、特赦でもない限り島を出ることはできず、懲罰の棄民である。直接手は下さないが死を迫るものであろう。望東尼の場合、食事の世話はあったようだが、この歌のように人界と断ち切られた絶対の孤独は、死にまさる苦痛だっただろう。狂気に走らない方が不思議である。
翌年九月、望東尼は高杉晋作の指示を受けた福岡藩の脱藩浪士藤四郎らの手で劇的に救出されるまで十カ月間、ここに牢居した。すでに腰は萎えた状態だった。一人の浪士が横抱きにして船に運んだという。よくぞ生きのびたものであるが、精神力の強さに驚嘆せざるをえない。長州では手篤い看護を受け、高杉の死後七ヵ月生き、慶応三年十一月三田尻で没、六十二歳。
勇は獄中で望東尼の姫島配流《はいる》を聞き、「頗る厳酷なり」と記している。ちょうど一年前、元治元年十一月勇が五卿移転のため藩命で急拠長州萩へ向かうとき、幼い長男富士之助は瀕死の病床にあった。しかしそのまま出発、富士之助は四日後息をひきとった。これを聞いた望東尼は即座に
わが背子《せこ》を旅にやるだに哀しきを子にさへ永の別れせしやと
など二首を詠み、勇の留守宅、つまり妻女ミネ子に送って悲しみを慰めた。勇はいつ萩から帰るかわからず、ミネ子はひとり死児を埋葬せねばならなかった。その苦しみを望東尼は思いやっている。
勇は獄中記で当時を回顧し「此時長子不二之助病篤く死に頻す、然れども遂に命を辞するを得ず。今之を思うに愴悽に堪えず」と記している。望東尼の島流しと富士之助の死は分かち難く重なって、勇の慟哭が聞こえる。藩命を至上として生きた日と、いま獄窓に呻吟する自分をくらべ、士道の非情を嚙みしめたにちがいない。

明治二年奈良府大参事となった勇は富士之助のため墓碑をつくり、正面に「玉露《ぎょくろ》童子墓」側面に前記望東尼の和歌を刻んで供養した。玉露はしらつゆをいう。生後六カ月で早世した長男はつゆのごとくはかなく、消えた。父として、医者として看病すらできなかった。藩命とはいえ、見捨てたにひとしい。

実はこの「見捨てた」というのは勇自身の言葉である。

『早川勇日記』によると元治元年十一月六日夕、萩出張のため福岡から筑紫衛ら三士は早川邸に着いた。富士之助は昨夜来、危篤の状態で部屋はしめきって温め、勇は付ききりで脈をとり、汗を拭ってやっている。

「この有様だ。三人の娘に続いてやっと得た男児だ、いまは動けぬ。藩命を果たすは諸兄にお願いできぬか」

と声を振り絞った。三士はヒソヒソと顔を寄せていたが、筑紫が言った。

「長州の危機を救うため薩摩と和解させる、これを先唱したのは君だ、早川君」

まさにそのとおり。藩が勇を選んだ意もそこにある。

妻ミネ子は三士を接待し、弁当をつくり、その間富士之助を看病した。時折、土間に蹲って肩を震わしていた。

未明、萩に向け吉留の自宅を発ち、後ろ髪をひかれながら行くこと九キロ、夜明け木屋瀬宿に着いた。街道筋に点々と紅葉が散り残っている。

もみぢ葉のちるをみすててゆく旅は袖のしぐれぞいやまさりけり

死にゆく病児。東へ行く一歩一歩は鉄のように重い。藩命はさらに重い。背くことなどできない。

病児を見捨てて歩む。一歩一歩心臓はち切れる。紅いもみじは富士之助を見捨てた父親の眼に血の色に映る。涙にまみれて勇は歩いた。筑紫らは数十歩先を行き、時折振り返る。

このときミネ子はひとりで死にゆく幼児を看とらねばならなかった。勇はその姿を思い、まるでミネ子の心を土足で蹂躙して行く気がした。

あの光景は忘れられるものでない。勇は獄中にいて姫島の望東尼を偲び、同時に死児の齢《よわい》を数えつづけた。富士之助を見捨てたとの思いは勇にとって終生、義理の苛酷さを感じさせるものであった。

玉露童子の墓碑はいまも宗像市吉留の早川家に保存されている。

宅牢九百日

早川勇は獄中の日々をいかに過したのであろうか。

『樊籠漫稿《はんろうまんこう》』は獄中の感想を書きとめたもので、乙丑の獄の当事者による珍しい記録である。文中、勇は死を覚悟した心境を次のように述べている。

「竊《ひそ》かに聞く諸友難に殉ずる者十余人、流に処せらるる者二十余人。余自ら死を期し、予め浄衣を製して処刑の日を待つ」

疑獄の初期、全貌はわからない。街の噂はわずかに耳に入ってくる。悲報ばかりだった。親戚預けといっても勤王あり、佐幕あり、養子にきた勇の理解者ばかりではない。昼夜交替制で警衛は厳しい。ただ書籍と筆硯は与えられていた。家主の早川重五郎の配慮だったかもしれない。しかし処刑はいつなのか、刑名も刑期もわからず、ひたすら雷鳴を待つ刻々だっただろう。残された漢詩と文章によって、獄中の心情を推測してみよう。

乙丑中冬二十五日作
世態推遷《すいせん》シテ物情擾《みだ》ル
賢明国ヲ治ムレバ経営若《したが》ハン
驚聞ス門外芻蕘《すうじょう》ノ語
昨日城西ニ惨刑アリト

予想もせぬ事態だった。月形洗蔵、鷹取養巴、その他知友がすべて斬首とは……。世情は目まぐるしく移り、騒然としている。黒船いらいこの十年余、幕府の失政、福岡藩内の混乱は救い難いところまできた。賢者が国を治むれば物事は順調だろうに。幽囚の身となって四カ月、門外に野良帰りのものたちが城の西、桝木屋で惨刑があったと高声に話して通った。わが耳はつぶれ、脳天は真っ白になった。

檻中偶成
旧朋指ヲ屈スレバ悉ク豪雄
半《なかば》ハ黄泉ニ向イ半ハ獄中
却ツテ狂愚ヲ喜ビ連逮サル

タダ平日ノ誓盟ヲ空シクセシメズ

いまあるべからざることが起こっている。指折り数えるとわが友は豪勇の士ばかり。死んだもの、獄中にあるもの半々。一筋の道を頑固に求めた自分は獄につながれて、生命を賭けた日の誓いを思いつづけている。

奸謀譎計《けっけい》身ヲ翅図《しと》シ
巧ンデ詳ヲ刑シ諫臣ヲ戮《りく》ス
冠履《かんり》今ノゴトク倒置スレバ
君ヲ愛スル人コレ君ニ背《そむ》ク人

それにしても邪悪が横行し、巧んで詳《つばら》（月形洗蔵の緯《いみな》）を処刑し直言の士を殺す。こんな逆事が横行すれば、君を愛するにはまず君に背かねばならなくなる。獄中で亡友をしのび、苦しみ、己の正しさを確信しながら、心は千千に乱れ、藩主に対する反逆めいた心が不意に飛び出してくる。どの詩句もいま濁流を泳ぎ渡る緋鯉のように、身を捩り、時に跳ね、政道に対する怒りが生々しい。

旧友の生ける日の姿が走馬灯のように現われ、また消える。

昨年十二月二十日すぎ、勇は下関から福岡に帰る途中、黒崎駅で藩代表として広島会議へ赴く加藤司書とスレ違った。征長軍解兵は大詰めを迎え、総督参謀の西郷吉之助を中心に最終的に協議、決定する会合である。司書はのっけに勇に質問を浴びせた。

「長州藩の内乱はどうじゃ？　高杉晋作が挙兵したというが」

司書はこの内戦で長州が混乱するなら、五卿の太宰府移転は困難になるので、解兵前にやるべきでないか、と考えているようだった。勇は即座に答えた。

「高杉は藩内の俗論派を着々と掃除しております。しかも高杉は五卿移転にはっきり同意しており、ご懸念は無用。ただ諸隊の中には反対も根強いので、尾張総督が解兵を発令したあとでないと、五卿移転は難しくなるでしょう」

この問題は洗蔵と勇が下関で論争したことがある。洗蔵は五卿移転が先と言い、勇は解兵が先決と主張した。同席していた西郷が勇に同意して決着したが、これは一歩誤ると大混乱を招きかねない問題であった。

勇は念のため付言した。

「この点は西郷殿も承知です」

「わかった」

と司書は言って広島へ急いだ。勇を振り返った眼に温みがあった。そして西郷と協力して征長軍の解兵を実現したのである。

司書は明敏な人だった。大身の家に生まれ、態度に厚みがあった。しかも直線を歩く人であった。勤王党の領袖として藩の改革を目論みながら、事、志と違い、切腹を賜る破目になった。悩みはしただろうが、藩主に対する忠誠は揺がず、一筋に武士道を貫いた。

死を恐れる人ではない。しかし――あの方の死は強いられた死である。不合理は明白なのに、上意には従った。それが武士社会の掟だから。ただ無念は消えぬ。司書の無念が勇の胸にどっしりと乗り移っている。死の瞬間、司書を過《よぎ》ったのは忠誠よりも、武士の意地だけではなかったか。

生から死へ淡々と飛び越えたと思いたい。その気迫を尊重したい。しかし、勇はいま何も信じることができなかった。最後に黒崎で別れたときの温眼が胸に沁みついている。大身の家老と庄屋の息子という埋め切れぬ身分の懸隔があるのに、通い合うものがあった。いまあの温眼は地上から消えた。勇は氷の室に入ったように、司書の後ろ姿を追いつづけた。


洗蔵も直線の〝漢《おとこ》〟だった。西郷吉之助がかつて洗蔵について「月形の志気英果なる筑藩では無比」と評した。志気とは一直線に進むときの勢いである。月形一門が奉ずる朱子学に由来するものだろう。人間のあるべき道を問い、道理を求め、厳しく自他を律する。秩序を乱すものを容赦しない。

洗蔵は昨冬、今中作兵衛と下関に急行する途中、黒崎駅の番所前で旅館桜屋の主人藤四郎《とうしろう》を危く斬って捨てるところだった。雨が降っていた。洗蔵は激高している。理由は藤四郎が下駄の緒を立てながら応対したからという。武士に物を言うときはまず土下座するのが礼儀だった。情況からみると藤四郎は早駕籠の洗蔵に伝言でも伝えようとして滑り、鼻緒を切ったかもしれない。雨中でただ慌てた。その不様さを見て洗蔵は同行の作兵衛に「斬れ」と命じた。番所役人が止めに入り、桜屋に宿泊中の中村到（勇らの友人）が身柄を貰い受けて事なきを得た。桜屋はしばしば志士の会合に使われ、藤四郎は維新後、従五位を贈られた人物である。

この事件は上下の秩序に固執した洗蔵の気迫を物語っている。しかし同時にその狭さも。秩序を乱すものは問答無用で排除する。このときそれが洗蔵にチラリとでた。洗蔵はしばしば自分を〝頑《がん》愚《ぐ》〟と称した。

洗蔵は生まれついての武士である。若くして砲術目録、剣術目録をとり、その後も日課として槍つき出し、木刀揮いなどで身体を鍛え、四書五経、兵学にも励んでいる。単なる武辺でなく、文武を結びつける儒学者であった。武士として自己完成に集中した。純粋であればあるほど自他に対して厳しくなる。そんな自分を頑愚と称したのだ。

「春雨じゃ、濡《ぬ》れてゆこう」の名セリフで知られる行友季風の芝居「月形半平太」は、月形洗蔵と土佐の武市半平太からとったといわれる。いずれも勤王家で、武市は洗蔵より五カ月早く切腹させられた。「月形半平太」は新選組と闘い斬りまくって死ぬが、この悲劇のコンビに大衆は、武士を感じて喝采したものだろう。美しく死ぬ、「月形半平太」が象徴するサムライの到達点はそんなに狭い場所だった。

勇は文字のない農民の子として生まれた。幸い物心つくころから師について文字を学び、やがて月形一門について朱子学を修めた。その教養は洗蔵と同質である。ただ勇は秩序を尊重するが、混沌、無秩序を切り捨てない。事に当たって分析し、踏み分け、認識しつつ方向を定める。

その点で洗蔵と違う。それは出自の差、気質の差と言っていいが、より本質的には観念論への距離と言うべきだろう。勇は儒学を通じて人間の道を考え、武士の理想像に近づきたいと願っている。ただ武士も農民も人間としてみれば差異はないのでないか。つまり出自よりも人間に重点を置く。虫生津村から福岡へ出て来てすでに十八年。その間、洗蔵を敬愛し、多くを学んだ。学問の理解、勤王思想において洗蔵は先覚である。自分に欠けたものをもつ。洗蔵の強烈さに身近で接しながらなぜか不快を感じたことがなく、同じ人間としてその気迫が快い。

洗蔵は藩主長溥から再三、幽囚の咎を受けながら、藩主を信じ、獄中で文天祥に倣って「正気ノ歌」をつくった。しかし砂上で斬られたとき、異族モンゴルの王に刑された文天祥の心事を理解したのでないか。屈辱の死を与えたのは藩主であるが、おれはおれの死を死ぬだけだ。忠誠は変わらぬ。斬首が非理であるから敢て受ける。頑愚として死ぬ瞬間に花の香気を放つ。自己の血をもって言説の誠を示す。香りは永く後世に伝わるだろう。

勇は洗蔵の心事をあれこれ忖度《そんたく》する。どんな窮地に陥っても、洗蔵が直線を崩すとは思えなかった。しかし――洗蔵が憤死したことは疑いない。秩序に生命を賭けた男がその頂点と仰いだ藩主から斬首刑を受けた。武士としてこの加辱は容認できるものでない。「筑前は黒土となるであろう」と最後に叫んだのは呪いである。洗蔵は精神の全秩序の崩壊を見ながら首を斬られた。これに勝る悲劇はない。

勇は自らに問う。

――おれは頑愚として死ねるか。到底できない。それができない限りおれは洗蔵を尊敬しなければならぬ。兄事した〝漢《おとこ》〟の敢然として受けた死の前に膝まずかねばならぬ。

勇の腹底になお霧に包まれた部分がある。〝漢《おとこ》〟たちが殺された。切腹は不合理である。斬首は非理である。おれはそんな姿では死ねない。霧の核心で蠢いているのは迫る死をハネ返す反抗心だった。藩主に背く心――それが明確な言葉になろうとすると、霧はいよいよ濃く凝集してすべてを包みこんでしまう。

生きてなすべきことは多い。美しく死ぬより、まず生きねばならぬ。

獄中の勇は洗蔵を思い、自分を思い、堂々めぐりを繰り返した。あげく「君ヲ愛スル人、コレ君ニ背ク人」と呟く。洗蔵の苦悩を突き詰めている間に、藩主を難じる思いが不意にギラッと湧く。勇自身、朝に夕に思考は大きくぶれ、ほとんど狂気の状態に陥った。

おれひとり生き残った、これが狂気の根源である。

入獄して三、四カ月のころ、勇は脚は萎え、幻覚に陥り、昼夜の別もつかない状態になった。なぜかしばしば幼童の自分に返った。虫生津村の長楽寺のお坊さんが「蚊を殺すな」と大声で叱りつけた。あのとき頭を垂れて合掌した。獄中生活で苦しいとき、自然に掌を合わせ座禅の姿勢をとる。十本の指を鎖のように絡める。指先に異常な力が入り、二の腕から肩が湯を浴びたように熱くなる。血は全身にひろがる。背から腰に力が漲り、やがて脳中の霧が晴れてゆく。

この座禅の姿なら、獄中で自堕落に見えずにすむ。

勇は医者だった。指先に発した力が五体の筋肉に血流を送り、心気を爽快にすることに気付いた。座ったまま拳を握るだけで血流は活発になる。とすればこれを反復することだ。五体を大きく動かさなくても、指先を刺激すれば、体力は維持できる。ゆっくり息を吐き、ゆっくり吸う。これで心身の安定を得る。

昼となく夜となく、合掌する。無念無想、忘我が訪れ、獄中にあることを忘れる。

こうしてひたすら耐えた。脚はいぜんとして萎え、時に狂気に襲われるが、手の震えは減った。闇の底にいながら、物の形が見える。虫生津の老いた父と母の顔を思い浮かべ、祈る。三人の娘、松代、スカ、倫、それに死んだ長子富士之助。ミネ子の蒼白い顔が漂う。勇は眼を凝らして愛するものの姿を逐った。精神の力を保つには体力が大切と思うようになった。

生存のナゾ

勇の『樊籠漫稿』を読むと、獄中に細々と入ってくる情報はいずれも暗く、先細りするものばかりだった。

慶応二年（一八六六年）に入る。

太宰府の五卿は江戸護送の危険に曝されていた。第二次征長に先立って、幕府は尊王の旗印となっている五卿を、できれば抹殺しようと図ったのである。時局の焦点であるこの問題について、勇は

「五卿を江戸に遷さんと謀る者あり薩人の拒ぐ所となり遂に就かず」

と記している。

この年の三月末、幕府の目附小林甚六郎は配下三十名と軍艦で博多港に入って来た。福岡藩はこれを礼遇し、福岡から太宰府への道に砂を敷き、中老林丹後は兵を率いて太宰府を包囲、五卿を江戸に護送するための網乗物をつくり始めた。いまや勤王党なく、佐幕派だけの重役は大局を知らず、ひたすら幕威を恐れ、笑止千万の措置をとった。

五卿と随従の士たちは悲壮の空気に包まれ、いざというときは斬り死の覚悟を固めた。

西郷吉之助はかねて筑前の藩論転覆の結果、五卿の運命につき深く懸念していたが、このとき急拠、薩摩藩の黒田嘉右衛門（清綱）と郷士三十人を派遣した。黒田らは四月初め太宰府に入り、藩主の命がない限り五卿を渡すことはできぬときっぱり拒絶。続いて大山格之助（綱良）が兵三十余人と

野戦砲三門を引いて駆けつけた。幕府は五月七日福岡藩に対し五卿引き渡しを命じたが、大山は二日市の小林の宿所に向け砲を据えて威嚇、小林はついに何もなしえず、間道を伝って福岡へ去った。

勇が牢居して悶々としていたとき、功山寺いらい知己となった中岡慎太郎（土佐藩）は坂本龍馬とともに薩長和解に奔走、薩摩へ、京へめまぐるしく南船北馬の旅をつづけ、太宰府にも立ち寄っていた。一月薩長同盟が成立したが、幕府が察知した証跡はない。獄中の勇がもしこれを聞いたら狂喜しただろう。わが生涯の夢を盟友慎太郎が果たしてくれた。これで倒幕の展望はひらけた。勇は後に「史談会」で「薩長和解の基礎は筑前でなしたことである」「内実の功労は坂本龍馬より中岡慎太郎の方が多いと思う」と証言しているのは、慎太郎の苦労を知ったものの率直な言であろう。

幕府はひたすら長州再征を焦り、六月に防長四境戦を開始した。長州軍は全国の大軍を一手に引き受け、至る所で勝ち、開戦十日間で大勢は決した。その裏で薩摩が長州をバックアップ、イギリスの新鋭艦、銃などを斡旋し、高杉晋作が従横の機略で幕軍を圧倒したものである。

福岡藩は幕命に応じ、黒田美作を総大将に勇の実家に近い遠賀郡底井野村に出兵した。総勢三千五百人の勢力だが、激戦の行われている東の小倉、門司まで三十キロ余、しかも遠賀川を挟んで西側の滞陣である。砲声はドロドロと聞こえるが、出勢を促されても一歩も動かなかった。

勇は獄中で風聞を聞いてこう記している。

「幕府しばしば各藩の出兵を促す。我が藩某隊将をして兵を率いて国端に出で、長人小倉を破るに及んで、我が隊将走り帰る」

小倉城が陥ちたのは八月一日。直前に幕将小笠原長行は軍艦で脱出、東帰した。このころ太宰府で小林甚六郎が五卿受取りに乗りこみ、薩摩側は拒み、ニラミ合いが続いていたが、幕軍の敗走とともに小林は九月福岡から退去、五卿らは危うく虎口を脱することができた。

福岡藩を置き去りにして、日本は百八十度の転換を遂げつつあった。

将軍家茂は七月大坂城で病死、九月に幕府・長州の休戦協定が成立した。年末、一橋慶喜が十五代将軍になって間もなく孝明天皇が崩御。年明けて慶応三年（一八六七年）一月、明治天皇が十六歳で践祚《せんそ》、世は激動の色をますます強めてゆく。

高杉晋作は四月肺病で死んだ。西郷隆盛、木戸孝允らは薩長同盟を軸に倒幕へひた走った。

十月、十五代将軍慶喜が政権奉還、翌日討幕の密勅が下る。

十一月、京都近江屋で坂本龍馬、中岡慎太郎が襲われ、坂本は即死、中岡は二日後に死んだ。

秋以来、京阪から東海道、江戸へかけて「えゝじゃないか」という奇妙な歌と踊りが大流行した。封建制下における重税、物価暴騰に苦しむ民衆のうっ憤が噴出したものだった。勇はもちろん、そのことを知らない。

十二月九日、朝議で三条実美ら五卿の復官、帰洛が許可され、王制復古の大号令は下された。これも勇の耳には届かない。

五日後の十四日、薩摩藩の西郷新吾（従道）大山弥助（巌）らが博多港に軍艦で乗りつけ、太宰府に赴いた。五卿は京都を出て五年ぶり、随従の士とともに帰京することになり、十九日太宰府を発した。箱崎の黒田家茶屋で三泊、二十二日海路京へ向かった。

このとき薩摩藩の大脇彌五右衛門らは博多・甘木屋に投宿、福岡藩の青柳禾郎と会い、勤王党の安否を訊いた。

「早川勇、中村到の両氏の消息は如何？」

「ご両名は目下幽囚の身ですが、刑死だけは免れています」

「それは、それは。加藤司書、月形洗蔵殿は無念の死であったが、貴藩になお語るべき士が残っておられたか。さっそく三条卿にご報告申し上げ、救出のお願いを致そう」

大脇は手を打って喜んだ。大脇は『回天実記』に警衛の薩摩藩士としてその名が記されており、太宰府で勇とも交遊があった。

三条は箱崎で長溥の世子長知と面会の折、長府功山寺で勇が誠心誠意尽くしてくれたことを語り、早急な釈放を求めた。この結果、勇と中村到の二人は十二月二十八日帰宅して謹慎せよとの命を受けた。(大老黒田播磨も謹慎を解かれた)。他の同志の解放は翌年二月の大赦令まで待たねばならなかった。


勇は狭い檻内で起居の自由を制限され、太陽を見ず九百日を辛うじて生き抜いた。檻を出てもまともに歩けない。脚は骨と皮だけになり、立とうとすれば朽ち木のようにぶっ倒れる。その夜は這って用を足しながら、すぐ馴れるだろうとタカをくくった。

吉留村の自宅に帰るため二十九日朝、重五郎の弟喜三、恩師月形健の長男潔とともに福岡谷を発った。二人の若ものに左右から支えられ、街はずれの箱崎までたどり着いたのは八つ半、いまの午後三時半。休み休み来たが、腰は萎え、一歩も進めなくなった。まるで骨のないこんにゃくのようで、力が入らぬ。しかも心臓は早鐘のように打ち、平常の三倍近い速さに医者の勇は生命の危険を感じとった。

（このときの勇は現代医学で言えば廃用症候群を呈していただろう。三好正堂・浅木病院長＝一九七一年から三年間、ニューヨーク大学に留学、リハビリを専攻・現遠賀町＝によると、身体の自由を奪われ、太陽を見ないと、筋力は一日三％、一カ月で八〇％ダウンする。筋萎縮だけでなく、骨粗鬆症、心肺機能低下、低血圧、ボケ、幻覚が起こる。医学の心得があれば檻禁中でも、にぎりコブシ、合掌など等尺性運動で筋肉を鍛えただろう。それにしても余程の精神力がないと九百日の拘禁には耐え得なかっただろう、という）

箱崎駅には勇が長州へ往来したとき馴染んだ駕籠屋がいた。「駕籠を頼む」と言うと、主人は勇を覚えていて、気の毒そうな顔で「実は年の瀬で駕籠カキがおりません。竹輿ならお貸しします」と言う。前後に人夫が二人要るのだ。そこへ香椎の農夫三人が博多方面から急ぎ足で来た。この輿を担いでくれないか、と賃金を前払いすると、香椎までならと応じてくれた。夕暮、香椎の浜男の辺で竹輿を道端に置き、さっさと三人は去った。途方に暮れていると、青柳村へ帰るという四人組がやって来た。そのうち年配の一人が勇の顔をつくづくと見て言った。

「池園のお医者でしょう？」

「そうです。あなたは？」

「先生に看てもらったことがあります」

勇は十三年程前、莚内《むしろうち》村の池園良庵という医家の養子になり、いまの妻ミネ子と結婚、その後、夫婦で早川家に入ったのだ。莚内は青柳の隣村で、勇が何度か往診したこともあった。四人は勇の様子が余程哀れげに見えたのか、「駄賃など要りません」と言い、さっそく竹輿を担いでくれた。

夜十時すぎ池園家に着くと、驚いて泊めてくれた。勇はいま歩行ができないのは単に脚の問題でなく、脈の乱れなど全身に何か異常が生じていると思い、大事をとってここで三日間休養をとった。

出獄して初めて幽囚の打撃の大きさを思い知らされたのである。

元日朝、池園家を駕籠で出発した。出獄したことは年末、自宅に知らせていた。途中、吉留村から鞍馬を引いて迎えに来る村人と出合った。体力はかなり回復していたので、助けられて馬上の人となった。正午すぎ自宅にたどり着くと、家族は正月仕度をととのえて待っていた。

座敷に落ちついたとき、晴れ衣を着た三女倫が勇の膝に抱きつき、涙顔で恨み言を言った。

「赤間まで出迎えて、トトさん、と会釈したのに知らん顔で行ってしまわれた」

「そうじゃったか。あんまり大きうなって、別人と思うたのよ」

「いけん、よう」

勇は久しぶり馬に乗って手綱を握るのに懸命で、出迎えの知人のあいさつに応える余裕もなかった。だから倫を見過したのである。

倫は明けて九歳、父に似て背は高く、色白だった。勝ち気で甘えっ子。勇を独占するように膝にのり、その体温が沁みいって勇の全身にひろがった。これが生命か。松代とスカは倫の仕草を見て、涙まみれの顔で笑っている。妻ミネ子は心なし痩せたようだが、立ったり座ったりして勇と娘たちを見くらべ、笑みをこぼしつづけている。眼元まで薄化粧しているのを見て、勇はキュッと胸が詰った。

養子の順節が「おめでとうございます」と畳に手をついて挨拶した。賀詞に無事生還の喜びをこめている。勇は手をとって
「留守中はよくやってくれた。ありがとう」

と労をねぎらった。鼻下に髭を蓄え、医者らしく落ち着いている。

五卿が赤間に滞在中、勇は順節を連れて拝謁を賜ったことがある。あのころまだ髭はなかった。いま順節は〝髭の医者どん〟として、勇の政治活動に不満だった村人になかなか信頼されているらしい。

家族のやさしい視線は夢でない。虫生津村から実兄の貞荘が駆けつけた。「おう、生きとったか」と体をぶつけてきた。父直平、母トヨが泣いて喜んでいるという。勇はそれを聞いた瞬間、わが身が涙の海を漂う一点になってしまった。みんな勇の無事を喜び、正月と重って笑声が絶えない。

しかし勇はなぜか目前の正月風景を信じ切れない。死んだ同志たち、生ける屍のような二年半の牢居は一体何だったのか。あの凍りついた時間は嘘でない。手を伸ばせば氷塊に触れる。いま生きているが、心の奥に死んだ部分がある。死と生が身内でせめぎあっている。


勇がなぜ生き残ったか、これはナゾである。

加藤司書、月形洗蔵、鷹取養巴ら乙丑の獄の刑死者は藩命により五卿の太宰府移転に全力を尽くした勤王党である。洗蔵と勇はその先端で活躍したアクティヴだった。佐幕派の重役たちは「根を截り、葉を枯らすべし」として勤王党を憎み、その家族まで処罰しようとした。勇が斬罪を免れたことについて、評伝類では人柄が温厚だったから、などと記されている。しかし名門の藩医鷹取養巴は資性温厚、時に因循派と評されながら斬られた。憎しみの前に激派、穏派の区別はなかった。

勇生存の根拠となる証言が一つある。明治二十五年宮内省の呼びかけで始まった『史談会速記録』(第六輯)で五卿の一人、東久世通禧が早川勇の言として次のように語っている。

「(処刑の) 帳面に自分も載って居ったが、早川丈けは老公 (長溥) が此れは少し使ふ所があるから、此れは別にするが宜いといふことで點を懸けたから自分丈けは（生き）残った」「使ふ所がある」の意はわからない。勇は宗像在の医者であり、長溥にたびたび面接できる立場ではなかった。ただ慶応元年二月、西郷吉之助が上京の途中長溥に会い、洗蔵と勇を京に同行したいと言ったとき、長溥は洗蔵を許さず、勇と筑紫衛を呼び寄せ、西郷と上京せよと命じている。

勇は京都に滞在中、藩邸の佐幕派重役大音兵部に伴われ、一橋家用人黒川嘉兵衛と会った。黒川は「福岡藩は朝敵長州と同気の報告がある」と強く詰ったのに対し、勇は堂々と反論、「福岡藩が行った長州周旋、五卿移転はすべて幕命に応じたものであり、幕府から批難される覚えはない」と藩の立場を弁じ、黒川をついに緘黙《かんもく》させている。このころ幕府は「長州征伐の次は筑前」とさまざまな脅しをかけ、藩論を幕府寄りに引き戻そうとしていた。

勇については高原謙次郎が「コノ人、詩文ニ達セリ。先年来勤王ノ志深ク長州へ度々行キ候」（維新日記）と評しているように達意の文を書き、思考は柔軟で深い。その論理に強い説得力があった。大音は黒川と勇の論戦のもようを藩に報告した筈だが、勇に好意的だったとは思えない。ただ長州再征のさ中、長溥は先に喜多岡勇平の横死により、長州、薩摩とのパイプ役を失っていた。長溥は内戦回避へ動く最右翼の大名だった。勤王党の粛正を進めながらも、その方面の人材を求め、あるいは勇を想定したかもしれない。もちろん、これは筆者の推測に過ぎない。

ともあれ勇生存のエピソードは、佐幕派の憎悪で大疑獄のリストが作製され、最終段階で藩主が刑死者をチェックした事実を物語っている。

勇にとって長溥は幕府の征長中止――国内和平を本気で推進した人。しかもその同じ人がなぜ勤王党を弾圧したのか、不可解としか言いようはなく、生きのびてはいるものの、心は闇の底で凍りついている。

宗像の早川家は唐津街道に沿っている。三年前、勇は下関から五卿に随従、黒崎、木屋瀬を経てわが家の前を通り、赤間宿に入った。黒田家別館の赤間お茶屋は城山の山麓にある。

早春の城山颪《おろし》は肌を刺すように冷い。勇は牢居で衰えた体をいたわりながら毎日散歩に出る。川伝いに北西に歩くと、田ん圃の彼方、森蔭にひそむ茶屋が見えてくる。五卿はここに一カ月滞在して太宰府に移った。その間加藤司書が来た。瀬口三兵衛が来た。藩論が転覆する直前で、勇らは藩の無礼な待遇に悩み、かつ憤った。洗蔵は主に太宰府にいて設営に当たった。当時の同志たちの精気に満ちた眼光や声色はいまも眼に浮かぶが、かれらはすでにこの世にいない。お茶屋から太宰府に至るあのドラマは幻であったのか。

突如、眼前の風景が灰一色に変じた。

洗蔵らが斬られた桝木屋の浜。白砂を舐める波。松原の彼方、薄い灰色の能古島……すべて色を失った影である。

「死ねば何もない。何んにもない！」

勇は叫んだ。死んだ友人たちは還らない。その絶望感が雷鳴を発して勇を直撃した。腸の辺が捻れ、咽喉の奥からドロドロと何かが噴き上げて来る。からだは血と砂の袋になった。

「うおーっ」

勇は体を曲げて吠えた。獣の咆吼に似ていた。鼻汁と混り、飛び散る声を止められなかった。視野の端に田の畦に立つ二、三人の子供が恐怖の眼で見ていた。腹の底から湧く血と砂、洗蔵、養巴らの首だけの顔。声は意味をなさず、眼は見開いたまま、枯れて涙は出なかった。牢獄で味わった狂気が襲ったのだ。

灰色の冬雲は低く、乱れた形で動かない。わずかな切れ間に少し青空がのぞいている。太陽は姿を見せないが、雲の縁を鈍く輝やかせている。黒い、大きい烏が柿の裸木に群れている。里の背後の山肌は末枯れているが、所どころ暗い常緑樹が盛り上がっている。

荒涼とした風景の底にも、春は蠢《うごめ》いているのかもしれなかった。

第五章　福岡藩贋札事件

徴士として京へ

慶応四年（一八六八年）一月三日、鳥羽伏見で薩長軍と幕軍が開戦した。薩長側四千五百、幕軍は一万五千の激突だったが、薩長は新式銃火器で終始押しまくり、三日後、十五代将軍徳川慶喜《よしのぶ》は大坂城を退去、東走した。

歴史の歯車は火を噴いて回り始めた。新聞もテレビもない時代、九州の片田舎に戦局も政局も直ぐには伝わらない。しかし朝焼けが刻々色合いを変えるように、地方にいても空気の色は敏感に何かを伝える。早川勇は旧冬、二年半を過ごした獄を出て、筑前国宗像郡吉留の山間で静養につとめていたが、正月風景の中で、氷室に似た冷気がわずかに緩むのを感じていた。

正月十一日夜、福岡の親戚早川喜三が来て、「出庁されたい」との藩庁からの達しを伝えた。十三日出福してみると旧禄を返し、藩校修猷館の教官を命ずる、という。勇は

「牢獄生活で体が衰え、その任に耐えず」

とその場で辞退した。

雪融けが始まった。乙丑《いっちゅう》の獄で逮捕、檻禁された勤王党は二月四日、大赦令で全員釈放された。佐幕派の浦上数馬、野村東馬、久野将監の三家老は月末それぞれ退職、逼塞《ひっそく》の身となった。二馬一牛(数馬と東馬、久野は通称一角)は三年前、勤王党の加藤司書らを刑殺、勇ら多数を檻囚したが、こんどは逆転、破滅へ沈む番だった。

自由を獲たものたちは二十八日、痩せ衰えているが髭のソリ跡はさっぱりした顔で会合し、互いの無事を確かめ合った。むろん勇も招かれている。話は殉難者の哀悼にはじまり、佐幕派に対する怨嗟、さらに責任の追及に発展する。

林泰は海津亦八の手を執って言った。

「桝木屋《ますごや》の獄でご尊父が斬首されるのを、君は壁一重隔てて聴いた。なんたる無道。加えて君じしん姫島に流されながら、よくぞ耐えぬかれた。ご心中お察しする」

「いや、あの惨刑の渦中で君と会ったことは、生涯忘れるものでない。姫島では昼も夜も悪夢のように父の死を思いつづけた。いま父の夢であった王政復古は達成されたが、私じしんまだ重い石の下にいる。これからどう生きてゆくか、自信もない」

海津の言葉に一座は声もなく聴き入っている。林泰は亦八が父の死の瞬間、狂って柱に頭をぶつけ、死のうとしたことを知っている。この親子受難の無残さは言いようのないものである。悲憤に

駆られて二、三人が同時に口を開いた。

「二馬一牛は国政を誤った大罪人である。同志は殺され、われわれは獄舎で苦しめられた。幽閉などですむことでない。当然、斬首の刑に処すべきである。連署してこれを藩庁に建議しよう」

口々に佐幕派を罵り、報復を叫んだ。怨念のやり場もないのだ。その様子を見て、勇は幕末、勤王・佐幕の両派が対立し、血で血を洗う争いの果て、乙丑の獄を惹起したことを思い出した。憎む、殺す、この悪循環がまた始まろうとしている。林泰などは古い武士気質を丸出し、口をへの字に曲げている。勇は言った。

「かれらが罪人であることは明らかである。かれらは知識が足らず、時世の見通しを誤った。海津君の無念を思うと、言葉もない。ただ問題はわが福岡藩の今後である。王政復古が成ったいま、われらは時代に立ち遅れ、暗雲の只中にある。かれらの処分については朝廷から何らかの沙汰はあるだろう。いまなすべきことは責任追及よりも、今後の方向を見定めることではないか」

「手ぬるい。われらの手で倒す以外、恨みの晴らしようはないワ」

林は声を振りしぼる。

この激しさはサムライそのものだ。憎悪が血を呼ぶ。動と反動はとどまるところを知らず、争いは永遠に繰り返す。亦八の憤懣、勇じしんの怒りのヤリ場もない。ただ正義であれ不正義であれ、血臭に差異はない。勇は鼻辺に洗蔵の血の匂いを嗅いでいる。殺し合いから生まれるものは荒廃しかない。

このとき勇は深い悲しみに全身を浸されていた。人間の愚かさが底まで見えるのである。

勇の論に反発の声の方が多かった。賛成したのは山内俊郎（信実）ただ一人だった。ともかく勇の異議で報復の連署建議はうやむやになった。

　山内は玄界島に遠島された人だが、思慮深く、このあと藩の小参事に進んだ。


　勇を呼ぶ声は東から来た。

　三月四日、京都の太政官《だじょうかん》（新政府）から藩邸公用役を召し出し「早川勇に朝命あり、早々に出京ありたい」と沙汰があった。太政官は発足したばかり、政体を定め、組織づくりを進めている最中で、三月十四日五カ條の誓文《せいもん》発表にこぎつけた。時を同じくして東征軍は三道に分かれ、江戸へ進撃している。

　人材はいくらあっても足りない。そこで新政府の最初の組織として、各藩から俊秀を抜擢する徴《ちょう》士《し》・貢士《こうし》の制をつくった。貢士は藩の推薦による。徴士は朝廷が直接スカウトし、参与職とした。西郷隆盛、大久保利通、木戸孝允らの身分も参与であった。新政府の中心にいた三条実美《さねとみ》卿は、太宰府移転で活躍した勇の誠実を忘れてはいなかった。かくて福岡藩から只一人徴士として、勇に白羽の矢が立てられた。

　貢士としては団平一郎が福岡藩の代表となった。（団は大組六百石。養子の琢磨は後に三井財閥の大番頭となり、右翼に殺される。孫の伊玖磨は作曲家となる）

　この報らせが勇に届いたのは一カ月遅れの四月八日だった。福岡藩は三家老更迭に伴う人事入れ替えのさ中であり、あまつさえ四月四日太政官から「藩内の混雑、いまなお正邪分明でない」と、暗に乙丑の獄の責任者処分を求めて来た。このため藩は八日浦上数馬ら三家老を切腹させ、首級は首実検のため軍艦で京都へ送られた。

太政官がなぜこの時点で処分を求めたかは明らかでないが、前記勤王党の報復論にみるように激しい怨念は藩内に渦巻き、昨日の勝者は今日の敗者として死なねばならなかったのである。このてんやわんやの中で、同じ京都から勇に召命が下ったのだ。明と暗の交錯である。勇にとってわが身にひきかえ、政治の非情さをつくづく嚙みしめる事態であった。

勇は直ぐ上京した。

四月十一日、官軍は江戸城に入った。その日、前将軍慶喜は恭順していた上野の森を出て、退隠地水戸へ向かった。憔悴《しょうすい》して髭ぼうぼう、前後を約二百人が守護していた。

この時の慶喜の心情の悲痛さについて、前日夕、幕軍総裁勝海舟が無血開城を慶喜に報告した「断腸記」によってみよう。

慶喜は勝を見るなり叫んだ。「あゝ危うき哉」。江戸城を開け渡せば不満の幕臣が決起し災害はいまにも起こるであろう。汝の処置は粗暴にして大胆である。談判の順序がなっていない。今となってはどう仕様もない。予は不本意のうちに死ぬであろう。

「血涙雨の如し」

慶喜の姿をこう記す。慶喜の恨み節を聞いて勝は「心胆共に砕け腰足麻痺せり」と。そしてあえて抗言する。

君上の言葉は誤っています。二月、他に人なし、どうしてもやれと命ぜられたとき、「どんな大変になろうとも一切お委せ下さるならば」と言ってお受けしました。いま百万の江戸市民の生死がかかっているとき、私は恐れ多いなど申すつもりはありません。

「且言い、且罵り、席を立って城外へ向かう。この際の熱苦誰にか告げん」

勝は前将軍慶喜をののしり、ケツをまくって退出したのである。
一方、官軍は鳥羽伏見いらい、錦の御旗を先頭にトコトンヤレ節を歌いながら押しまくった。

宮さん〳〵御馬の前にひらひらするのは何ぢゃいなトコトンヤレトンヤレナ
あれは朝敵征伐せよとの錦の御旗ぢゃ知らないかトコトンヤレトンヤレナ

この歌は大村益次郎が軍歌に擬してつくったもので、品川弥二郎が広めたなど諸説があるが、証拠はない。

歴史の明暗をこれほど鮮明にした時期は他にないだろう。勇が京に着いたのは、江戸城の無血開城が実現した三日後の四月十四日である。長く獄舎に閉じこめられ、歴史の圏外にいた勇にとって、京は激流そのもの、すべて奔馬のようにすさまじく走っていた。京都藩邸も顔ぶれは一新、団平一郎、中村到、倉八権九郎ら勤王党の人々がいて、勇は新情勢をいろいろ聞くことができた。薩長に知己が多いうえ、三条実美ら五卿に信頼篤い勇の上京は、肩身の狭い思いをしていた福岡藩士に大歓迎されたようだ。

五月二十三日勇は太政官代に呼び出され、待詔院《たいしょういん》御用を仰せつけられた。これで正式に徴士として朝廷に仕える身となった。筑前の田舎医者、しかも幕末、剣が峰にさしかかったころ二年半、牢獄に閉じこめられていた勇が、維新とともに中央に引き出されたのは異例のことであった。

七月奈良府権判事を拝命した。その直後、勇の実家（福岡県遠賀郡虫生津村）の母、嶺トヨが病没した。その喪に服するため帰省、奈良府に赴任したのは九月であった。

父直平は妻を喪った悲しみで仏壇の前を去ろうとしなかった。勇の手を握り、目をしょぼつかせながら奈良のことをあれこれ聞こうとする。

「天子様は江戸にお住まいになるかの」

「戦争が片づけばそうなるでしょう。江戸城は東京城になると聞いています」

「奈良はどうじゃ、早うミネ子さんを連れて行け」

「は、そうします。秋には仕事のメドもつくでしょうから」

奥の座敷から五葉松が見える。三年前幽囚される直前より一回り大きく、亭々と聳え立っている。服喪中に勇は親戚知人に挨拶回りをした。元来、喪中は門を閉じて魚肉や酒を遠ざけ、ひとに穢れを伝染してはならないとされているので、父直平の実家有吉家などに限り内々で訪ねた。「勇が京都で立身したそうな」と、親類縁者が話を聞こうと集まってきた。

吉留では恩師月形春耕に会った。春耕には勇の入獄中なにかと家族の面倒を見てもらっていた。奈良の話をしているうち、

「私は十月初め桑名の親戚へ行く。その折、ミネ子さんを私がご同道しよう」

と言ってくれた。女の一人旅など考えられない時代で、願ってもない機会であった。

「よろしくお願い致します」

勇は深く頭を下げた。

実はミネ子は勇が出獄したあと、体調をくずし、ほとんど部屋に閉じこもっている。勇が京都に去ってから家人と口をきくことも少なく、富士之助のため仏間で声をあげてお経を称えて過ごした。

このあとミネ子は養子の順節夫婦、松代など三人の娘に後事を託し、春耕に伴われ、十月八日出発、十一月十日奈良に着いた。

大和一揆を鎮める

官軍が会津若松城を総攻撃中の九月八日、年号は明治と改まり、名実共に新時代を迎えた。戦争はなお北の北海道で続く。

この当時、日本全土が動乱寸前の社会情勢であった。戦火が通り過ぎたあと、徳川幕府という重石がとれて、抑圧されていた農民の不平が一気に噴き上げた。しかも新政府は「農は国の大本」という見地から、財源を農に求め、重税を課した。このため農民が集団でムシロ旗を立て、府県庁に押しかける一揆が各地で続発した。

これが勇が着任して間もない奈良府でも起こった。

この年はひどい凶作だった。例年どおり事前に作況を実地検分することになり、府の西部は長州出身の伊勢新左衛門、東部は元幕吏の宮原達次郎が分担して租税を課したが、伊勢は実情を知った部下に一任、一方の宮原は実務に詳しく自分で査定した。そのけっか東部は厳しく、西部は寛大となったため、東部の農民三百人が竹ヤリ、ムシロ旗をひるがえして府庁に強訴した。

勇は公卿出身の池園知事を扶けてこの処理に当たらねばならなかった。不作に苦しむ農民たちの顔は暗く、眼は殺気を放っている。

勇はまず

「話し合わねばならぬ。三十人の代表を選べ」

と命じ、役所内に訴えの場を設けた。そして事の当否よりも手続論から始めた。

「いま東と西に課税の差が出ているかもしれぬが、免状（徴税令書）を出すのはこれからである。不作ならその実態を調べ、東西ともにムリのない課税額を出すのが新政府の仕事である。しかるにこの段階で立ち騒ぐのは何たることか」

これから調整して正式課税するというもので、気負い立っていた農民たちは気勢を殺《そ》がれ、この理窟には反論できなかった。みんな立ち上がって帰ろうとしたとき、勇は「待て」と声をかけた。実は鳥羽伏見の戦いのとき、大和鎮撫総督の鷲尾隆聚侍従が戦乱の中で、ことしの年貢《ねんぐ》は半減してやると空手形を出しており、農民の不満の根はその点にあることを、事前の調査で知っていた。

「鷲尾総督がお前らにお下げ渡しになった命令書はどうなっているのか」

「あれは郡役場で秘蔵し、百姓は税金が半分になりますようにと、自家の神棚に上げて拝んでおります」

そこで勇はみんなを座らせて説いた。

「戦争の混乱の中で税半減の令書が出されたが、事態は変わった。戦地となった東国では家は焼かれ、田畑は荒れ、新政府は復旧のため大変な物いりである。ここ大和の国は戦乱を免れ、平穏に暮らしておる。神武天皇いらいこの国は朝廷に親しみ、忠勤を励んできた。この新しい時代に際し、お前たちは先祖に恥じないよう、納税の義務を果してくれないか」

農民たちに革命の思想があった訳でない。ただ旧制度に対するやり切れぬ不満、新政府へのかすかな期待を抱いている。世直しの夢を持たせれば、不満は無くなるだろう。勇は「いま耐えてくれれば必ずいい時代は来る」と懸命に説き、それが農民の心をとらえた。

農民たちは納税の義務を了承して退去、税半減の証文の効力も消滅した。

このあと勇はすぐ太政官の弁官に出頭して兇作の実情を述べ、善処を求めた。そしてこの五月発行されたばかりの太政官札五十万両の下付を陳情したところ、朝廷はこれを特許した。実は朝廷は鷲尾侍従の空手形の件も知っており、東征のさ中、足許とも言っていい大和でトラブルが発生することを深く懸念して、成行を見守っていたのである。

奈良府は大和の国全体を管轄し、その総石高は五十万石であり、一石につき一両の下賜金を分配したので、住民はこの善政に雀躍《こおど》りした。以後、府政は順調に行われ、勇は着任早々の危機を乗り切った。

勇の青春時代は幕末の志士活動、つづく長期の入獄のため行政の経験は皆無だったが、奈良府に赴任して農民一揆を未然に阻止したことは、勇の前途を洋々と開くものであった。事実、この翌年五月判事に、つづいて版籍奉還直後の七月に大参事に昇進した。これは藩制時代の家老職であり、池園知事を扶けて実質知事の役割を果たさねばならなかった。

時代は東京を中心に動いていた。というより新しい中心を創らねばならなかった。徳川幕府は倒れても、全国の藩主は時代に戸惑い、旧体のまま藩主も家臣も不平だけ膨らみ、暴発の気分がみなぎっている。これを阻止するには中央集権しかない。明治二年三月東京に遷都、やがて廃藩置県という大ナタが振るわれねばならなかった。

草莽《そうもう》の身で維新回天の大革命に飛びこんだ勇は、牢獄を出たとたん行政官の道が開け、庶民と直かに接する立場になった。さしづめ高級官僚というところだが、この大和一揆で勇が見たのは貧しい農民の群れであった。ムシロ旗を立てて強訴する背後に飢えに苦しむ家族がいる。かれらの痛みを治者である武士がどれほど思いやっているのだろうか。武士は剣のために生き、書を読んで自分を磨くが、農民階級との壁は高く厚い。いま新しい時代はきた。政治は農民の痛みをわかってやらねばならぬのではないか。
勇は飢饉に苦しむ農民を見て、太政官札五十万両をとりつけ、配分した。農民の痛みを自分の痛みとして共有することは、行政官となった勇が味わう新鮮な体験であった。藩の軛《くびき》を脱した勇に新しい世界が開かれようとしていた
ところがこの激動期、予期せぬ大難事が福岡藩に起こり、しかも奈良に離れていた勇がその渦中に呼び戻され、大参事の職を投げ棄てねばならなくなる。

福岡藩難を救援

明治三年（一八七〇年）八月のある夜、勇の官舎を福岡藩大監察（大目付、いまの県警本部長）堀尾彦六郎、監察上野弥太郎の二人が訪れた。知事黒田長知の直書を携行している。

堀尾の口上によると、福岡藩で贋札《がんさつ》問題が発覚、東京から弾正台《だんじょうだい》（検察）の役人が乗りこみ、すでに関係者数十人を逮捕、知事と父の前藩主長溥《なかひろ》公も謹慎していること、国法を犯した大罪であり、藩の存亡を賭けた危機であるので、明治政府の事情に明るい勇に至急帰っていただきたい、との意向を伝えた。

福岡藩では乙丑の獄で有為の勤王党の志士を大量に処刑、新政府と意を通じうる人材は枯渇し、只一人藩外に出て活躍している勇に、救援を請う使者が送られたものである。長知自身謹慎中のため、使者は人目を避け、夜分に訪れた。

勇は事の重大さに驚き、直ちに休暇をとり、堀尾らを同道して京都、大坂を経て福岡に帰った。弾正台の大忠渡辺昇、大巡察岸良《きしら》兼養らが手入れを始めたのは七月二十日。この日、福岡の簀子町の角に制札が立てられた。

「当藩会計掛り内へ、嫌疑筋より取調べ中なので、右に関係ないものはみだりに動揺いたすまじき事　弾正台」

通行人は黒山のように群がった。弾正台ではかなり以前から内偵を続けていたもので、小倉に出張所を置き、官員三十余人が旅行を装って町屋に宿泊、用意したリストに従って、贋札づくりに関わった職人らを逮捕、贋造場所とされる城内の旧家老野村邸を捜索した。権大参事小河《おごう》愛四郎が全責任をとると自訴したが、許されなかった。

かれらの行動は素早く、逮捕者は死罪人を運ぶモッコに乗せ、つぎつぎに小倉に送りこまれた。モッコは藁で編んだ目の粗い袋で、四隅を縄でぶら下げ、土なども運ぶ。安定が悪く、手足を縛られた逮捕者は猿のように身を縮めている。家族らは再び顔を見ることはあるまいと、泣きながら合掌して見送った。二十三日までに渡辺らは全員福岡を引き払った。

太政官代は慶応四年(一八六八年)五月、戊辰戦争のさ中、政務費や戦費調達のため太政官札を発行、翌明治二年末、諸藩の藩札発行を禁止した。

太政官札は各藩の石高に応じて貸しつけられ、福岡藩の分担は五十一万両、その四分の一を即金で支払わねばならない。(残りは十三カ年の年賦で上納)。そこで大坂の富商鴻池《こうのいけ》に官札を半額で買いとってもらい、当面の上納を果たした。

福岡藩は幕末の五卿守衛、二回にわたる征長、戊辰戦争で財政は火の車、明治四年の廃藩置県の時点で負債総額は二百万円を超えたといわれる。

ところが明治三年に入り太政官札の信用が高まり、金貨に対し額面以上の価値が生じた。結果的に鴻池との取引で福岡藩は多額の損をしたことになる。このころから藩通商局（山本一心頭取）で藩金札を発行すると称して、実は太政官札の贋造をすすめた。それだけでなく旧幕時代の一分銀、二分判、天保銭もつくった。つまり贋札・贋金という悪銭づくりが始まったのである。

山本は贋造の計画を大参事の郡成巳に相談し、郡は同僚の立花増美、矢野安雄両大参事に図っていた。摘発の段階で山本は病死した。

（山本一心は経済に明るい事務屋だったらしい。藩財政の窮迫の中で小才子が利口ぶって安易に悪銭づくりに走ったが、秘事の愉快に酔って、ついに一藩の運命を狂わせるに至る。その死は悪銭露顕を苦にした断食による自殺とも言われる）

こうした贋札づくりは福岡藩だけでなく薩摩、土佐、佐賀、広島など諸藩も行っていたが、福岡藩はあまりにも多額であったため、太政官は威令を示すためねらい打ちしたと取沙汰された。

摘発の端緒は大坂から福岡に連れて来た職人が賃金面で不満を抱き、大坂に帰って告訴、弾正台は直ぐ証拠の贋札を差し押さえた。これより前、藩艦で通商局の役人が新潟、北海道に交易におもむいたさい、余りに派手に散財して贋札を疑われた。一説では同艦に贋札十九万両を積んでいたという。

勇が福岡に着いてみると、藩庁はわずか数人の下級役人がいるだけで、政務はストップしている。大小参事らは門戸を閉ざして自宅に謹慎、外に出るときは深網笠に顔をかくしている。これは藩知事、つまり殿様が謹慎している以上、下々《しもじも》はこれにならうという旧習に従ったもので、「音曲停止《ちょうじ》」の通達が出されていた。それは藩内に浸透し、例えば東部僻遠の遠賀郡でも、庄屋の記録『井ノ口家年暦算』によると、

「知事様御禁身の由にて、国中静かに致し候様との儀に付、市立賑ひ、角力、踊等相ならず。八月九月の神事も印ばかりなり。併し神幸、神楽等は例の通にこれ有候」

と記されて、藩内全域で異様に鳴りをひそめていたことがわかる。

福博市内では町方はスダレをおろして家の内は見えず、人通りは少なく、まるで喪中の街であった。野犬がわがもの顔で走り回っている。

これは喜劇である。旧殿様父子が謹慎すれば、右へならえで国じゅうが畏れいる。深網笠は殿様に対する遠慮のつもりだろうが、顔をかくしても立派な大小を腰に差している。すでに知事となった殿様、それを取り巻くお武家たち。形は昔のままでも、中身は空洞である。市民の眼に武家の権力が戯画としか見えない。これまでの絶対権力はこんなへナへナだったのか。封建の末期、サムライの衰弱はここまできていた。上も下も無気力に汚染されている。役所が空っぽでは藩政改革も何もできはしない。勇は当惑して、自ら主だった人たちを個別に訪ねて出勤を促した。

例えば松浦格弥(旧名中村到、馬廻組二百石)は権大参事を務めている。弓馬剣槍の達人で至道軒と号している。自宅にこもっており、会うなり嘆いた。

「参った。知事公が謹慎なされて身動きできぬのだ。だらしないことだがどうしようもない」

「いかん。藩庁は空っぽだ。嫌疑者ならいざしらず、君は事件に関係ない筈だ。知事公も君らも本来、朝廷の官吏なのだ。職務を解かれない限り、公務を放棄することは許されない。自分勝手に門

を閉じて謹慎するのは怠慢以外の何ものでもない」

「然り、然り。実は拙者も内心焦々していた。君の言を聞いてすっきりした。これは封建時代の惰性だな」

松浦は勇より二歳年長、共に勤王党として活躍、明敏剛毅な人物だったが、無気力で沈滞を極めた藩内で如何ともし難い情況だったのだ。

勇は松浦らと共に約十日間、夜も寝ずに対策を練った。そして長知知事の意を受けて矢野梅庵、大音青山（いずれも勤王党の元家老）を呼び起こし、知事の顧問として藩政を立て直そうとした。


藩もこれまで無策でいた訳ではない。国法を犯したという致命的な失策のため、上下とも慌てふためいた。事件発生直後の二十二日、藩庁は退隠中の矢野梅庵を使者として、藩艦大鵬丸で鹿児島へ送った。西郷隆盛に援助を頼むためである。

前藩主長溥は島津家の出身。島津重豪の九男として生まれ、重豪のひ孫斉彬《なりあきら》（英明で知られた前藩主、十二年前に死去）と仲よしで共に蘭癖《らんぺき》大名と言われた。その斉彬の家督相続をめぐってお由良《ゆら》騒動が起こったとき、長溥は斉彬派を助けた。斉彬に抜擢されて世に出た西郷は、長溥に深い恩誼を感じていたのである。

矢野は勤王党として西郷と旧知の間だった。それに矢野の息、矢野安雄は大参事として司計局の責任者であり、この事件と重大な関わりがある。

矢野の訴えを聞いた西郷は
「嫌疑者を弾正台に引き渡してはならず、藩内で処置すべし」

と言い、即座に自ら大鵬丸に乗り、矢野とともに福岡へ向かった。二十五日博多港に入った。嫌疑者はすでに小倉に移されていた。艦上で報告を聞いた西郷は上陸せず、そのまま小倉に急航したが、時すでに遅く、嫌疑者は一足違いで長州に移されていた。

弾正台の処置はいかにも迅速であった。西郷は諦めず、大忠の渡辺昇に面会を求めたが、渡辺は断った。西郷の圧力を恐れたのであろう。この事件に関わっていた日田県知事、松方助左衛門(薩摩出身、後の首相、正義)が西郷のため酒席を設け、席上渡辺を呼んだ。

しかし、もはや西郷は福岡藩の問題を話題にしなかったという。もし西郷が切り出せば渡辺は拒否できず、窮地に立つことが眼に見えていたからである。渡辺は大村藩士。若いころ江戸の斉藤弥九郎道場で木戸孝允を知り、木戸の知遇を得て太政官に仕えた。つまり木戸派である。西郷はそのことを知っていただろう。木戸は長州閥を代表し事ごとに西郷を批判している。ともかく西郷は八月二日まで小倉にいて、この問題で参議大久保利通にあて書簡も出している。

西郷は故山に帰って政府批判を強めていたころこの事件に関わったが、一連の動きは長溥の恩に報いる西郷の情の厚さを遺憾なく示している。その西郷ですらこの段階ではもはや手のつけようはなかった。

九月初め勇は知事の命で藩の大属西島励と共に鹿児島へ行き、西郷と密議した。すでに中央の手に移ったこの問題のもみ消しは容易でなく、西郷は黒田家救済の一点に絞り、薩摩系、長州系など複雑に絡み合う政府の中で最上層、特に胆略に優れた岩倉具視《ともみ》卿に訴えることを勇に示唆したと思える。翌年一月岩倉が鹿児島から山口に巡歴したとき西郷も同行、勇は山口で岩倉に会っている。

一方、大坂における贋札の火種はくすぶっていたが、十一月火柱が立ち上がった。贋造に関わった職人はまず大坂府庁に告訴、ついで弾正台が乗り出した。実行犯の職人たちが口を割ったのだから、全貌はやがて明らかになった。これに対処するため長知知事は勇を大坂に派遣した。

この時期、広島藩でも通貨贋造が明るみに出て、重役一人が入獄していた。勇は大坂の弾正台に出頭し、大要次のように言い開きを行った。

「幕末、各藩では通貨制度が乱れ、私鋳したことは事実で、福岡藩も一分銀、一朱銀を私鋳して戊辰の戦費に当ててきた。太政官ではこうした実情から明治三年五月二十九日以前の悪金については不問にすると布告され、東京藩邸では急飛脚で国許に報じたが、折柄の梅雨で川止めにあい、藩庁に届いたのは六月末となった。直ちに悪金の製造を中止、職人を大坂へ返したがその期間ズレを生じた。同様のことは福岡藩、広島藩だけでなく、全国に多々あろう。それらすべてを同一に処罰するのでなければ政道はたたぬのでないか」

いささか開き直りの感はあるが、薩摩をはじめ諸藩で贋札をつくったことは公然の事実であり、結局、弾正台は勇の弁明を認め、広島藩の重役も放免されたという。勇の論旨は維新時の通貨の混乱を衝き、各藩の苦しい実態を開陳したものである。勇は太政官の役人として奈良にいて、新政府の機構を知っており、内包する矛盾を内側から見てきたため、攻め口も守り口も自然に判る。それに新政府の人脈を知っていることが何よりも強味であった。

こうして大坂の問題は大火にならずに消し止めた。経済に明るい勇はしばらく大坂にとどまり、蔵屋敷の改革にかかろうとしていた。大坂詰めの通商懸《かかり》、徳永織人（炭鉱経営で成功した安川敬一郎の長兄）がこの事件に連座していたためである。

この大坂で薩摩藩士、五代友厚を知り、交わりを深めるうち、ヨーロッパにバンク（銀行）があること、株式で資金をつくり産業開発をすすめていることなどを知った。

五代は若くして長崎で航海、測量術など学び、藩命で上海に渡りドイツ汽船を購入、ヨーロッパに渡航して帰国後は西郷や大久保と違って貿易面で活躍した。明治初年は大坂にいて実業界に入り、株式取引所、商業講習所など設立しようとしていた。

五代は少年時代、世界地図を模写して藩主に献上、海外に広い知識をもち、経済人として活躍しながら、確かな士魂を感じさせることに勇は眼を見張った。その人柄、言説に自由感がある。それは従来の封建武士にないものだった。

泣きつつ藩士説得

そんなとき福岡藩からまたも急使が大坂の勇の許へ駆けつけて来た。奈良で勇を驚かせた堀尾彦六郎、上野弥太郎の二人である。

「贋札事件で大参事矢野安雄、権大参事中村用六（旧名権次郎）の両氏に東京弾正台から召喚の令状が参りました。ところが藩兵の小隊長級が武力に訴えてでも東京召喚を拒否しようと動き出し、知事公も困却されて、その鎮撫方を貴下にお願いしたいとのことです」

これは重大であった。藩兵が動けば単に贋札事件の問題でなく、反乱として新政府は武力鎮圧に乗り出すことは明らかである。それは藩の取りつぶしに繋がる。

安雄は矢野梅庵の嫡子である。戊辰戦争では藩兵八百人を率いて京に上り、東征大総督有栖川《ありすがわの》宮《みや》熾仁《たるひと》親王を護衛して江戸に入り、周辺の船橋辺まで転戦、その功により六百石を加増され三千八百石となった。帰藩後、鹿児島へ行き軍事を研究、藩の兵制を再編成し総勢四千五百人の精兵の頭領と仰がれている人物だった。いま大参事として司計局を担当、贋札事件の責任を問われている。

　この安雄に心服している若い小隊長ら（その中に乙丑の獄で切腹した加藤司書の長男堅武もいる）は、もし東京召喚に応じれば生還は難しいと、城内南の馬場に兵を繰り出し、連日、練兵の形で抗議の気勢を上げている。

　中村用六は司計局副総裁として安雄を扶けている。勤王党として知られた中村三兄弟の長兄で、勇とは月形塾時代からの親友であった。

　勇は堀尾らと共に急ぎ神戸に出、外国便船で長崎港着、船便を仕立てて十二月二十日博多湾に入った。神戸、長崎、上海の航路は当時ひんぱんに便船があったが、福岡に寄港せず、こうした迂遠のコースをとらざるをえなかった。

　長知知事は激昂した藩兵の鎮撫を正式に勇に命じた。まだ、若く、細顔で、蒼白の頬を引きつらせている。勇は両手をついたまま、顔を上げて言った。

「いささかの思案はありますが、成否の自信はありません。ひたすら道理を貫く所存です。御意に背くことを申し上げるかもしれませんが、恐れながらご容赦を願います」

　一刻の猶予もできない事態であり、即夜、藩士百余人を城内大広間に集め、上座に知事、その右側に大小参事が列席、左側に勇が座して話し合いが始った。開口一番、勇は知事に向かい意表を衝く発言を行った。

「今般、朝命により両参事が東上するのを隊士が兵力をもって阻止しようとするのは、恐らく隊士の所為でなく、陰に知事閣下の意図があったものと推察します。如何」

満堂、呼気をのんだ。誰も殺気立った隊士に説諭があると予想していた。知事も頬を紅潮させて反論した。

「なんたる失敬を言うものか。隊士は両参事の東上に疑いありと激昂しているので、予はこれを制し、一週間東上を延期させ、鎮撫に心魂を砕いている。その方の言は誠に失敬極まる」

甲高い声が怒りで震えていた。勇はこんどは立ち上がり、広間を見渡した。点々と据えられた百目蠟燭の焔が揺らいでいる。

「もし、朝命を拒む理由あれば、意見を具申して命を待つべきに、朝廷の召喚を二度までも延期された。これは藩知事の権限を越えた行為であり、朝命に抗すると言われても仕様がない。隊士は二百余年、藩公の恩恵を蒙り、知事公の意に背き難く、心ならずも激昂したものであろう」

このとき藩士は総立ちになり、「何を言うか」「無礼であろう」など口々に叫んだ。隊長格が進み出て言った。

「われわれの一挙は豪も知事公の知らるるところでない。しかるに裏で煽動されたなどとは何たる邪推をなすものか」

「邪推とは如何なる意味か」

「両参事の召喚は福岡藩を憎むものの陰謀であろう。われわれはそれを断乎阻止するものである」

「両参事の召喚の理由は何か？　命令書でもありや」

「知らず」

勇は大きく呼吸し、よく透る声で説いた。

「召喚の理由を知らず、臆測して兵器で拒もうとするのは、道理に悖《もと》ると言わざるをえぬ。召喚が不正であるなら、むしろ出頭して黒白をつけるべきである。天下に大法あり。もし無実のものを罰すれば、ひとり福岡藩のみでなく、天下の怒りを以てこれと闘うことができよう。そのためにも両参事を出頭せしめねばならぬ。いまこそ道理を窮《きわ》めるべきではないか」

勇は泣いていた。顔はやや仰向きに、両の拳を握り、滂沱《ぼうだ》とした涙を流れるにまかせている。

藩士は次々に座った。反論するものはなかった。

勇の論旨は問題の筋道を示しただけであるが、激昂した集団を鎮静させた。もし暴発すれば、新政府は勇が言ったとおり知事が示唆《しそう》したと非難し、知事その人を窮地に追いこむことが判ったのだ。

勇が冒頭知事にホコ先を向けたのは、太政官ならこう言いますよ、とその思考を代弁したものだった。新政府は徳川支配の時代と異なり、藩を独立国とせず、中央集権で一本化しようとしており、それはまさに新しい思想に等しかった。その新しさに藩士は慣れず、藩主を尺度として旧態の正義感で激昂していた。勇は道理を説きながら、総立ちになった藩士に殺されることを覚悟していた。

勇は泣いた。その涙は古い武士社会の思考を脱け出ており、その煌きは知的で藩士の心に滲み入った。

矢野安雄、中村用六の両参事は十二月二十八日、氷雨の降る博多港から藩艦蒼隼《そうじゅん》丸で東京へ向かった。勇にとって二人は知己である。波止場で見送りながら万感の思いが湧いたが、まさか矢野と永久の別れになるとは考えもしなかった。

勇は贋札事件の処理に全力をそそぐため、明治三年十月奈良府大参事の職を依願の形で免じてもらい、福岡藩御用掛となっていた。翌四年三月には福岡藩権大参事を拝命した。東京弾正台で矢野らの取調べは続いており、勇は藩の命運を決するこの問題に不可欠の人材となっていた。

しかし前途に待ち受けるものは泥海を徒歩で渉るに似て、栄光の欠片《かけら》もなく、勇の人生は大きく変転せざるを得ない。事実、奈良府大参事を辞任したことで中央における栄達は閉ざされたのである。

四月、長知知事にも弾正台より上京せよとの召喚があり、藩内の人心は動揺、藩知事じしん親書を出して鎮撫せねばならなかった。勇は知事に随行して東上することになり五月四日朝、藩艦凌風《りょうふう》丸に乗船、博多を出港した。横浜港に着いたのは十二日、その夜品川に上陸した。

旅宿でくつろいでいたところ、夜半東京藩邸から権大参事団平一郎が早馬で駆けこんで来た。

「またまた難事が出来《しゅったい》しました」

団によると弾正台は、昨年福岡藩は農民から米を買い上げ、悪金（贋金）で支払い、しかもその後悪金の使用を禁止しているが、これは政道を歪めたやり方であると追及、会計担当の小参事岡部豫叟の出頭を命じてきた。このため岡部呼び寄せの急便を国許に出したという。これを聞いた勇は

「それは岡部と関係ない。自分が弾正台に出頭して申し開きをしよう」

と言い放ち、臆するところがなかった。弾正台において勇は次のように弁解を行った。

「昨年来、通貨の混乱を避けるため、悪金を仮通用しつつ減らす方策をとっているとき、新政府は十一月限り悪金の通用禁止を通達された。そのため一たん買い上げた米は、安い値段で農民に（悪金で）売り戻し救済策を講じている。この窮余の策は私の独断でなしたことで、もしこの便法を違法とするなら私一人を罰せられよ。甘んじて罪は受けます」

これは多額の負債をかかえた福岡藩の苦しい実情をぶちまけたもので、弾正台もついにそこを理解し、不問とされることになった。

官は虫メガネで粗探《あらさが》しをする。庶民と接する現場の苦労を知らぬ。封建時代と同じく風通しは悪く、硬直化している。窓を押し開けるため、勇は闘わざるをえない。

弾正台の贋札事件に対する究明は進み、その厳しい追及に対し勇は心胆を砕いて応対して来た。一歩誤まれば一藩の瓦解につながる。折柄、新政府は廃藩置県という大問題をすすめつつ、機構の改革、財政の基礎固めに懸命の時であった。ところが福岡藩は新政府の要路に一人の人物も出ておらず、情報の収集ができない。一たん弾正台の糾問が始まると、団平一郎のように闇討ちを喰ったごとく走り回るしかない。そして結局、勇のところに駆けこんで来るのだった。

勇の立場は悲痛であった。五十二万石の大藩がアラシの海を漂流している。その舵取りを委されてしまった。望んだわけではない。しかし生命を賭しても難破だけは避けねばならぬ。

一方、福岡の情勢は険悪さを増していた。知事が上京すると同時に、佐賀藩兵一大隊が博多へ入りこんで来た。名目は鎮台の分営を置くというもの。八百名が銃で完全武装し、整然と街を行進、目抜きの御供所町にある聖福寺など三寺に屯営した。

市民は当然いぶかる。この時期に何事か。贋札事件の関係か、いや鎮圧の準備であろう、などさまざまに臆測が飛び交った。贋札事件発生からすでに一年近く、だれも暗い予感を抱いて生きていた。それに隣接の佐賀藩とは必ずしも友好的でなく、それも警戒感を強める要因であった。

兵たちは寺門に佐賀藩旗を押し立て、門外に一歩も出ず、高い塀の内側から「銃をとれ」「前へ」などキビキビと、練兵の声が毎日聞こえてくる。博多のど真ん中に武装した他藩兵が住みついた。

これはイヤでも刺激的であるが、かれらは半年間の滞陣中、街に出る兵は一人もなく、軍規は厳正を極めた。市民との無用の摩擦を恐れたのであろう。

福岡藩は改易

勇は知事公の傍らを離れなかった。弾正台の審問には参考人として出席もした。細々と入ってくる情報は悲観的なものばかりで、関係の参事三、四名の死罪は免れ難いだろうという。審理は最終段階に近く、勇はなんとかして知事を疑獄の圏外に置きたかった。

上京して二カ月余を経た七月二日、太政官から勇に対し急ぎ出頭せよと連絡があった。贋札事件に対する断罪が下ったのである。その内容は予想を超えて厳しく、伝達された朝旨を手に勇は大地が割れ、魂は天外に飛ぶ思いがした。

それは福岡藩に対する極刑と言っていい。

●黒田長知　知事を免官、閉門四十日

●立花増美、矢野安雄（いずれも大参事）小河愛四郎（権大参事）

徳永織人（小参事）三隅伝八（司計局判事）は斬罪＝即日処刑

その他士分、職人の徴役、罰金刑は九十人に及んだ。

さらに致命的なことは福岡藩知事に有栖川宮熾仁親王が発令され、すでに任地へ向かったということだった。この日、福岡藩は改易され、黒田家の支配は終わった。これに優る悲劇はない。黒田家のこんごは、藩士はどうなるのか、予測もつかぬ事態である。藩の混乱は必至であろう。

なにはともあれ、勇は在京中の藩士中村耕介らを急使として福岡へ出発させた。

何から手をつけていいかわからず善後策に走り回っているうち、こんどは日本全土を水没させる大津波に襲われた。七月十四日、廃藩置県の断行が発表されたのである。これはまさに寝耳に水の大事件だった。だれも慌てふためくだけで、事態を理解することもできない。全景を眺めるために、この前後、中央政府が打ち出した諸改革を年表ふうに並べてみよう。

七月二日　　福岡藩を改易
七月九日　　刑部省弾正台を廃し司法省設置
七月十四日　　廃藩置県
七月十八日　　文部省を設置
七月二十七日　　民部省を廃し大蔵省拡大
七月二十八日　　陸軍条例をつくる
七月二十九日　　太政官制を改正、正院、左院、右院を置く
八月九日　　斬髪廃刀を許可
八月二十日　　四鎮台を設置、藩兵を解隊

これらの矢継早《やつぎばや》の改革を可能にしたのはこの二月、薩摩、長州、土佐三藩から徴集された親兵八千（後の近衛兵）である。この武力を背景に廃藩置県という大津波を起こし、怒濤は四方に走った。

四年前、徳川幕府は倒れたが、全国二百七十余の大名は知事と名称を変えてそっくり残っていた。

明治維新は革命とは言っても帽子を取り替えただけで、中身は旧態依然であり、旧大名には家臣がぶら下がっていた。それがこの廃藩置県により、もろともに職も身分も失うのである。

大暴動が起こるであろう、という危惧のうちに施策は進まず、この四年が過ぎた。西郷隆盛が請われて上京、三藩による親兵献上がまとまり、廃藩置県は実現を見たが、士族階級の不満は抑えようもなく、征韓論、その五年後西南戦争が起こり、西郷没落へと急転してゆく。

ともあれ七月十四日、全国の〝殿様〟は一瞬にして消えた。そのわずか十二日前、福岡藩は贋札事件で改易されたが、この過酷な処分はなぜ行われなければならなかったか。新政府の命運を決する廃藩置県との絡みを、もはやだれも否定できないであろう。

中央政府は日本大改造とも言うべき廃藩置県を順調にすすめるため、全国規模の祭壇を設け、可能な限り厳粛で、衝撃的な儀式を演出しようとしていた。犠牲の牛として捧げられたのが福岡藩の贋札事件であり、牛は衆人環視の中で時間をかけ、冷酷に料理された。四つ足を括られた牛の姿は祭礼に直近して公開し、苦悶の咆哮が全国に伝播する時間的余裕も計算ずみだった。赤穂藩忠臣蔵の四十七士が幕府の威信を示すため切腹を命ぜられたように、断罪の陰に、氷のような計算があった。

この時期、全国で農民一揆、不平士族の反乱、要人暗殺が続発、混乱というより無政府状態になる可能性をはらんでいた。例えば廃藩置県の発表後、八月末〝穢多非人〟の廃称に対し、兵庫県の郡部農民は名称復活を求め暴動化、生野銀山を襲い県官を殺している。旧知事(殿様)を復帰させよの動きは全国に広がり、大合唱となろうとしている。

これらを予測し、五十二万石の見映えのいい犠牲の牛が選ばれ、藩とりつぶしという凄味のある血祭りが行われたのである。矢野安雄らの斬首は、祭壇を綺羅びやかに見せるため用意された、小さな御供に過ぎない。

このときの大蔵卿は大久保利通。新国家構想を着々実現しようとしており、この二年後、反乱を起こした前参議、江藤新平を刑殺、梟首《きょうしゅ》する人物である。

翌七月十五日宮中の会議で、三条実美左大臣以下の諸卿がこのような大変革に対し反乱が起こったらどうする、と騒然となったとき西郷が立ち、大声で「もし異議ある藩があれば、私が親兵を率いて打ちつぶす」と言ったので、議論はピタリとやんだという。もちろん勇が知る筈はないが、最上層もこのとき薄氷を踏んでいたのである。

勇は血臭の泥海に首まで浸り、新生日本の姿を見定めようとした。中央に巨大な塔が突っ立ち、牙を剝いてのし歩いている。福岡藩は水没したが、この泥海から人間の新しい歩みは始まるだろう。鉄槌を受けたのは藩の錆びた支配体制であり、衝に当たった勇である。贋札事件の判決を聞いたとたん、勇は引責して辞職することを決めた。

廃藩置県の大号令を聞き、再び衝撃を受けた。津波の行く方はどうなるのか、東京で可能な限り情報を集め、八月福岡に帰った。

河田、単身で福岡城へ

福岡城の接収はどのように行われたのであろうか。

七月十日、新知事有栖川宮熾仁親王は軍艦鳳翔に乗って、前触れもなく博多湾に姿を現わした。

民部大丞、河田景興《かげとも》が福岡県大参事を兼務して随行している。
鳳翔は湾のほぼ中央に碇を降ろした。宮の乗艦であるので、艦長福島大尉が祝砲を撃つというのを、河田は
「待て、静かなのがよい」
と押しとどめた。砲声が轟けば市民は砲撃と誤認する恐れがあった。現に予告もなく入港した政府軍艦をいぶかったのか、那珂川河口の西側にある台場（砲台）に武装兵が集まっているのが艦上から見えた。
河田は臨戦態勢で臨んでいた。事前に鎮台兵の佐賀藩兵を市内に配置していた。さらに隣接県にも兵を集めていたことが、遠賀郡の『井ノ口家年暦算』に記録されている。
「国の城下脇国《わきぐに》より詰方《つめかた》有り、小倉には肥後、福岡には肥前、薩州より藩兵来る。是は御国御謹慎中、家中押《かちゅう》へ藩兵入れ置《おく》なるべし」
事前に福岡藩はほぼ包囲されていた。それを辺境の農民まで知っていた。
河田は大参事を拝命したとき、右大臣岩倉具視から
「福島正則を改易したとき以来の大事件だ。受けてくれるか」
とダメ押しされた。これに対し河田は
「一藩をつぶすのだから、藩士が黙って城を明け渡す筈がない。暴発させて一気に鎮圧するのか、それとも穏和に運んで信頼を勝ち取るのか」
と反問、岩倉は
「できるだけ平和な手段をとってほしい」と指示している。

この問答を見ると、新政府は廃藩置県を控え、福岡藩をつぶすことに総力をあげていたことがわかる。そのため新知事に有栖川宮熾仁親王という皇族を充てた。宮は戊辰戦争では東征軍の大総督であり、その親衛隊長を務めたのが矢野安雄であった。太政大臣とか将軍職ならいざしらず、藩知事をつとめるべき人ではない。皇女和宮の婚約者であったことは広く知られている。さらに有栖川宮家は二条家を介して、黒田家と近い親戚でもあった。矢野が贋札事件の責任をとって斬首されたその朝、宮に福岡藩知事の辞令が交付されたのは、運命の皮肉としか言いようはない。

河田は軍艦鳳翔上から福岡藩庁へ使者を送り、博多崇福寺へ大小参事の出頭を求めた。黒田山城（立花増美の父）矢野梅庵の両大参事らが揃って来ると、朝命として次のように述べた。

「贋札事件の犯罪者の処刑はすみ、新知事として有栖川宮殿下が本日ご着任になった。あす藩庁にお入りになる予定である。拙者は後ほど参庁致す」

簡単だが衝撃を与える内容だった。詳細はわからない。この時点では東京藩邸からの急使は、海路長崎回りのため未着だった。同席の松浦権大参事がその旨言うと、河田は一通の書付を取り出し、

「左様でしたか。これをご覧下さい」と手渡して席を立った。これを開いて一同言葉を失った。

特に黒田、矢野の二人は共に嫡男の死をこのとき初めて知り、顔面蒼白となった。

矢野はその足で隠居中の前藩主長溥を訪ねたが、畳にヒレ伏して一言も発しえず、その矢野の姿について『従二位黒田長溥公伝』は

「落涙滂沱《ぼうだ》」

とだけ記している。悲嘆して報告もできなかったのだ。

これで数千の藩兵が黙っている筈がない。これをどう鎮撫するか。情況を聞いて長溥は隊長級を

私室に招き「非常の際、深く謹慎して新知事宮に不敬のないよう」と親諭した。

このとき佐賀藩兵は寺門を出て、藩旗を押し立て崇福寺へ出陣、一隊は箱崎浜に上陸して来た有栖川宮の護衛に当たった。都心部における一連の動きを見て「スワ、変事出来《しゅったい》」と市民は驚き、噂は全市を走った。藩兵は武装して福岡城に駆けつけ、藩庁のある城内三の丸周辺はみるみる兵で埋まった。

日は暮れた。登庁すると約束した河田は現われない。庁内に灯がともった。城内に群れた兵らは殺気立ち、「遅い」「どうなっているんだ」と怒声が飛ぶ。隊長級が解散を命じても従わず、闇の底に群れ騒然としている。

夜十時ごろ黒門口に提灯が一つ、入って来た。松の梢に赤い月が見える。灯はゆっくり近づく。河田大参事が単身、下僕を連れただけで、藩士の群れを押し分け庁舎をめざした。急ぐでもなく立ち止まりもしない。灯一つが福岡城をつつむ闇の殺気をハネ返している。泰然とした気合いに、藩士らはド肝を抜かれ次々に途を開いた。

河田は約二時間、あすの宮殿下登庁を細々と打ち合わせ、零時すぎ、再び徒歩で帰って行った。

河田は鳥取藩士。剣技に優れ、尊王攘夷家として蛤御門の戦では長州軍に投じ活躍、戊辰戦争でも奥州で転戦した歴戦の勇士だった。しかし福岡城に単身乗りこんだことについて、後に松浦権大参事に「あのとき随分気味悪く、死を覚悟していた」と酒席で語ったという。この後、鳥取権令（知事）など務め、子爵。

翌十一日朝十時、新知事宮殿下は馬上韮山笠《にらやま》を冠し、羽織、袴姿で福岡城に入った。佐賀藩兵が前後を固め、藩旗が城内をわたる松籟《しょうらい》にはためいて進む。すべて河田の手順どおり運んだ。前知事長知の家族は福岡城から退去し、早急に東京の私邸に移ること、さらに藩兵を解体すべきことが達しられた。

これはもちろんすんなりとはいかない。矢野安雄を頭領と仰いだ四千五百人はいま矢野を失い、その上解兵せよとはあまりにも無道と抗議する。城を枕に……との声もまじる。武部小四郎ら二人の大隊長は説得に当たったが訊かれず、「おれの首をハネよ」と叫ぶ仕末だった。中央情報が不足のため、沸騰する議論の中から方向が見えてこない。佐賀藩旗を城内で見るのは屈辱だ、新知事をわれらの手で守ろうとの声も出た。

これらの情勢を見た河田は即決で佐賀藩兵の護衛を解いた。同時に福岡藩兵を解体、数人を選んで宮の身辺を警護させた。河田はこの相殺によって藩士らの激発を封じてしまった。どの措置も瞬時に行われ、否応を言う隙を与えない。面も籠手《こて》も同時にとる鋭さだった。わずか五日間で流血はなく福岡城の明け渡しは定った。

これによって二百七十二年にわたる黒田家の筑前支配は名実共に終止符を打った。福岡藩は廃絶して県となり、朝廷の直轄支配を受ける。

この渦中の七月十四日、廃藩置県の大号令は出された。(この報が実際に知事宮殿下に届いたのは二十三日だった)。全国の藩知事はすべて免官となったが、福岡藩のみ十二日早く、贋札事件によって藩は取りつぶし、過酷な処分をうけ、上下共に言語に絶する苦しみを味わった。処刑があり、知事は免官、藩士は激昂し、暴発寸前の状況が続き、関係者は死を賭して収拾に当たった。

一たん廃藩置県の大津波に洗われると、等しなみに全国の殿様は消え、福岡藩が味わった十二日間の苦悩の意味すらとらえ難くなった。これは奇妙な肩すかしであり、市民は泣き笑いに似た複雑な気持だっただろう。血涙を絞ったさまざまな局面が、蜃気楼のように揺らいで見えるのである。

強いてその苦悩の意義を求むれば、二百七十余藩が割拠した封建体制を壊ち、中央集権による近代国家として再生するため、天が、福岡藩という大藩を選んで、仕組んだ奇妙な政治劇と言えるだろう。これを天の意思としなければ、犠牲者の霊は浮かばれないのである。

前藩主長溥は八月二十三日、家族と一緒に蒸気船環瀛《かんえい》丸で東京へ去った。


この政治劇の陰で現実には無数の悲劇が演じられ、深刻な傷跡を残した。その傷の中で最も痛ましいものは、乙丑の獄で投獄、遠島され、辛うじて生き残った人たちの再受難である。かれらは維新後、佐幕派が追放されたあと、藩制の中で然るべきポストを与えられ、返り咲いた。その途端に贋札事件が起こり、責任を問われる破目となった。

親子で勤王党だった矢野安雄は大参事として斬首刑で消えた。父梅庵は自慢の嫡男を非業で失い、晩年の人生は暗転、明治二十九年八十三歳で病没する。また海津亦八は乙丑の獄で父幸一が斬首され、自らは姫島に流罪となったが、維新後、権小参事となり中根直と改名、新しい道が開けたとたん、今回の事件で准流十年の判決を受けた。流刑地など不明。十年というのは重刑であり、その後の消息はわからず、獄死したとみられている。

暗さも暗し、と言う外ない。

この他、贋札事件と直接関係なくても、何らかの役職にあった人たちはイヤ気が差してつぎつぎに退職、県庁幹部に藩出身はほとんどいなくなった。辞めたのは勇のほか魚住明誠、八代利征（吉田主馬）、松浦格弥（中村到）、西島種美（小金丸兵次郎）、林元武（泰）、浅香市作らですべて勇の知友である。

乙丑の獄いらい福岡藩は混迷をつづけた。勤王党を誅殺した直後に明治維新は実現し、こんどは百八十度反転して佐幕派の三家老を死罪、わが代の春を謳う薩摩、長州の後塵を拝しながら、新時代に大きく取り残された。さらにあろうことか、贋札事件で藩とりつぶしという汚辱を甘受してしまった。やること、なすことすべて挫折がつづき、旧藩士の士気は沈滞し切っている。

西南戦争の直前、大警視川路利良《かわじとしなが》が西日本各地の情勢を分析した中で「福岡の士族は気節なきを以て、頼むに足らず」と断じている。藩改易を許容したことが決定打となって、このような評価を生んだことは間違いない。ここでは贋札事件の強烈な影を全身に浴びた、早川勇にスポットライトを当ててみよう。

勇の斬髪

勇は八月、東京から福岡に帰った。権大参事を辞するため、新知事に諸報告を行い、事務引き継ぎをせねばならなかった。

勇は乙丑の獄では宅牢二年半の重刑に服したが、月形洗蔵、鷹取養巴など朋友は殉難、その血臭を忘れ得ず、なぜおれは助かったのかを自らに問いつづけている。不思議な運命で維新政府に召し出され、奈良府大参事となった。諸事順調のとき福岡藩贋札事件が発生、呼び戻された。福岡藩からただ一人中央政府に迎えられた勇は、このときその後の栄達を擲《なげう》ったのである。

この一年、母藩の大難事に全身全霊を尽くして奔走した。難事に挺身することは幕末、五卿の太宰府移転のときと同じく、断崖があれば生命を賭して攀《よ》じ登るという心魂からである。あげく、矢野安雄らの斬首に遭った。士魂を抱いて朋友は血に塗れた。勇はまたも血臭を嗅いだ。もういい。この世は穢土《えど》だ。泥海である。穢土で士道を踏もうとすれば、さまざまの軋り音を生じ、血しぶきが立つ。地獄図はもういい——

これが辞任を決意した勇の心底の声だった。

士道は死を恐れない。勇が青春時代から学んだ儒教の世界では、常にあるべき姿——高い理想を求め、立ち止まることを許さない。生命は手段であり、死を甘受することで完成する。自己愛を捨てることが終生の目標である。儒教のさわやかな一面である。

しかし——死を恐れないため、生を軽んじることはないか。死を急ぎ、生の重さを忘れることはないか。武士道は藩のため死ぬことを快とする。しかし藩が死を強制することは悪ではないのか。封建の秩序は義理によって成立した。そのためすべて形式化し、切腹すら儀式と化した。そして平然と人に死を強制する。地獄を地獄と思わず、サカダチを異様としなくなった。封建の歪な半面である。

勇は単純に血臭がイヤだった。自分が死ぬのはまだいい。他人の死を見ることが苦痛だった。矢野安雄の処刑は義理の果ての殺戮である。人間の立場に立てば殺す根拠は何もない。安雄を守れと叫ぶ藩士たちの声は耳にこびりついている。それを説得して安雄を東京に送ったのは勇自身だが、藩という政治の場に立って判断したものだ。

いまその〝政治〟が心底から厭わしい。

朋友たちの血塗れの顔。かれらは勤王党として己の正しさを信じて死んだ。藩主の命で長州の和平周旋に奔走し、五卿移転に成功したとたん、高杉晋作の革命軍が佐幕派政府を倒し、潮流は一変、その結果、藩主長溥の和平工作は逆流して勤王党を大量処刑してしまった。理不尽極まる処置であった。

さらに贋札事件で奈良から福岡に呼び戻されて一年、日々目撃したのは錆びついた封建社会、歪曲された政治、クモの巣のように交錯した義理であり、あげく矢野安雄の死を見ねばならなかった。この閉鎖社会は腐臭を放っている。もはや止まるべきでないであろう。

そのとき予期せざる〝廃藩〟が起こった。藩という厚い壁が一挙に消滅した。この封建の世を一変させる革命を勇は心底から支持した。農民も、商人も、そして武士もここから新しい道を見出さねばならない。

九月一日、知事宮殿下はお忍びで博多の東、多々良川の川漁を楽しまれた。河田大参事と、すでに依願免官となった勇がお伴している。実は河田は福岡城の接収を無事に果たし、近く鳥取権令（知事）になることが内定していた。その送別と勇の慰労を兼ねたものだった。

博多湾に近く、川幅は入り江のように広い。南の山は遠く、葦の間に沈むように低い。艪の音がギイと鳴り、投網が踊って水面に見事な円を描く。宮殿下は川漁は初めてとのことで、殊のほかご機嫌だった。

近くの庄屋宅で昼食をとった。

河田は酒豪で大声で話す。座は賑やかで、下戸の勇も連られてかなり過ごした。

「早川君がなければ必ずや難事が発生、今日の福岡県の平穏はなかったでしょうな。君のお働きは太政官ですべて聞いて来ました。筑前には大石蔵之助のような人物がいると、もっぱらの評判でした」

「いや、河田さんの手配りの見事さ、単身城門をくぐられた大胆さ、話を聞いて感銘しています。余程、剣の方の自信が……」

「なんの、城門を入ったとき内心オズオズでござった。ただ、もし私が殺されれば直ちに鎮圧の用意はしておりました。危機一髪の間合いを辛うじてくぐり抜けただけですよ」

「私は農民の子です。少しばかり医術を学んで村医を業としておりますが、剣の心得はありません。下関で何どか殺される寸前までいきましたが、未だ人を殺したことはありません。殺し合いだけは避けたいものです」

「同感です。新しい時代は始ったが、斬髪廃刀こそ四民平等のしるしとなるものでしょう」

そのとき宮殿下が口を開かれた。

「わたしはすでに役所で刀は帯びません」

「畏れおおいことです。私は斬髪《ザンギリ》をしたいと心から願っております」

これは勇の本心だった。斬髪はいまの散髪で、武士の象徴である髷を剪ることをいう。すると間を措かず河田が叫んだ。少し酔ってもいた。

「早川君、私に斬髪をやらせてもらおう。この佳き日の記念に」

勇と河田は共に淡泊な気質でウマが合った。このとき勇は三十九歳、河田が四歳年長だがほぼ同世代。明治元年五月、同時に徴士として朝廷に召された。さらに河田は京都の、勇は奈良の大参事を同時期に務めてもいた。今回の事件に挺身して互いに親愛感を深めている。

庄屋の座敷は小高い丘の上にあって南面し、小坪の石燈籠の後ろに萩の一群があった。澄んだ青空から紅い小花に秋陽が降りそそいでいる。深閑とした白昼、軒端で巣づくりする雀の羽音以外、何も聞こえない。

河田は庄屋の内儀に糸切り鋏を借り、勇を縁側に呼んでザクッと鋏を入れた。剪った髪を懐紙に並べて、頓狂な声で言った。

「これはいささか縮れっ毛だな。髷《まげ》のときはわからなかったが」

勇は頭に手をやり、短くなった頭髪を撮んでみて、大いに照れている。勇の母が縮れ毛で、「お前もすこし縮れちょる」とよく嘆いたことを思い出していた。

宮殿下が二人を見くらべ、しきりに笑みを浮かべられている。

廃藩置県の直後、新しい時代の到来を告げる静かな福岡の風景だった。

第六章　西郷追慕

士と官の狭間で

早川勇は贋札事件で福岡県権大参事を辞職した直後、太政官代から上京せよとの命を受けた。明治四年（一八七一年）七月、政府は廃藩置県を断行、殿様とサムライの身分を一挙に奪いとり、中央の機構はととのったが、それは嵐の海に乗り出した新造船に似ている。日本全土は不満の濃霧に包まれ、波濤は総立ちになって行手を阻もうとしている。職を失った士族、重税にあえぐ農民の不平が群がり起ころうとするとき、右大臣岩倉具視《ともみ》を団長に大久保利通ら新内閣の過半数は、欧米先進国の視察に出てしまった。十一月のことで、留守内閣は西郷隆盛が残り、太政大臣三条実美《さねとみ》を扶けている。

勇が上京したのはこうした時機だった。

一年後の徴兵制施行をひかえ、士族の集団である近衛兵と、農民を基盤とする鎮台兵という二つのエネルギーがうねりを高め、時に咆哮を放っている。勇は時代に敏感な男で、幕末は維新の激流に自ら飛びこみ、辛うじて生き抜いたが、不惑の年を迎えたいま、濃霧の海を漂っている新政府を眼前に見て、何を考えただろうか。

十一月十四日、勇は大分県参事に任命された。しかし赴任せず、辞退した。

ところが太政官は翌十二月四日、こんどは山形県参事として発令した。勇はこれも断った。

こうした発令も異例だが、断る方も尋常でない。

この時代、旧大名、士族の不満をいかに鎮めるか、そして県政（このころ三府七十二県）を軌道にのせ、中央集権を実現するかは政府の最大の課題であった。しかも旧殿様に代わる知事級の人材は貧寒を極めた。福岡県大参事として改易の難事を遂行した河田景興など恰好の知事候補で、十一月十五日、出身地の鳥取県権令（知事）としてすでに発令されている。河田はこのあと元老院議官をつとめ、明治二十年子爵となる。

このとき知事になったのは薩長などの志士上がりが多く、また旧幕臣からも選ばれた。

太政官は早川勇という人材に固執した。三条実美の意向があったかもしれない。しかし勇は一切受けなかった。心情的理由しか考えられない。福岡藩贋札事件は封建社会の錆びついた一面を、イヤというほど露呈した。その渦中で根かぎり奔走したが、藩は改易され、勇の立場は完全敗北というしかない。自分が生命をかけて守ろうとしたものは藩制の形骸であり、中身は朽ちて空洞だった。それを知った打撃は大きかった。

新しい時代を生きるには一たん局外に去り、時代の底流を見定めねばならない。勇は藩という縛りを脱し、精神の自立を渇望した。

勇は若くして士道を志したが、いま武士に代わって官の時代となった。その官の入り口で勇は腕を組んで立っている。入るべきか、入るべからざるか、官は当然士道を継ぐものである筈だが、贋札事件で体験したものは太政官の非人間的な強権であった。官の権威を守るための冷酷さは、封建藩主のそれに勝るとも劣らない。その官を象徴する人物が大久保利通であり、少年時代からの盟友・西郷隆盛は大久保の新政府を改革するため、士族の親兵を率いて乗りこんだ。勇が腕を組んで考えているのは士道と官、西郷と大久保の去就を見定めたいためだった。

と同時に勇はこの二人と同藩の五代友厚の風貌を偲んでいただろう。五代は政治を離れて大阪で実業人として生き、しかも会うたび爽やかな士魂を感じさせる人だった。早く髷《まげ》を剪《き》り、髪を西洋風に振り分け、洋装をしている。全身にあふれる自由感が妙に勇の心を捉えている。

三条実美は勇の招致に意外なほど執拗だった。三条は生っ粋の殿上人で、婦人のような細面だったが、維新以来太政官のトップにいて、明治十八年伊藤博文が内閣をつくるまで、異例の長期政権を担った。それは政治力からでなく、薩長対立のバランスに乗っかった政治現象だった。それにしても芯の強さは抜群だったらしい。その三条が勇をたびたび招き、いま一度官に就けと言い、福岡に帰ることを許さなかった。

やむをえず勇は待命の形で東京にとどまった。そして翌五年九月警保寮に出仕、ついで司法省に移る。司法卿は江藤新平。薩長閥と激しく対立し、間もなく下野、七年二月佐賀の乱を起こし、敗れて大久保利通のため梟首《きょうしゅ》される。司法省は時代の激流の只中にある。やがて勇は司法権大丞になり、さらに九年二月中検事に任ぜられた。

このころ同じ司法省に勇の少年時代からの恩師月形春耕の嫡男潔がいて、めきめき伸びていた。慶応三年末、乙丑《いっちゅう》の獄から解放された勇を支えて福岡から帰宅させた人物である。佐賀の乱では大久保利通に随行して出張、乱の糾弾に当たっている。後に北海道樺戸で集治監典獄(刑務所長)となり、産業開発に実績を上げ、地元ではいまも月形村を称して敬慕されている。

勇が中検事になったころ潔は小検事として東京裁判所詰めだった。偶然の出合いかどうかわからないが、職場を同じくして互いに心強い思いをしただろう。

襲う黒い霧

ところが、勇は思いもかけず黒田家をめぐる黒い霧に包みこまれ、疑惑を晴らすため三年間法廷闘争せねばならなくなる。勤王の志士として乙丑の獄に始まり、ついで贋札事件で辛苦し、いま司法に携る身で冤罪《えんざい》に遭遇した勇は、類のない苦難の人と言わざるをえない。

問題は黒田家の家財についてその家扶たちが横領事件を起こしたとき、黒田家の財政顧問の立場にあった勇が、共謀であるとして告訴されたものである。勇は敢然として上告し、免罪を克ち取ったが、この黒い霧が与えた打撃は何よりも深刻であった。

事が旧殿様にかかわり、公開された資料は少ない。手許にある江島茂逸『従四位早川春波翁来歴』(明治二十八年)、檜垣元吉『維新の志士早川勇伝』(昭和四十三年)によりつつ事実を究明してみよう。(江島は『黒田家譜』の遍述者、また檜垣は九大教授である)

勇は福岡県を退職後も、黒田長知家に望まれて顧問をつづけていた。旧藩士に財政通が少なかったためだろうが、何よりも中央政府に話の通じるのは勇以外にいなかった。特に贋札事件の処理に当たって大蔵省に対し、福岡藩の藩債八十万円を勇の活躍によって免除してもらったといわれる。この巨額の藩債は優に一藩の命運にかかわるものであり、これで黒田家並びに藩は危機を回避することができた。しかも殿様でなくなった旧大名家は財政の基盤を失い、自立の道を探らねばならない。その没落ぶりは文字どおり〝斜陽族〟で、みんな売り食いをつづけている。黒田家も例外でなく、財産の保全が大きい課題だった。

明治四年十一月、勇は上京の途中、大阪で五代友厚に会った。五代は洋服の胸に白ハンケチをのぞかせ、ハイカラーのため頭をぐっと逸らしている。その五代が、いま日本でも外国に倣ってバンク（銀行）を設立する動きがあると、次のように語った。

「バンクは産業を起こすため血液ともいえる資本を供給する。財産のある旧大名がこれに加われば、利益をあげることができよう。こんごの世の中は大きく変わり、利殖の道を考えねばならないが、商業に手を出せば大失敗の危険がある。黒田家なども財産を失わぬためには、バンクに出資されるのがいいのではないか」

勇は出京して、五代友厚の話を隠居の長溥に伝え、「バンクの規則など追い追いわかるようです」と、利殖の一つの方法として申し上げておいた。ところが間もなく「早川は五代と共謀して黒田家の金を引き出し、商業を営もうと図っている」という噂が流れた。恐らく長溥が身辺に洩らし、さまざまな邪推が生じたものだろう。これを聞いた五代は大いに怒り、

「友厚はたとえ貧しくとも、黒田家の財産に手をつけようなどとは思ってもいない。バンクの仕組

みについて友人の早川に話し、早川はお家のためと思って殿様のお耳に入れたものだろう。なぜ話がそのように捻れてしまうのか。早川にも気の毒した」

と言い、悔しがった。その後、直接長溥に会って噂に何の根拠もないことを伝えている。

翌五年の初め、勇は紹介されて会津人山川浩、永岡久茂の二人と初めて会った。会津藩は戊辰《ぼしん》戦争で官軍と最後まで戦い、敗れ陸奥斗南《となみ》三万石の荒廃地に移封され、塗炭の苦しみを嘗めていた。二人は共に旧藩の重役で、救民のため開墾に従事していたが、東京に出て窮境の打開策を探っていた。旧藩主松平家（佐幕強硬派の容保は退隠、四歳の容大が当主）の困窮はひどく、衣食にも事欠く有様だった。黒田家と親戚関係があるところから、何分の融資を勇に頼んできたものだった。

「旧臣はみんな寒冷の地で食うや食わずですが、なんとか主家を救わんものと地を這いずって働き、巡査に至るまで献金を行っています。こんな実情から黒田家の温情に縋りたいのです」

これに対し勇は

「松平家のお立場はかねて聞いており、あなた方の苦しみもよくわかります。しかし黒田家の財政について、私としてどうこうでき難いのです」

と丁重に断わり、五代友厚との話でぬれ衣を着せられた一件を語った。この五代や永岡らをめぐるエピソードは、黒田家に頼られながら、何も自由にできない勇の微妙な位置を物語っている。

危険な時代だった。山川、永岡は教養も気骨もある会津武士だった。山川は若いころから英才をうたわれ、藩費で欧州に留学したこともある。斗南では他藩に先んじて廃刀を実施、廃藩置県後は東京の自宅で会津人書生を何人も世話していた。後に東京高師校長を務め貴族院議員、男爵。弟の山川健次郎は東大総長。

一方、永岡は旧藩の救済に絶望して政府転覆を志し、地下で不平の士を糾合して暗躍した。西南戦争の三カ月前、前原一誠の萩の乱に呼応して東京小網町で決起したが、傷ついて捕われ獄死した。

勇はこの山川、永岡と数回会っている。恐らく二人の人格が好ましく、旧会津藩の窮状に同情したものだろうが、もし懇願されて融資に応じていれば、永岡の反逆事件に際し、勇は黒田家に弁明のしようもなく窮地に立ったであろう。


旧藩主長知は贋札事件で知事を罷免されたあと直ぐ渡米、帰国するのは明治九年八月である。その留守の間、家扶の森田義利、家従の太田良平、吉田清作が財産、庶務関係の処理に当たっている。その三人の話によると、黒田家の金庫は現金が十八万円、その他は江戸時代の古金銀が若干あるだけだという。長知は東京移住後、小石川区小日向の大草屋敷を買って本邸としている。長溥は赤坂溜池の旧藩邸を修復、明治七年には個人の邸宅では初めてレンガ造りの洋風隠宅を建てて話題になった。銀座の商店街などボツボツ洋風化が進んでいたが「体に悪く青ぶくれする」と嫌われていたころである。長溥には鬱屈があった。そのため明治帝をお招きして広大な池でカモ猟を行い、また三条、岩倉両公、大久保利通らと祝宴を張った。黒田家の名を誇示したかったのである。

これらの維持、管理、諸経費をまかなうには十八万円では心もとない。勇はこんな実情を留学中の長知に報告、先行きの懸念を伝えている。

長知夫人は留守邸に残っていたが、家庭は必ずしも円満でない。若いのに未亡人のように生きている。夫人に私財があり、森田らは気持をお慰めするため、せめて芝居見物など自由にできるよう、利殖をはかってあげたいと勇に相談した。勇は「結構なことだが、商法に手を出したり、金を貸して利益を上げることはそうたやすいものでない」と述べ、同意しなかった。万事に慎重な勇は、家扶家従にとって煙たい存在であった。

旧大名は華族の称を与えられていたが、収入はなく、私財を徒食して暮らしは決して楽でない。しかも倹約の習慣はない。家政は家扶家従に委せきりが殆んどだった。このため各大名家で問題が続発した。

黒田家でも長知の留守中に森田ら三人が主家の家財を使いこみ、隠しきれなくなった。江島茂逸によると「共謀してその家財を濫用し、相謀りて帳簿を改竄《かいざん》して、その誤を覆わんとせしことあり」という状態が起こった。つまり会計を委されているため、ついつい黒田家の私財に大穴をあけ、会計簿を書きかえて誤魔化していたのである。また明治六年十一月三日夜、黒田家の倉庫に盗賊が入り、古金銀を盗み出した事件があったが、後にこれは家従らの行為だったことがわかった。

勇は顧問として家扶家従から相談は受けるが、どこまで日常の監督権があったかどうかわからない。勇は当主長知家の顧問であるが、退隠の前藩主長溥も当然関わり、財産配分などの問題も起こっただろう。長知は藤堂家からきた養子であり、長溥との関係は必ずしもよくなかったという。しかも事件は長知の留学中に発生している。会計の乱脈に対し長溥は隠居の立場から当然指図しただろう。

一連の不祥事が明るみに出て、勇も森田らと共に利を得ていたという非難が旧家臣の間から起こった。

このころ長知を留学先の米国から呼び戻したがいい、ということが家中で議論されたことがある。

家政に何かの問題が生じたものだろう。勇はこの長知派とされ、呼び戻しに一役買っているのは何か企みがあるからだ、と反対派の間で悪役視された。「黒田家をめぐって経済的に、また長知留学をめぐり、お家騒動の一歩手前のような状態であった」と檜垣は書いている。つまり家庭内の不和を指摘している。

あげく勇は告訴された。告訴人が誰であったかわからないが、黒田家の了解なしに行われる筈がない。

明治九年九月二十九日、勇は東京裁判所の門を出たとたん、警察に連行され、そのまま拘留して取調べを受けた。四十四歳。官位は返上、拘留は四ヵ月に及ぶ。帰宅して一年十ヵ月後、東京刑事裁判所で懲役一年半を宣告されたが、勇は服せず直ちに上告、法廷闘争を行った。無罪放免されたのは十二年十月のことである。

岩倉卿が救いの手

勇にとって苦しい三年間だった。全身に汚水を浴び、人間としての名誉を傷つけられた。乙丑の獄では獄中にあっても正義を確信して生き抜いたが、家扶たちの犯罪の場合、加担していなくても、結果的に汚職を看過したことは事実である。告訴者はその点を十把ひとからげに考えている。

贋札事件で見たように、黒田家は幕末人材を失い、藩内は迷走を続け、贋札づくりという国法を犯す仕儀となった。今回の家財横領事件もその延長線上にあり、道義の弛緩、人間性の醜悪を露呈してしまった。

勇が耐え難いのは、自分を陥れたのが一部旧藩士たちの妬心だったことである。勇の勤王党の同志は殉難し、生き残った朋友は贋札事件後、引退してしまった。旧藩士の色分けも複雑で、保守的な旧佐幕派が圧倒的に多く、郷里を出ることもなく鬱々として余生を過ごしている。勇は只ひとり官吏として東京にあり、財政顧問として黒田家と繋っていた。旧福岡藩では異数の栄達をした勇の孤影を、旧藩士は許さなかったとも言える。

かれらの心情の裏に、勇が農村から出た草莽だったことがあるであろう。

廃藩置県のあと、士族の落魄と疎外感は年と共に強まる。全国に共通した社会現象であり、福岡も例外でなかった。というより乙丑の獄という特異な挫折をした旧福岡藩の鬱塊は、どこよりも膨らみ、複雑に屈折していた。そして時流と逆方向へ走る。

それを象徴するものが福岡の乱である。西郷の西南戦争に呼応して決起、わずか五日間で崩壊、五人が斬首された。そのうち武部小四郎（父建部武彦）久光忍太郎（兄万代十兵衛）加藤堅武《かたむ》（父加藤司書）はいずれも乙丑の獄の殉難者の近親であった。父や兄を喪った人たちは、西郷の名声に時世の打開を託したのだろうが、新時代への適応は困難であえなく自滅していった。

鬱塊は時に鋭発してこうした反政府の乱となり、また時に内攻して中央で働く勇に汚水を浴びせたと言えるかもしれない。冤罪を被った勇の心情は悲痛としか言いようがない。

（福岡の乱は断罪を受けた顔ぶれからみて、勤王党の流れであり、勇を支持する側の人たちであった。薩長閥の官僚政府に対し勇も同じ鬱塊を抱いていただろう。しかし反政府の旗をかかげて決起した西郷と、これに同調した福岡の乱の悲惨について、勇は他人事《ひとごと》ならず痛恨を味わった筈である）

この冤罪事件以後、勇と黒田家の間に離間が生じた。贋札事件で奈良府大参事の職を惜し気もな

く捨て、黒田家救済に奔走した勇の誠意が報われることはなかった。(しかし後に再び関係は回復する)

勇に対する同情は中央政府の内部から起こった。

事件のあと勇は東京を去る決意をした。都会における競争の劇甚、人事の醜悪にイヤ気がさし、福岡に帰って実業の道に進むつもりだった。ところが事件を聞いた右大臣岩倉具視は「政府の処置は不当」という立場をとり、勇に対ししばらく滞京していずれかに奉職し、名誉を回復すべきであるとして東久世通禧伯、鷲尾隆聚伯にその措置を命じている。

鷲尾が明治十三年二月十三日付で勇に宛てた書簡が残っている。(意訳)

「拝啓、貴兄ご帰国はぜひお止どまりになるべしと存じます。東久世(通禧)より岩倉(具視)へ相談いたした結果、全く政府の失策であるので、(勇に対し)気の毒とのことで、大いに心配されております。この度はどうしてもご帰国は思い止どまられるよう希望致します。委細は拝顔の上お話しします」

またこれに東久世から鷲尾宛の書簡(前日十二日付)が同封してあった。

「(略)本人に対し気の毒なので早急にご採用に相なるよう決議しており、大木(喬任《たかとう》、参議、司法担当)へ催促します。採用になるのは間違いなく、事は急を要するという点も全く同論であります」

勇を知る人たちが離京を翻意させようと、連絡をとり合うさまがうかがわれる。東久世通禧は太宰府に流寓した五卿の一人で、勇を深く信頼していた。このころ元老院議官、やがて元老院副議長になる人物である。

薩長を主軸とする政府内で、岩倉が「政府の失策」と明言していることは重要である。非主流の福岡藩内の問題に政府は見て見ぬ振りを決めこんだ。この事件の暗い背景、右大臣ですら如何とも し難い実情を物語るものだろう。

　こうした岩倉らの救済運動の結果、翌三月四日、勇は司法省御用掛となる。ついで十一月十五日元老院に移る。四十八歳。

元老院大書記官

　元老院は明治八年四月、わが国初の立法機関として創設された。同時に大審院（司法）、地方官会議（行政）を設け、立憲政体の基本はこのときできた。産ぶ声を上げた元老院はその名のとおり、少数の元老で構成された。いまの選挙による国会とは程遠く、発足時は総員二十二名、議長に有栖川宮熾仁親王、副議長は後藤象二郎であった。

　西郷が征韓論に破れ下野したあと、反政府機運の中で高知の板垣退助らを中心に広く自由民権運動が起こり、元老院もその風潮の反映であった。しかし内実は進歩的なものではなかった。最高位に天皇がいて、内閣がこれを補佐し、その下に元老院など三権が位置した。人間の自由と権利は明確でなく、今日の眼で見ると立法府として骨抜きと言うしかない。

　ともあれこのとき新生日本はヨチヨチと幼児のように歩き始めたのであり、当時としては画期的なものだった。例えば発足時、中江兆民が元老院権小書記官としてつとめ、ルソーの『民約論』の訳書をこの元老院から出版したという。

　明治十一年、参議大久保利通が暗殺されたころから旧福岡藩士の間に自由民権の動きが始まり、箱田六輔は十三年元老院に国会開設を建白、やがて平岡浩太郎を初代社長に玄洋社が誕生する。平岡は勇を支持する人物だった。

元老院は明治二十三年の帝国議会開設に伴い廃止されるが、勇はこの元老院で十七年八月から二十年一月まで、事務職の最高職である元老院大書記官をつとめた。元老院は選挙をしないから貴族院に似ているが、立法府という機能からみれば、勇の立場は現在の衆院事務総長に相当するだろう。

明治維新という革命、つづく西南戦争を乗り切って、二十三年に帝国憲法をもつまで、つまり新生日本の基礎固めをする、地味だが苦難にみちた過渡期に当たる。

勇の辞令類が宗像市吉留の旧邸に保存されている。その中に、厚い和紙に「任元老院大書記官」と毛筆で大書し、明治十七年八月十四日付で太政大臣公爵三条実美の署名がある。続いて従五位に叙し、十月三日には「十時ニ礼服着用シテ参官スベシ」との達しもある。恐らく大急ぎで大礼服を新調したに違いない。

別の資料によると、このころ従五位の高等官の月給は二百五十円で知事と同格とされている。小学校教員の初任給が五円に満たないころで、官員の給料の高さがわかる。

元老院時代、勇が関わった事蹟のうちから主なものを拾ってみると——

・明治十四年夏、北海道の官有物払下げ事件が起こり、元老院権大書記官の勇は払下げ阻止に活躍した。これは五代友厚らが北海物産の輸出のため薩長藩閥政府と結び、超格安で払下げを図ったが、国会開設をめざす民権派が猛然と政府を攻撃、一方、元老院は中正の立場から官有物払下げ反対に動いた。

反政府派の谷干城（高知、西南戦争で熊本城を死守、後に農商務大臣、貴族院議員）の邸で河田景興（鳥取、元老院議官)、金子堅太郎(福岡、元老院小書記官)らと共に勇は謀議、折柄東北巡幸中の天皇に随っていた大木喬任元老院議長(佐賀)に勇が説き、さらに有栖川宮左大臣にも働きかけ、世論を背景に一たん認可していた官有物払下げ中止を実現した。国会開設に至るうねりの中で、参議大隈重信(佐賀)が罷免されるなど、明治政権の複雑さを象徴する政変となった。

谷干城、大木喬任といった顔ぶれからみて、元老院は薩長閥政府に対立する色合いが濃く、勇もその流れに立ったことがわかる。

福岡藩からわずかに出ている勇、金子堅太郎らにとって拠り所は元老院しかなかったのであろう。金子は勇より二十一歳若い。渡米してハーバード大に学び、帰国して伊藤博文の下で明治憲法の草案をつくった。日露戦争の終結に当たってはハーバード時代の同窓ルーズベルト大統領に密着し、媾和実現に貢献したことで知られる。

・明治十八年九月、日本郵船の創立に元老院大書記官の勇は産婆役を果たした。三菱の岩崎弥太郎(高知)は海運を主軸に企業の拡大を図ったが、これに対抗するため政府は品川弥二郎(山口)に日本運輸会社を興させ、激しく競合、互いに赤字を生じ、片や政府の補助金、片や外国資本に頼ろうとし、過当競争の弊が歴然としてきた。岩崎弥太郎はこの渦中で急死している。

勇は両社の合併により禍を福に転じようと図り、三条太政大臣に進言、三菱側の岡本健三郎(高知)から合併を提案させる形で、談合をすすめ軌道に乗せた。今日の大型企業合併の雛型とも言うべきで、これにより日本郵船は体質を強化し、東洋における航海の覇権を握る。

勇は幕末、周旋家(コーディネーター)として五卿の移転に活躍したが、激しく対立するものの間で調停、活路を見出させるコツを心得ていたようだ。

・華族世襲財産法は明治十九年公布されるが、勇は年月をかけてこの草案を起草し、岩倉右大臣に提出した。

明治二年藩籍奉還を許可したさい、公卿および大名の称を廃して華族と唱えしめた。この二年後、廃藩置県によって華族はついに無禄となる。たとえ無禄になっても、この称号は殿様と家族たちに、皇室の藩屏《はんぺい》という華やかなプライドを与えた。十七年華族令を定め、公侯伯子男の五爵位に分け政治的特権を与えたが、これにつづき華族保護のため世襲財産法によって、年額五百円以上の純益を生ずる財産を民事上の強制執行の対象としない、宮内卿の許可なく勝手に売却、抵当を許さないというしばりをかけ、財産の保全をはかった。

勇は青春時代、徳川幕府を倒すことを夢みた革命家であった。維新後の激流の中で大名家の崩壊を見た。会津藩の松平家は特異であるとしても、世変わりの犠牲となった殿様に対し、人間的な同情心を失うことはなかった。勇は生涯の終わりに、華族という旧大名家の救済に力を尽くしたのである。

黒田長溥は侯爵として明治二十年まで生きた。生まれつきの貴人で島津家から黒田家に入り、開明君主として藩の近代化をすすめた。しかしその長州周旋策は激流の中で突出し、ついに実を結ばなかった。かずかずの苦汁の決定を迫られたが、乙丑の獄から贋札事件に至る旧福岡藩の迷走と悲惨について、感想を洩らした形跡はない。七十六年にわたる生涯の終わりに、旧臣早川勇の働きにどのような感懐を抱いただろうか。

（華族制度は敗戦により、昭和二十二年三月廃止される。これにより九百十三家まで膨れ上がった華族は爵

位を剥奪され、一切の特権を失った。太宰治の『斜陽』はこの時代を背景に生まれたものである）

矛盾の塊まり・西郷

勇が冤罪で拘留され、暗い日々を過ごしている間、日本を揺るがす痛恨の大変が起こっていた。征韓論に敗れて鹿児島に帰っていた西郷隆盛が、明治十年（一八七七年）二月十五日、五十年ぶりの大雪を衝いて熊本へ向け出兵したのである。

「拙者儀、今般政府へ尋問の廉コレ有リ、明後十七日県下発程、陸軍少将桐野利秋、陸軍少将篠原国幹、オヨビ旧兵隊ノ者随行致シ候……」

との一書を、陸軍大将西郷隆盛名で熊本鎮台司令長官に送った。

勇はその五日後、二月二十日に拘置所を出て、帰宅してこの西南戦争を知った。

七カ月後の九月二十四日、西郷は城山で死ぬ。

なぜ？　あの西郷が。

勇は西郷の人間を知っている。明治維新の最大の功労者であり、高士の風格をもつ巨大漢であったが、明治六年征韓論に敗れて下野、その後は風聞によれば薩南の山野に融けこみ、犬を連れて狩りをし、温泉にくつろぎ、日ごろ百姓仕事に励んでいる。「如《し》カズ林下ニ鋤《くわ》ヲ荷ッテ帰ルニ」「満身ノ清風身ハ仙ナラント欲ス」と漢詩でうたった心境に嘘いつわりはない。東京の俗塵を離れ、故山で仙人のように生きたいと願ったようだ。

また勇は西郷の苦境を知っている。戊辰戦争で戦った士族たちが報われることなく、それどころか、廃藩置県という大改革で職も身分も失ってしまい、不満の声は全国に満ちている。西郷は近衛兵をつくり、征韓論で士族のエネルギーのハケ口を求めようとしたが、うまくゆかない。西郷はすべて自分の責任と思っている。

西郷が征韓論を称える直前、大久保に宛てた私信で「私には元帥にて近衛都督拝命仕り、当分破裂弾中に昼寝いたし居候」と書いた言葉ほど、西郷の立場と苦悩をあらわしたものはない。武人の最高位にのぼりながら、この昼寝という安楽な姿の裏に自殺願望とでもいいたい無力感を漂わせている。

こうした苦悩の中で、西郷は士魂を貫くことで道を開くしかないと思っている。全国の士族も、日本もその方向を誤ってはならぬ。仙人になりたいという西郷は遁世を願ったのでなく、太政官に対する不満をそんな詩情でぶつけたのであろう。

西郷のそういう心境を、勇は城山で西郷が死ぬ七年前に、じかに見ている。

福岡藩で贋札事件が発覚して間もなく、明治三年九月、勇は鹿児島に旧知の西郷を訪ね、黒田家救済について西郷の力に縋ろうとした。西郷は戊辰戦争のあと、政府批判を強め郷里にこもっていた。街の西方、武村《たけ》にある西郷の邸は、旧藩の重役、二階堂氏から譲り受けたもので、敷地は広く、家屋も大きい。しかし家族は妻のお糸や息子の寅太郎ら、それに下僕が数人いるだけで閑散としている。その折の情景を勇は一篇の漢詩に詠んだ。

この漢詩は「南洲西郷翁ヲ訪ウ」と題し、草稿のまま永く筐底に秘していたが、明治二十四年創刊された「宗像郷友会雑誌」第一号（後に「宗像」と改称、昭和四十三年までつづいた）に掲載されている。西郷の死後十四年を経て勇はなぜ西郷追慕の詩を郷土誌に発表したのだろうか。贋札事件という特異な事情での再会であったが、旧交を暖める光景を遠眼鏡でたぐり寄せた詩句から、勇の体内で消えることのない西郷の体温のごときものが伝ってくる。

門ニ入リ呼ベバ覚ム主人ノ眠リ
相対シテ襟懐《きんかい》共ニ灑然《さいぜん》
一部ノ兵書案上ニ攤《ひら》キ
数頭ノ獵狗階前ニ戯《たわむ》ル
当時画策シ難苦ヲ同ジクス
今日官途達控ヲ避ク
説《い》ウ莫《なか》レ悠々困地ヲ楽シムト
広堂必ズ遺賢ヲ措《お》カズ

門内に入り来意を告げると、西郷自身が玄関に出て来た。昼寝していたらしく、紺の薩摩絣に白い帯を締めながら、

「やあ早川さん、ないごて？」

と随分奥から声がまずころがってきた。ツンツルテンの単衣から、丸い木桶のような膝小僧がのぞいているが、大きな顔の中の二つの巨眼は、まるで勇を吸いこむように和んでいる。

書院で対座すると、久しぶりの再会なのに、胸中の思いは清水をそそぐように自在に通じ合う。福岡から藩の軍艦で来た勇の嘆願を、まるでわが事のように細々と聴いてくれる。机上には読みかけの兵書が開いたまま置かれ、縁側では四、五頭の猟犬が戯れてかけ回っている。

維新のころ下関や福岡で互いに画策し、苦難を分かち合った。今日君は官を去り、悠々と田夫野人の生を楽しむと言われるが、天下は君を頭領として待望しており、雄図を実現される日は近いでしょう。

勇はすべてをまるで昨日のことのように思い出すことができる。つまり、勇の中で西郷はこの詩の形で生きつづけていたのだ。

あのとき太政官改革の英気は西郷に漲っていた。しかし政府の非を糾すため、私学校生を率い、雪を踏んで北上した西郷から消えたものがある。何かは明言できないが、英気は闇に呑まれ、混沌としている。

西郷は官に挑戦し、官を破壊する黒い濛気《もうき》と化した。官を壊したあとに何が残るのか。どんな理想郷——王土を創ろうというのか。西郷の思想、というより顔が見えなくなった。勇の胸中で、西郷は時勢に絶望し、自分を失敗者として敢て闇に入ったという考えが膨らんでくる。

この漢詩の「達控」は実は意味不明である。この「控」は韻を踏んでいない。恐らく雑誌に発表した際の誤記かミスプリであろう。

西郷はなぜ反逆人となったか。

この問いを勇は抱きつづけている。身辺の桐野、篠原ら、さらに私学校の若ものに擁せられることの愚を知らない筈はなかった。廃藩置県は木戸孝允らが画策したが、ゴーの発信を出したのは西郷その人だった。そのため全国三百万の士族が失職した。さらに明治五年、山県有朋らが準備した徴兵制は農民、商人を含み、封建時代にもなかった重い兵役義務を課し、反発を招いた。士族は誇りを傷つけられて、怒った。

こうして日本全土で不満の声が沸騰し、西郷は全身を炙《や》かれるように日々感じつづけた。しかも新政府の大官の奢侈豪華を見て、維新の大業は何だったのかと問い、西郷の士魂は嗔《いか》りを隠すことができない。征韓論に敗れる前も後も、その士魂は一貫して大久保を含む大官連を許さず、故山に帰り、薩南の天地を渉獵しながら嗔りつづけた。国内の難局を打開するメドがたたない中で、時勢の激流は加速し、ついに西郷は自分の居る場所を失い、失敗者として走り始めた。

勇は西郷の誠実を知っている。しかし濛気は西郷の一切を呑みこんだ。官に反逆して次にどんな理想郷を築くのか、西郷の志が見えなくなった。

しかし勇の中で西郷は西郷以外の何ものでもない。

勇は半生を顧み、維新以来幽冥を異にした知友——月形洗蔵、高杉晋作、中岡慎太郎らに西郷隆盛を加え、ごうごうと流れる時代の激流を聴いていた。天も地も一つに融け、真暗闇の中で逆巻き、鳴動しつつ未知へ向かう流れに、西郷は身を投じた。もはや個々の人間でない。時代が生死の契機をつくり、人間は激潭の中で運命の糸を摑む。死であれ生であれ、糸を摑ませるのは士魂である。

いまかれらの姿を地上で見ることはできないが、深い水底で光りの塊りとなって揺らいでいる。水泡の間から立ち騰ってくるのは、個々人の顔ではなく、輝きを放つ士魂であった。

西郷は城山で死ぬ朝、駆けながら銃弾を二発、股と腹に埋めこまれ、

「晋どん、もうここでよか」

と坂の中途に坐し、別府晋介に首を打たせせた。激流の中で自ら死をつかんだ。首のない巨体は牡牛のように路上に転がり、土埃にまみれ、血泡を噴きつづけた。

それは幻にして幻でなく、虚にして虚でなく、まごうかたなく現実であり、失敗者の痛恨の死であった。西郷はこの地上から消えたが、勇の胸中では鹿児島の武の屋敷でごろんと横になって昼寝しており、庭前には愛犬が数頭戯れて駆け回っている。その気息が弾雨の中で死んだ西郷と重なる。

一筋の大道を西郷は切り拓いた。倒幕、五卿の移転、戊辰戦争。そして新政府が直面したもろもろの難事、廃藩置県、徴兵制などの全責任を、西郷の士魂は一身に引きうけた。明治維新は失敗だった――この思いが西郷を突き刺した。滅びゆく士族の救済のため身もだえしながら、一直線に破滅に身を投じた。生から死へ、迷わず移った漢《おとこ》の腹底を勇はわがもののように感じつづけた。

勇に西郷の何かが見えてきた。

西郷は危険な男だったのだ。

爆裂弾中に昼寝している間に、その人自身爆裂弾になってしまった。引火すれば即坐に破裂する危険な爆弾である。無知な暴力漢とかわらない。

ところが勇が知っている西郷はどの一コマをとり出しても私心がなく、聡明だった。そして若もの、目下のもの、弱いものに限りなく優しかった。門戸がとてつもなく広いので、例えば勇のような他藩人でもつい惹き寄せられて、ふらふらと入ってしまう。広い堂のように何びとでも呑みこむ。危険はその辺から芽生えるかもしれない。

大局を達観する人だった。官軍が徳川慶喜を追い詰め、江戸城総攻撃に移る直前、西郷は大久保

宛の書簡で
「慶喜退隠の嘆願、甚だ以て不届き千万、ぜひ切腹までには参り申さず候では相すまず」
と断乎たる態度を伝えている。もし退隠という妥協ですませたら、官軍の鋭鋒は鈍り、一気の勝利は失われたかもしれなかった。

ところが勝海舟との談判で無血開城をしたあと、戊辰戦争の末期の西郷は敗者に対し赦す態度をとりつづけた。慶喜は水戸に退隠した。庄内藩が降伏して鶴岡城に入った西郷は、敗軍の藩主酒井忠篤に丁重に応対し、庄内藩士を感激させた。大局を見定めると度量は限りもなくひろがるのである。機を見るに敏、そして人間として温い血流の塊りとなる。

勇はそうした西郷の振幅を知っている。東京を去り、薩南の地で猟犬とともに山野を跋渉する西郷は、新政府の改革を願いながら、心底では自分が主役となって実現した維新に絶望した。絶望が深まれば深まるほど、西郷のやさしさは膨らんでゆく。そして士族とともに滅びるため、西南戦争を起こした。もはや反逆の是非は問わない。西郷その人が爆裂弾そのものとなった。

結果的には西郷とともに士族が滅び、農民を主体とした鎮台兵が勝ち、その後の日本の一つの基盤を形造る。

勇は闇の濛気の中に消えた西郷に、温い血流をいまでも感じている。自己愛の欠片《かけら》もない人。生贄となることを辞せず、死を恐れぬ人。西郷は時勢に殉じたと言えるだろう。しかし滅びは滅びである。維新の最大の功労者がその政権を倒そうとした。聡明の人がそのまま最大の反逆者となった。狂気としか言えない。

なぜ、この大反逆人が生じたか？　反逆の源をたぐってゆくと、西郷に私心がなかったから、という意外な答えしかないようである。自己愛がないため、滅びゆく士族に自分の軀を与えてしまった。西郷という人間じたいが巨大な矛盾の塊りであった。

その矛盾の裂け目が勇を吸いこもうとする。若いころ月形洗蔵らと儒学を学び、自己愛を捨てることを悲願とした。多くの朋友の死を見た。いま私心を捨てた西郷が地底から招く。危険を感じながら勇は深い淵をのぞく。噴き上げる濛気に身を曝しつつ、いかに官を正すべきかを問いつづける。

自然体で生きる

勇は晩年、元老院大書記官として、やや広い流れに身を委せていた。地位も栄爵も自ら求めず、自然体のまま繁忙な時務をこなした。旧福岡藩の後輩たちが上京すると、必ずといっていい程勇の門をたたく。若ものは進学や就職を依頼し、その上の世代は事業を進める上で、政府の要路に誼《よしみ》を通じようと訪ねてくる。こうした中で、一時疎隔された黒田家との関係も復活した。

退官して間もなく、推挙されて東京米商会社の頭取となったが、程なく辞任した。明治二十三年（一八九〇年）帝国議会が開設されたさい、勇のキャリアからみて第一回の衆議院議員に最適として、国民党から推されたが、固辞した。

争いはもういい。政治的な対立、名利の空しさは知り尽くした。乙丑の獄で始まった虚は西郷の死でどんとひろがった。幕末・維新は明らかに世直しの革命であったが、その裏側は夥しい消耗であった。勇の知友に限っても故なく切腹、斬首刑を受け、あるいは闘死したものは百人を超える。すべて理想に燃えた価値ある漢《おとこ》たちであった。死者の顔と名を数えつつ、いかにして自己愛を捨てるかを日々思い暮らしている。

二十七年、国会議員改選のときも勇は担ぎ出されたが受けず、後輩の平岡浩太郎、安川敬一郎を推薦し、自分は退いた。この二人は旧福岡藩士で国民党に属し、炭鉱の経営者である。県内では地主層を主とする自由党と激しく対立、抗争していることを勇は知っていた。

玄洋社初代社長の平岡浩太郎が勇を支持するのは、乙丑の獄の生き残りに対する敬意からであった。平岡は剛毅闊達、黒田武士の典型ともいうべき快男児で、西南戦争にさいし決起した福岡の乱に加ったあと、豊後に遁れ、西郷軍に入って戦ったが捕われる。一年後出獄、自由民権運動家となる。明治十八年筑豊赤池に炭鉱を経営したが、うまく行かない。明治二十一、二年、筑豊の鉱区選定をチャンスとして糸田の豊国炭鉱を手に入れ、これを一流坑に育て上げた。平岡は政治活動資金を得るため、直接炭鉱を経営した珍しい政治家であった。

平岡が勇を知ったのは明治九年、勇の郷里、遠賀郡底井野村の戸長をつとめたことが縁である。この年、勇の父直平が死去した。(平岡は翌年春、西郷の決起を知り、戸長の職をなげうって参加した)。またこのころ遠賀川河口の芦屋に住んだ安川敬一郎とも交わり、終生の親友となる。この二人は筑豊の鉱区選定に当たっては、その権利獲得のため、中央における勇の幅広い人脈と影響力にすがって、種々の便宜を図ってもらった。安川は長兄の徳永織人が贋札事件に連坐して斬罪に処されている。以後、兄の松本家とともに炭鉱経営につとめ明治、大正、昭和の三代にわたり松本・安川家は筑豊の鉱業発展の主力となる。また勇死去のとき、長男政太郎はドイツに留学していたが、安川はその学資を援助してやっている。

勇を軸にこうした機縁をたぐっていると、福岡藩士の維新以後の一つの流れが見えてくる。

〝筑前の孟嘗君《もうしょうくん》〟

勇が官を離れた明治二十年代の初め、宮内省を中心に維新史編纂の動きが始まった。ところが幕末の薩摩、長州の対立の記憶が余りにも生々しく、いま古傷に触ることは危険であるとして、伊藤博文らから時期尚早の声が起こり、進まない。そこで明治二十二年民間有志で史談会をつくり、維新生き残りの談話採録を始めた。民間といっても東久世通禧伯爵（五卿の一人）、黒田清綱子爵（薩摩）、土方久元子爵（高知）らそうそうたる元勲らで、福岡藩から勇も招かれた。二十余年前、かれらと対等に交わり、議論し、協力し合った顔ぶれである。

勇は薩長連携、五卿の太宰府移転など福岡藩抜きでは語れない史実、暗殺された中岡慎太郎の活躍ぶりなど数々の秘話を語っている。この記録は明治二十五年から『史談会速記録』として逐次刊行され、昭和十三年まで四百十一輯を続刊、維新史の第一級資料として残されている。

勇の後半生は郷土福岡県の後進育成に捧げられたと言ってよい。

小石川区大和町二五の自邸には常時十数人の書生が住んで、まるで寄宿舎の観があった。それ以外に福岡出身学生が日夜出入りし、勇の俸給日には数十人が集まり、不思議な賑いを呈した。

「さあ、これをみんなで分けなさい。遠慮はいらんが、おれの食い扶持だけは残してくれ」

卓上に俸給袋を投げ出す。だれかが中心になって各人の学資、小遣い銭の希望額を聞いて配分する。勇の澄んだ温眼を見ていると、なぜか遠慮する気持が消える。維新に出遅れた福岡藩は、官途で社会的地位を得たのは勇以外に殆どいないので、後に知名士となる人たち、金子堅太郎（農商務相・

法相・伯爵)、添田寿一(鉄道院総裁)、平田知夫(ソ連総領事)ら、息子や孫のような顔ぶれが集まってきた。

九州日報(現西日本新聞)によると、勇は〝筑前の孟嘗君〟と都下で語り伝えられていたという。孟嘗君はシナ戦国時代の大臣で、常に客を大切にし、食客数千人を養ったという故事になぞらえたものである。

勇が京橋区三十間堀、下谷根岸町、小石川区大和町と居を移る間に、その門に出入りした福岡県の後輩は計数百人、そのうち東京で不幸病没し、勇に葬儀を営んでもらったものは十九人に達している。

勇は明治元年春、出獄の直後、徴士として上京したとき、支度金五百両を渡され、そっくり郷土の青年のためにと投げ出した。これが育英事業の始まりである。乙丑の獄で大半の同志が殉難し、人材の貴重さを痛感した勇は終生、後進育成の志を抱きつづけた。

宗像出身で学生時代、勇の援助を受けた吉田良春(旧制山口高校教授)は明治二十三年ごろ、一夜勇邸を訪れその人生論を聞いた。日ごろ寡黙な勇が諄々と語り、ついに夜を徹したという。

「維新の際わが藩の志士数十名、不幸にして中途に没し、一人も聖世に逢ったものがない。私はたまたま九死に一生を得て今日まで生きている。地下の故人を懐えば感慨に堪えない。わが福岡藩のため尽瘁し、わが藩の子弟を誘掖し、常に地下の旧友に背かないよう期している。

どうして富貴を求めて子孫のために図ることをしようか。私はもと一農夫、子孫もまたそれ以外の何ものでもない。かれらがもし富貴を欲するなら、自ら奮励してそれを求むべきである。これが私の志である」

これは勇の生涯を凝縮した言葉と言えよう。吉田は感動してこの一文を勇の葬儀のさい弔辞として残した。「子孫ノタメニ美田ヲ買ワズ」と詠った西郷の思想とぴったり一致している。西郷は名利を求めず、最後は自分の生命を投げ出し、城山の露と消えた。「生命モイラズ、名モイラズ、官位モ金モイラヌ」という厳しさは、二度にわたる遠島など、若年から嘗めた苦難の体験に発している。

こうしてみると、勇の人生は乙丑の受難で決定されたとみていい。朋友は殆んど斬に遭った。自らは二年半、牢獄に幽囚され、日々、死を掌上に見詰め、辛酸は骨に透って、勇は何かを悟得した。それは名利、虚栄と無縁の極北の心だった。だから後半生の育英事業は単なる慈善でなく、まして売名などでなかった。

その日常生活の簡素さについて九州日報は

「(早川)翁が根岸の邸前には、破れたる黒き冠木の門より、ところどころ竹もて補はれたる破垣の間に、無名の秋草が力もなげに咲き出でたる」

と茅屋の姿を伝え、さらに

「あゝ、かの俊介(伊藤博文・公爵)を見ずや、あゝ、かの了介(黒田清隆・伯爵)を見ずや、あゝかの聞多(井上馨・侯爵)、狂介(山県有朋・公爵)を見ずや」

とつづけ、薩長藩閥の栄爵に比して福岡藩人・早川勇の不遇を嘆いている。

しかし勇にとって栄爵など視野になかった。生涯草莽の身を忘れず、人間としていかに生きるべきかを問いつづけた。私心を捨てることを思想とした。数々の苦難を越えた勇は「己ニ克ツ」ことの難しさを誰よりも知った男だろう。育英はそうした志の発露に過ぎない。居宅を飾る心など生じる余地はなかった。

この根岸時代、明治二十六年七月二日に勇は妻ミネ子を亡くしている。

ここにその死亡通知の葉書がある。

「謹啓　荊妻儀長病の末養生不相叶本日午前十一時死去仕候　来ル五日午前七時出棺　下澁谷広尾祥雲寺ニ於テ埋葬仕候　右御報知申上候

明治廿六年七月二日

東京市下谷区下根岸町廿四番地

早川　勇　」

これは勇の実家、虫生津の甥、嶺貞平に宛てられたもので、たまたま反故の間からみつかった。荊妻《けいさい》は妻の謙称。死亡の日付が早川家（吉留）の位牌と一致するので「荊妻」はミネ子と確認できた。

ミネ子は明治元年秋、勇の赴任先奈良へ行った。二年後、勇は贋札事件で福岡へ急帰、東奔西走し、やがて東京に移った。往来はほとんど藩艦で、ミネ子を同伴できる情況ではなかった。その後、ミネ子の消息は伝っていない。吉留の自宅に住んだだろうが、資料も口伝も皆無である。勇に関する伝記類に娘たちの名前はあっても、ミネ子は影も見せぬ。それがはからずもこの死亡通知葉書により「長病」であったことがわかった。この二十余年の沈黙は重い。文面から東京で療養していたと推察できる。三人の娘のうち二、三女は東京で結婚しているので、娘が面倒みたか、勇が手許で看病したかであろう。早川家でもミネ子の暮らしぶりは伝っていない。

いずれにせよ、勤王の志士の妻に平穏な時は少なかった。勇がくぐった死の危険、夫不在の間に死んだ長男富士之助、三女倫の重病、長い入獄、その後の政治活動。どれをとっても生死にかかわる異常事であり、通常の医者の妻にありえぬことである。勇の薄氷を踏むような危うさを見つづけたミネ子は、心労で身を揉みつづけたであろう。

百余年前の一枚の葉書から、「長病」がいつ、どのように起こったかを知る術はもはやない。勇は政治の虫に喰われた男であり、ミネ子が幸福であったとは思えない。志士の妻の声なき生涯は茫として、時空の彼方に消えている。

ミネ子は享年六十四歳。


明治三十二年（一八九九年）二月十一日、勇は自邸で死去した。

死の三日前、近くに住んでいた平岡浩太郎が勇を訪ねた折のことを、九州日報が報じている。それによると勇は平岡の来訪を大変喜び、一時間余り閑談した。

「私は遠からず苦しまずに死ねそうだ。年末からちょっと不調だったが、その覚悟はできた。維新は激しい時代だった。私は農民の子として生まれ、医者を志したが、中途で世直しの医者になってしまった。何度か白刃で追われ、幽囚もされた。身を守るため腰に刀は佩《お》びたが、一人も殺さなかった。幼童のころ「蚊を殺すな」と郷里虫生津のお坊さんに叱られたことがある。それをいまも憶えている。草莽として死んでゆくいま、不思議なほど心静かなのだ」

白髯をなでながら、晴れ晴れと笑った。

穏やかに澄んだ勇の眼は、幽囚されて死の寸前にあった人とは到底思えない。維新はその革命の理想の裏側で荒廃を極めた。正義の漢《おとこ》たちが虫けらのように斬首された。勇はその実相をすべて知っている。知っているから生涯、一匹の蚊を殺した記憶を抱きつづけ、一人も殺さなかった。苦悩に耐え抜いたから眼が澄んでいる。

平岡は生死を超えた人を眼前に見る思いがした。

「私の父も死を迎える静かな心境を語ったことがありました。平素、心の養いのあるものでないと、死期を知ることはできません」

「そうであったか。これはいいことを聞いた」

勇は眼を細めてうなずいた。

この日、平岡は大隈重信伯爵の招宴を断わり、ぶらり勇を訪ねたものだった。豊国炭鉱の経営は順調であり、国会議員として渡米の準備を進めていた。対露強硬策を称え、〝征露大将軍〟などとはやされ、政治家としてピークの時期だったが、勇の人間性に惹かれ、時折談話を聞きに来た。

死を平岡に報らせたのは勇の次男武夫だった。それによると勇は朝八時ごろ、小雪の降る庭を障子の間から眺めながら、火鉢の傍でキセル煙草をふかしていた。急に座したまま俯き、少し手をふるわせてこと切れたという。

六十八歳。波瀾の生涯を送った勇の静かな大往生だった。


葬儀は二月十三日、広尾の曹洞宗祥雲寺で行われた。祥雲寺は黒田家の菩提寺である。東京では珍しく尺余の積雪があり、無風だが寒気は厳しい。陽光が煌めく中、会葬の列が長く続き、その間を人力車や馬車が雪を蹴散らし、追い越して行く。山県有朋、大隈重信、黒田長礼(代理)、東久世通禧、鷲尾隆聚、品川弥二郎、岩崎弥之助、安川敬一郎、平岡浩太郎、頭山満……。千人を超す会葬者のため請願巡査が出て整理に当たった。

式場周辺では郷里宗像・遠賀出身の書生たち、平田知夫、八波則吉（後に五高教授）らが早朝から弔旗や弔花の飾りつけ、受付に当たっていた。混雑は増し、雪が泥濘るんでくると、若ものは袴のもも立ちをとり、履いていた下駄を脱ぎ捨てた。雪中を素足で小走りに往来している。

爪先は雪で洗われて桃色に染んでいる。それは会葬者を驚かす光景だった。恩人を喪った悲しみが、雪の冷たさを忘れさせたようだった。

●主な参考文献

江島茂逸『従四位早川春波翁来歴』（一九〇五年、私家版）
井上覚了『勤王志士早川勇伝』（一九三一年、私家版）
田中幸夫「勤王家早川勇一〜八」（一九四一年、大阪毎日新聞＝郷土小倉覚え書）
檜垣元吉『維新の志士早川勇伝』（一九六八年、早川勇顕彰会）
早川勇日記
「江戸紀行」（嘉永六年）「涓埃日誌上下」（文久二年〜元治二年）「日記」（元治元年〜同二年）「長州往還日記」（元治元年〜同二年）「涓埃紀略」（元治二年〜慶応元年）「巻懐録　黒田家ニ対スル始末」（一八七一年）「日記」（一八七三年）
井上忠編『月形家所蔵書簡集』（一九七二年、福岡大学人文論叢）
長野暹『月形家一門』（一九三七年、私家版）
江島茂逸『贈従四位中村円太伝』（一八九三年、私家版）
井上忠編『中村円太「自笑録」』（一九七二年、福岡大学人文論叢）
一坂太郎「中村円太の死」（一九九五年、東行庵だより）
『加藤司書伝』（一九三三年、司書会）
成松正隆『加藤司書の周辺』（一九九七年、西日本新聞社）
古文書を読む会『新訂黒田家譜』（文献出版）
江島茂逸『撃成　黒田長溥公累伝』（私家版）
柳猛直『黒田長溥』（一九八九年、海鳥社）
力武豊隆「筑前藩国事周旋と黒田長溥」（二〇〇〇年、福岡市総合図書館研究紀要）

力武豊隆編「筑前維新史」6号〜(一九九四年、筑前維新史研究会)
『史談会速記録　1〜6輯』(原本一八九三年、一九七一年原書房復刻)
「筑紫史談　1〜90号」(筑紫史談会)
高原謙次郎「勤王志士片言」(一九一四年)▽笠鎌「加藤司書入牢三日間の記事」(一九一五年)▽中嶋利一郎「高杉晋作と筑前」(一九一六年)▽伊東尾四郎「月形家の人々」▽堀尾彦六郎「明治三年福岡藩贋札事件の顛末」(一九二三年)▽伊東尾四郎「贈従四位斎藤五六郎伝」(一九四一年)▽大熊浅次郎「贈正五位野村望東尼の晩節、防長寓託の経路」(一九四二年)
「林元武備忘録」(一九〇七年、福岡市総合図書館蔵)
占部玄海『五卿西遷——早川勇とその群像』(一九八五年、文化企画蘿山房)
原田種夫「福岡藩大変記」(九州古泉会)
『福岡県史資料・高原謙次郎記録』(一九三八年、福岡県)
高田茂広『見聞略記』(一九八九年、海鳥社)
鈴江幸次郎『幕末明治志士誠忠録』(一九二五年、皇国修養会)
三松荘一『野村望東尼　人と歌』(一九二七年、金文堂)
前田淑「紫陽百人一首(近世地方文芸資料)」(福岡女学院短大紀要)
玄洋社社史編纂会『玄洋社社史』(一九九二年、葦書房)
読売新聞西部本社『頭山満と玄洋社』(二〇〇一年、海鳥社)
朝日新聞「続・はかた学」(一九九六年「贋札事件」「廃藩置県」、一九九七年「筑前勤王党」)
森政太郎『筑前名家人物志』(一九七九年、文献出版)
三松荘一『福岡県先賢人名辞典』(一九三三年、文照堂)
井上忠代表『福岡藩分限帳　文化・万延・慶応・明治初年』(地方史談話会)
中原三十四編『遠賀郡鬼津村井ノ口家年暦算』(一九八五年)

宗像郷友会「宗像郷友会誌」（一八九一年）
井上清『西郷隆盛　上下』（一九七〇年、中公新書）
司馬遼太郎『翔ぶが如く　一〜十』（一九八〇年、文春文庫）
江藤淳『南洲残影』（一九九八年、文藝春秋）
奈良本辰也『高杉晋作』（一九六五年、中公新書）
司馬遼太郎『世に棲む日日　一〜四』（一九七五年、文春文庫）
八尋舜右『高杉晋作』（一九七六年、成美堂）
冨成博『高杉晋作』（一九七九年、長周新聞社）
古川薫ほか『奇兵隊悲話』（一九八九年、新人物往来社）
司馬遼太郎『竜馬がゆく　一〜八』（一九九八年、文春文庫）
宮地佐一郎『中岡慎太郎』（一九九三年、中公新書）
新渡戸稲造『武士道』（奈良本辰也訳、一九九七年、三笠書房）

あとがき

福岡藩にサムライはいた――明治維新に特異な挫折をした福岡藩は、無気力の象徴のようにみられてきたが、武士たちの動きを子細に逐っていると、五十二万石の大藩に個性的な人物の層は厚く、その動きも活発であったことがわかってくる。ただ幕末の激動期、奇妙に時流との喰い違いが生じ、悲劇的な蹉跌をつづけた。その失敗の歴史から今日のサラリーマン社会、あるいは政治に通じる教訓を読みとることさえできる。

政治という視点を離れてみると、不当に挫折した人たちがより多く真実を語るともいえる。しかも約百四十年前、斬首や切腹で消えていった人たちの姿は今日なお殆んど密封されたままである。私は挫折の原因を尋ねながら、中途で斃れた人たちの生の声を聞きたいとしきりに思った。個々の史実の研究は専門家の間ですすめられているのに、福岡藩の維新の全体像、人間の苦悩を伝え、物語化したものの数がなぜか少ない。

かれらの苦悩の最大のものは公＝封建藩というクビキであった。〝殿サマの絶対性〟は今日想像もできぬ強さで思想、経済、日常生活まで金縛りの状態であった。このため脱藩による政治活動という特異な現象があらわれる。この物語に登場する人たちだけでも平野国臣、中村円太、真木和泉、中岡慎太郎、坂本龍馬ら有名無名を問わずいわゆる脱藩志士は数限りない。これを裏返せば藩の壁の内側ではもはや何もできず、その縛りを超えたところで日本というイデオロギーが胎動を始めていたのだ。

例えば文久二年（明治維新の六年前）、長州の久坂玄瑞は土佐の武市半平太に宛てて書いている。

「ついに諸侯頼むに足らず、草莽の志士糾合、義挙の外にとても策これ無き事と、私共同志中申合せ居り候。失敬ながら尊藩も弊藩も滅亡しても、大義なれば苦しからず」

桜田門外の変のあと、皇女和宮の降嫁など幕府の巻返しの中で、久坂らは倒幕のため個々の藩はついに無力ということを痛感していた。

早川勇が薩長連携を政治論として打ち出すのはこの翌年、文久三年秋である。八月薩摩、会津藩のクーデターで長州は京都から退去、七卿は三田尻に落ちて流寓するという大変動が起っていた。その危機感の中で、藩の壁を超える現実的な行動が始ったのだ。

西郷隆盛の「敬天愛人」の思想も、藩を超えるという視点から見ることはできないだろうか。西郷は「遺訓」の中で「天は人も我も同一に愛し給う故、我を愛する心を以て人を愛するなり」と述べているが、かれは若き日、二度の遠島生活を経て、辛酸を嘗め、天の思想を得たといわれる。藩という絶対者は生殺与奪の権を握っているが、孤島に暮らして天を身近に感じ、同時に人間同士の体温に触れていると、藩の歪み、不自然さが明確に見えてくる。敬天愛人は単に西郷の詩的な夢想でなく、藩の桎梏の中で人間の自由をもとめる魂の希求だった。

西郷をはじめ維新という大革命を遂行した人たちは何らかの形で藩を超えようとした。さもなければ藩主を敬しながら、悩み、悶え、非業に斃れた。月形洗蔵はたびたび平野国臣に脱藩をすすめられながら拒み、ついに悲劇的な刑死を遂げた。サムライの意地を貫いた一つの典型であろう。維新史の細部は今日では想像できぬ不条理に満ちている。錆びた閉鎖社会を脱するため、かれらが求めたのは新しく、大きい公であった。

私はこの不幸な時代を生きたサムライ群像を描きたかった。そして藩を超えて〈薩長筑三藩連携〉を着想した早川勇をストーリーテラーとした。月形洗蔵に兄事し、中村円太を同志とし、中岡慎太郎を盟友とする交遊ぶりは特に好もしい。開かれた心のみがもつ自由感がある。月形、西郷の死がサムライの亡びを象徴しているとすれば、早川は新しいサムライ道が生まれる過渡期に生きたと言えよう。

実は私は早川勇の生誕地に住んでいる。偶然の成りゆきに過ぎないが、そのため幼時から母や近処に住んだ伯母（古野マキ）から「早川勇さんは私たちの曾祖父の嶺貞荘の弟としてこの屋敷で生れた人です。勤王の志士となり、藩の捕手が来たとき二十俵も入る大米櫃にかくれて助かったそうです」という伝説を聞かされた。閑暇を得たら事の次第を調べたいと思ってきた。

私が維新史を手探りしているとき、資料解説と助言を与えて下さったのは力武豊隆氏（福岡市早良図書館長）。埋没した資料の発掘には国友千昭氏（郷土史研究家・木屋瀬）、島村利彦氏（遠賀町文化協会事務局長）に大変お世話になった。また早川勇の遺墨、日誌類に関し宗像市吉留、古川一男・順子夫妻（順子さんは勇の直系の子孫）のご好意で掲載できたものである。

出版に当たっては弦書房の三原浩良代表に種々ご配慮をいただいたことを記して篤くお礼申し上げる。

二〇〇四年五月

栗田　藤平

初出

一九九九年五月〜二〇〇一年六月まで
五回にわたり『九州作家』に連載

〔著者略歴〕

栗田藤平（くりた・とうへい）

大正15年（1926）福岡県生まれ。元毎日新聞記者。福岡県遠賀郡遠賀町虫生津627在住。

主な著作に「あの夏の死」（『すばる』1978年6月号）、「青銅色の闇」（『すばる』1979年2月号、ほるぷ社『日本の原爆文学』第11巻に収録、1983年）。

主な著書に『風がひとり　小説竹久夢二』（武蔵野書房、1992年）、『人生派　夢二』（夢二を語る会、1999年）

雷鳴福岡藩《らいめいふくおかはん》

草莽《そうもう》　早川勇伝《はやかわいさみでん》

二〇〇四年七月一五日初版第一刷発行

著者　栗《くり》田《た》藤《とう》平《へい》

発行者　三原浩良

発行所　弦書房

〒810-0041

福岡市中央区大名二-二-四三-三〇一

電話　〇九二-七二六-九八八五

FAX　〇九二-七二六-九八八六

印刷　大村印刷株式会社

製本　日宝綜合製本株式会社

© kurita Touhei, 2004, Printed in Japan

ISBN4-902116-23-5

落丁・乱丁の本はお取り替えします

第57回推理作家協会賞受賞

夢野久作読本

多田茂治

人間迷界
夢遊探偵

犯罪・狂気・聖俗・闇……精神の深淵を描いていつの時代も新しい久作ワールドの迷路案内。その生涯と作品の舞台裏を徹底ガイド。

四六判・並製・三〇八頁

定価二三一〇円（税込）

河津武俊

肥後細川藩幕末秘聞

キリシタン虐殺の謎を追う――

黒船来航におびえる幕末、阿蘇外輪の村が忽然と消えた。キリシタン虐殺？　村人たちが伝える伝承を追う渾身のノンフィクション。

四六判・上製・三四四頁
定価二一〇〇円（税込）